主　编　周肖兴
副主编　王　刚

WEI QING JI

未青集

无锡南洋职业技术学院的办学实践

WUXI NANYANG ZHIYE JISHU XUEYUAN
DE
BANXUE SHIJIAN

苏州大学出版社
Soochow University Press

图书在版编目（CIP）数据

未青集：无锡南洋职业技术学院的办学实践 / 周肖兴主编. -- 苏州：苏州大学出版社，2023.9
ISBN 978-7-5672-4541-9

Ⅰ.①未… Ⅱ.①周… Ⅲ.①无锡南洋职业技术学院-学校管理-研究 Ⅳ.①G649.285.33

中国国家版本馆 CIP 数据核字（2023）第 172625 号

书　　名：未青集
主　　编：周肖兴
责任编辑：朱坤泉
助理编辑：汝硕硕
装帧设计：吴　钰
出版发行：苏州大学出版社（Soochow University Press）
社　　址：苏州市十梓街 1 号　邮编：215006
印　　刷：苏州市深广印刷有限公司
邮购热线：0512-67480030
销售热线：0512-67481020
开　　本：700 mm×1 000 mm　1/16　印张：16.25　字数：227 千
版　　次：2023 年 9 月第 1 版
印　　次：2023 年 9 月第 1 次印刷
书　　号：ISBN 978-7-5672-4541-9
定　　价：58.00 元

若有印装错误，本社负责调换
苏州大学出版社营销部　电话：0512-67481020
苏州大学出版社网址　http://www.sudapress.com
苏州大学出版社邮箱　sdcbs@suda.edu.cn

目　　录

绪　论 / 001

　　栉风沐雨，砥砺歌行 / 001

　　山水南洋，人文学府 / 006

　　党建引领，培根铸魂 / 008

　　教学相长，师生共进 / 010

　　一体育人，铸造素养 / 013

　　学之大者，未来可期 / 014

党建篇

第一章　筑牢党建根基，把稳"方向盘"，当好"推进器" / 019

　　第一节　充分发挥政治核心作用，为学院发展提供政治保障 / 019

　　第二节　大力夯实基层组织建设，为学院发展提供组织保障 / 020

　　第三节　扎实推进思想文化建设，为学院发展提供精神引领 / 020

第二章　坚持党建引领，凝聚高质量有特色发展合力 / 022

　　第一节　旗帜鲜明讲政治，步调一致顾大局 / 022

　　第二节　聚焦思想建设，坚定理想信念 / 024

　　第三节　强化基层组织建设，推动党建全面过硬 / 027

　　第四节　推动群团共建，聚力全面发展 / 029

　　第五节　创新党建工作路径，打造特色党建品牌 / 030

　　第六节　党建引领出成效，提炼经验促提升 / 030

教学篇

第三章 秉承教育初心，探索高质量人才培养路径 / 039
第一节 探索办学奠基础 / 039
第二节 内涵建设求发展 / 041
第三节 强化技能促改革 / 044
第四节 提质培优谋新局 / 048

第四章 坚持立德树人，创新高素质人才培养机制 / 054
第一节 一体双翼，构建"双螺旋"人才培养机制 / 054
第二节 产教融合，深化工学结合人才培养模式 / 061
第三节 学成致用，建立知行合一人才培养体系 / 066
第四节 多措并举，贯通多类型多层次教育 / 068

第五章 坚守内涵发展，促进教学全面提质增效 / 071
第一节 适应社会发展，推动有特色高水平专业建设 / 071
第二节 适应产业升级和数字化转型，推动混合式课程建设创新 / 074
第三节 坚持校企合作，构筑产教融合平台和实训基地 / 078
第四节 坚持守正创新，提升教学管理能效 / 082

第六章 坚持科学发展，多元并举提升办学质量 / 086
第一节 教科研立校，服务教学与社会 / 086
第二节 加强教学资源建设，助力教育质量提升 / 088

学工篇

第七章 新时代民办高职院校的学生管理理念 / 095
第一节 学生发展为要理念与高职学生事务管理 / 095
第二节 协同育人理念与高职学生事务管理 / 100

第八章　新时代民办高职院校的学生工作管理模式 / 106

第一节　"五位一体"学生管理模式的产生背景 / 107

第二节　"五位一体"学生管理模式的内涵 / 111

第三节　"五位一体"学生管理模式的运行机制 / 113

第九章　新时代民办高职院校的学生管理路径创新 / 119

第一节　"四联四合"协同育人，在加强党性修养中筑牢信仰之基 / 119

第二节　"五维素养"价值引领，在慎思铸魂中培养时代新人 / 123

第三节　"课程化"辅导员工作，在立德树人中提供专业保障 / 131

第四节　"三创一做"学风建设，在博学固本中激活成长动力 / 137

第五节　"四季育心"健康教育，在成长成才中增强心理品质 / 142

第六节　"六个融合"就业创业服务，在人才培养中实现优质就业 / 147

第七节　"343"网格化宿舍管理，在校园文明中夯实安全底线 / 151

第八节　"四个结合"军训改革，在国防教育中推动科学发展 / 155

第九节　"四个体系"优化管理，在笃行致远中促进知行合一 / 157

师资篇

第十章　筑根基——尚精简、重高效 / 169

第一节　背景阐述 / 169

第二节　建设思路与实践 / 170

第三节　阶段性回顾总结 / 173

第十一章　创新局——四大体系构建 / 174

第一节　背景阐述 / 174

第二节　建设思路与实践 / 176

第三节　阶段性回顾总结 / 188

第十二章　谱华章——和谐环境营造 / 190

第一节　背景阐述 / 190

第二节　建设思路与实践 / 192

第三节　阶段性总结回顾 / 205

第十三章　民办高职院校师资育成果，人才发展显成效 / 207

第一节　筑巢引凤栖，花开蝶自来 / 207

第二节　筑巢引凤来，巢暖凤自栖 / 209

治理篇

第十四章　优化内部治理机制，提升办学治校能力 / 215

第一节　完善内部治理结构的内涵、特征和意义 / 215

第二节　影响内部治理效率提升的主要因素 / 221

第三节　基于现代大学制度的内部治理优化路径 / 223

第四节　学院内部治理优化举措 / 226

第十五章　质量控制见真章，评建结合促发展 / 237

第一节　对办学质量的检验与提升——外部评估 / 237

第二节　质控体系的建设与完善——内部评估 / 241

第三节　办学质量的提升与成效——社会影响 / 248

后记 / 252

绪 论

栉风沐雨，砥砺歌行

1998年，上海中锐控股集团怀揣教育初心，审时度势，抓住中国高等教育改革发展历史机遇，创办了苏南地区第一所民办高校——无锡南洋职业技术学院（简称"无锡南洋学院"）。

创院以来，既有风浪波折，也有暗流涌动。过险滩，闯难关，草摇叶响知鹿过，松风一起知虎来，困难与挑战考验的是学校管理者见微知著的能力，丈量的是南洋教育人"学之大者"的历史远见。

25年沧海桑田，无锡南洋学院从无到有、从小到大，从江南大学"本科班"蹒跚起步，到"国内知名、省内领先"的民办高职院校飞速发展，在育人道路上栉风沐雨、砥砺歌行；25年峥嵘岁月，南洋人坚守"教育创造未来"使命，勇于担当、善于作为，用信念和执着书写了一部艰苦奋斗、自强不息的创业史，攻坚克难、负重前行的拼搏史，与时俱进、勇于改革的创新史，团结协作、和衷共济的敬业史。

应运而生担重任，砥砺前行谋发展。25年来，无锡南洋学院顺应国家高等教育改制与发展形势，在坚持中探索，在探索中前进。回顾学院成长历程，从要素驱动到创新驱动，大致经历了4个发展阶段：申报筹备阶段、扩规模升内涵阶段、整改调整阶段、高质量有特色发展阶段。

1. 申报筹备阶段（1998年1月—2001年8月）

1997年年末，时任无锡南洋国际学校董事长的钱建蓉先生，向江苏省人民政府汇报了创办大学的设想，获得赞同与支持。1998年1月，第一批创办学院的申报材料上报到江苏省教育委员会计划建设处。同年3月，根据国家教育委员会《民办高等学校设置暂行规定》以及江苏省人民政府《关于民办高等学校设置的补充规定》，学院通过论证。

1998年5月5日，江苏省人民政府《关于同意筹建民办无锡南洋学院的批复》（苏政复〔1998〕35号）发至省教委，要求筹建中的民办无锡南洋学院"自觉遵守国家法律法规，坚持党的基本路线，全面贯彻教育方针，根据地方经济与社会发展需要设置专业，确定办学规模"，并希望"该校尽快具备规定的办学条件，以便早日向国家教育部申报正式建校"。同年6月3日，省教委颁发《关于同意筹建民办无锡南洋学院的通知》（苏教计〔1998〕85号），要求"民办无锡南洋学院（筹）暂按专科层次全日制普通学校筹建"，并同意其1998年挂靠在无锡轻工大学名下面向全省招收普通专科生。

经无锡市有关领导推荐和多方联系、考察，公司董事会于1998年5月底礼聘程志翔教授（曾任无锡江南大学校长、无锡市人大常委会副主任）担任学院首任院长。院长到任后，根据省教委和公司董事会的要求立即全面开展筹备工作，首先确立办学宗旨、办学指导思想、办学特色、办学定位和目标。

根据省教委批文，学院暂时按照专科层次全日制普通高校筹建，先办出高等职业教育的特色，三年内"去筹"，达到1200人规模，国际学生超过100人，并实现收支平衡、略有盈余的办学目标。1998年5月开始启动师资招聘等系列办学准备工作。无锡南洋学院1998年挂靠在无锡轻工大学名下招收新生。1998年9月18日，中共无锡市教工委批准成立中共无锡南洋学院支部；同年11月11日，团市委批准成立共青团无锡南洋学院委员会。从递交申请报告到第一届新生入学正式上课，在不到一年的时间里，学院紧张而有序地开展了各项准备工作。在正常的工作秩序、生活秩序和教学秩序下，第一批新生正式上课，无锡南洋学院拉开了创业的序幕。

2. 扩规模升内涵阶段（2001年8月—2006年12月）

2001年8月9日，江苏省教育厅将《关于同意建立无锡南洋学院的通知》（苏教发〔2001〕163号）正式发至学院。2002年3月27日，学院正式在教育部备案，并更名为"无锡南洋职业技术学院"。至此，学院的"去筹"历史阶段结束，一所正规的有独立办学资格的民办普通高校诞生了。

2000年，无锡南洋学院计划扩大招生规模，公司董事会决定投资开发二期工程。2001年6月19日，学院正式举行二期工程奠基典礼。至2006年12月，在长达5年的时间里，学院办学规模逐渐扩大，在校生由原来的1300多名增加到3500多名，教职工人数也迅速攀升。此外，学院由最初的3个系、3个专业扩大到5个系（另加基础课部和国际学院）、27个专业，完成了二期工程第一阶段建设，具备了容纳5000名学生的办学条件。2003年3月14日，中锐集团宣布由原南京大学继续教育学院副院长曾红路教授接替程志翔院长的工作。2005年以后，学院以"高职高专院校人才培养工作水平评估"为契机，按照"以评促建，以评促改，以评促管，评建结合，重在建设"的基本方针，狠抓学院内涵建设，进一步明确办学定位，转变人才培养质量观，提升核心竞争力，使学院各方面的工作登上了一个新的台阶。

3. 整改调整阶段（2006年12月—2008年6月）

为推动高职教育持续健康发展，教育部从2004年开始，正式启动五年一轮的高职高专院校人才培养工作水平评估。2006年11月，专家组来无锡南洋学院评估，认为学院定位正确，发展思路清晰，办学机制灵活，管理效率较高，形成了"产权清晰、企校分开、职责明确"的民办高校基本运营制度，运作机制灵活；学院教职工和谐意识、市场意识、竞争意识、危机意识、成本意识、经营意识、人本意识较强；能主动服务于地方经济，积极探索校企合作。不断加强专业建设，提高了人才培养质量。强化日常管理，提升了学生综合素质。探索培养模式，开展中外合作办学。

这次评估是学院发展史上一个重要里程碑，它不仅总结了学院8年来的工作成绩与经验，也让学院看到了自身的不足。民办高校一定要遵循高等教育发展的客观规律、高职人才的成长规律以及民办高校自身的规律，才能健康发展。2006年12月，根据评估专家提出的问题与建议，学院出台了"无锡南洋职业技术学院评估整改方案"。董事会和学院都承诺加大教学投入，充实教学基础设施。"加大教学投入"不在于再建多少校舍，而在于加大对教学基础建设的投入。同时学院根据市场需求和自身的办学条件，积极调整系科与专业设置。至2008年6月，汽车与电子工程技术系分设为汽车工程系、电子工程系；艺术设计系更名为数字艺术系；工商管理系更名为国际商学系。另外新增建筑工程系。

4. 高质量有特色发展阶段（2008年6月至今）

经过近十年的实践和探索，学院在规模、师资、教学管理和学生就业等方面都实现了跨越式发展。学院认为，一个学校要想获得持续发展，离不开3个因素：首先，要有符合现代社会发展的治校理念；其次，要有适合中国民办教育的管理方法，而非完全照搬公办院校管理方式；最后，在专业设置和教学模式上要有特色。只有这样，才能打造一个学生、教师、教学体系三要素相融共生的专业平台。

现任院长周肖兴自2009年3月任职以来，继往开来、开拓进取，深化各项改革，全面推动学院高质量有特色发展。他以无锡南洋学院为案例，总结管理、治学经验，撰写了《民办高职"二元思维"视阈的治校研究》一书。书中指出，在中国特色社会主义进入新时代的大背景下，民办教育的发展必须走出一条既符合教育规律，又符合经济规律的道路，两者之间达到一种高度和谐，谓之"二元思维"。唯其"二元和谐"，才能使学院走上可持续健康发展之路。

民办高校的治理，不仅要遵循大学治理的一般规律，更要符合机构精简、效率提高、管理简单的办学模式。无锡南洋学院决定实行大部制改革，弥补行政短板，精简机构，减员增效。推行二级单位分级管理、下放权力、宏观管理、广开言路、民主协商等机制。大部制推行以后，管理边界清晰，人力资源统筹调配，既充分发挥了民办管理的优势，又能进一步产生经济效益，这在江苏省乃至全国民办院校中是创先例的。

积跬步至千里，积小流成江海。25载稳步发展，学院办学规模不断扩大，现设有汽车工程与管理学院（简称"汽车学院"）、建筑工程与艺术设计学院（简称"建艺学院"）、航空旅游学院（简称"航旅学院"）、幼儿教育与管理学院（简称"幼教学院"，2021年4月之前为"国际学院"）、商学院、智能装备与信息工程学院（简称"智信学院"）、职业素质教学部（马克思主义学院）及继续教育学院，共8个教学单位，在校生8600余人。依托长三角中心城市的区域经济优势，学院在专业及专业群的建设上与区域产业发展同频共振，逐步形成了对接区域产业发展的汽车、建筑、航空、幼教、机电等专业群。学院建筑总面积达15万平方米，配套设施齐全，建有汽车实训中心、建筑工程实训中心、航空实训中心、乘务实训中心、烹饪实训中心、幼教实训中心、会计商务实训中心、移动互联网实训中心等实训中心，以及多媒体教学中心、计算机信息中心，其功能融专业教学、岗位培训、技能竞赛、技能鉴定、技术研发等于一体。

脚踏实地，行稳致远。无锡南洋学院围绕职业教育发展，已打造江苏省职业教育"双师型"名师工作室1个、江苏省级高水平骨干专业1个、江苏省级职业教育实训基地1个、物联网应用工程技术研究开发中心1个；无锡市级示范（重点）专业7个、重点专业群5个、职业教育现代化专业群2个、职业教育现代化品牌专业2个、职业教育高水平专业1个；无锡市级职业教育校企合作示范项目4项、职业教育现代学徒制重点项目3项、职业教育国际化重点项目3项；无锡市级产教融合现代化实训基地1个，无锡市职业院校名师工作室1个、技能大师工作室1个。

大潮既起，势不可挡。《资治通鉴·汉纪九》有云："尽小者大，慎微者著。"南洋人坚信"致广大而尽精微"是成事之道，既登高望远，又落实细微。从大处着眼，小处着手，稳扎稳打，积微成著，积小胜为大胜。

初心如磐行致远，聚沙成塔结硕果。无锡南洋职业技术学院先后荣获"江苏省高等教育人才培养模式创新实验基地""全国机械行业职业院校先进制造技术促进与服务基地""江苏省职业教育先进单位""江苏省文明单位""江苏省平安校园建设示范高校""江苏省平安校园""江苏省文明校园""江苏省教育工作先进集体""全省高校毕业生就业工作量化考核A等高校"等多项荣誉称号。

道阻且长，行则将至。一路走来，南洋人豪情万丈，胸中有火、眼里有光，秉承中锐"锐意进取、追求卓越"精神，始终坚持党的领导和社会主义办学方向，全面落实立德树人根本任务，坚持与地方经济社会发展同频共振，与祖国和人民需要同气相求，为社会输送了3万余名高素质技术技能人才，为服务地方经济社会发展、建设"强富美高"新江苏贡献积极力量。

山水南洋，人文学府

太湖佳绝处，毕竟在鼋头；山水学府地，英才出南洋。

无锡南洋职业技术学院地处太湖之畔、军嶂山下，毗邻鼋头渚、三国城等国家5A级风景区。低调而务实，是许多人对无锡的印象。无锡自古人杰地灵，人才辈出。无锡南洋学院身处一座有着3000多年建城史的文化名城、工商名城之中，诞生之初就自带"低调务实、人文深厚"的底蕴。校园依山而筑，其间花木扶疏，高低错落；鸟语花香，溪流潺潺；亭台楼榭掩映其间，幽雅宜人。校园教育氛围浓厚，实乃读书治学圣地也。

大学是知识聚集之地，思想智慧交融之所。教育是学校发展之命脉，文化是教育施行之魂魄、学校发展之基石。无锡南洋学院是一所高职院校，目标是培养能工巧匠、大国工匠，同时学院管理者亦怀有满腔热情，欲把学院建成一座文化氛围浓厚的人文学府，为师生浇灌一方精神良田，因为他们相信大国工匠的养成离不开丰润的人文滋养。

文化如水，浸润无声，连接着一个学校的过去、现在和未来。无锡南洋学院的校训、校风、教风深刻体现了无锡南洋学院积极进取的精神，寓意深远。

校训：学成致用。《周易》有语："精义入神，以致用也。"学院继承近代著名教育家、"南洋大学堂"创始人唐文治先生的办学思想，确定了"学成致用"的校训。"学成"可诠释为人格有成、学业有成，于高职院校学生而言，"学"既是知识技能之学，又是理想道德、职业素养之学；"致用"意为付诸实践，于高职学生而言，"用"既是知识技能之用，又是职业素养之用。

校风：天道酬勤。自强不息，天之道也。韩退之曾题"天道酬勤"勉励后来者。无锡南洋学院崇尚中华民族勤奋自强的人文精神，以《尚书·大诰》之"天閟毖我成功所""天亦惟用勤毖我民"为典，引"天道酬勤"为校风，激励学院全体师生发愤图强，锐意进取。

教风：因材施教。《论语·为政》章句中，子由问孝、子夏问孝，孔子回复了不同答案。朱熹《四书集注》引宋程颐曰："子游能养而或失于敬，子夏能直义而或少温润之色，各因其材之高下与其所失而告之，故不同也。"无锡南洋学院管理者倡导教师从学生实际情况、个别差异出发，有的放矢地实施差异化教学，让不同学生扬长避短，实现自我。

学风：知行合一。明代儒学集大成者王阳明首次提出"知行合一"说。知中有行,行中有知。学院大力深化产教融合、校企合作,在"知行合一"中培育优秀技术技能人才。

教学楼群命名亦充满哲思,意味深长。

怀德楼。怀德楼是无锡南洋学院行政楼,其名出自《论语·里仁》名句"君子怀德,小人怀土"。子曰:"为政以德,譬如北辰,居其所而众星共之。"将行政楼命名为"怀德"体现了无锡南洋学院管理者以德治校、依法治校的初心,以及强烈的使命感和责任心。

怀谷楼。根据《道德经》"敦兮其若朴,旷兮其若谷"一句,取名"怀谷",勉励无锡南洋学院师生在治学与求学的道路上胸怀远大;同时体现学院重视人才,管理者虚怀若谷,不拘一格任用人才。

致远楼。"致远"出自诸葛亮《诫子书》"夫君子之行,静以修身,俭以养德。非淡泊无以明志,非宁静无以致远",意为理想远大、追求卓越。

另有博学楼、慎思楼、明辨楼、笃行楼,学院以《礼记·中庸》中的"博学""慎思""明辨""笃行"章句命名,对学子寄予厚望,润物无声,滋养心田。

《晏子春秋·内篇杂下》:"橘生淮南则为橘,生于淮北则为枳。"自身努力固然重要,但是学习环境对人的影响也是巨大的,古有"孟母三迁"为证。无锡南洋学院高度重视优化校园环境,构建环境雅致、书香弥漫、人文荟萃、职教元素鲜明的文化校园,以文化浸润心灵、以文化塑造灵魂,增强学生的文化自信和自觉,塑造其道德高尚的人格,努力让学生德技并修,促其知行合一、全面发展。

党建引领,培根铸魂

党建引领是无锡南洋职业技术学院建院以来寻求跨越式发展、内涵式发展、高质量发展的制胜法宝。学院坚持不懈用习近平新时代中国特色社会主义思想凝心铸魂,深入学习宣传贯彻党的二十大精神,结合学院实际,理论创新与实践创新良性互动、相互贯通、相得益彰，《党建共建助力乡村振兴 校地合作共育时代新人》获评苏锡常都市圈职业教育基层党建工作创新典型案例二等奖；《同学辉煌党史 共咏百年赞歌——"歌声中学党史"》与《学史力行，产教兴农》入选江苏省高校党史学习教育优秀案例；建筑工程与艺术设计学院教师党支部入选首批省高校党建工作样板支部培育建设单位；商学院学生党支部《不负青春信仰笃定 山水学府"红色哨兵"》荣获江苏省高校"最佳党日活动"优胜奖。学院党建工作成效显著，被评选为无锡市委教育工委直属党组织理论学习中心组示范点。

心有所信，方能行远；学有所悟，而后笃行。身为民办高校，无锡南洋职业技术学院从建院之日起，就坚持和加强党的全面领导，始终与党和国家同向同行，与经济社会同频共振。坚持立德树人，牢记为党育人、为国育才使命，充分发挥党组织在民办高职的政治核心作用、党支部在教育管理中的战斗堡垒作用及党员教师在教育教学中的先锋模范作用。无锡南洋学院积极构建理事会、院务会、党委会班子成员"双向进入、交叉任职"体制机制，加强基层党组织建设，构建四位一体的组织体系，不断创新党建工作方式方法，推进新时代高职院校思想政治工作和德育工作改革创新，民办高职党建"双创"工作成效显著，逐渐形成了民办高职党建体系特色。

立德树人者先树己，培根铸魂者先铸己。无锡南洋学院党委系统谋划，创新融合，分层推进党史学习教育规划。学院党委委员率先垂范，深入基层，联学导学、讲学结合、讲用结合，以讲促学、以讲促思，党史学习教育的原动力不断被激发。随着对党的二十大精神学习的不断深入，学院党委创新形式载体，不断丰富学习内容，激励师生在特色活动中传承红色基因，坚定理想信念，增强行动自觉，服务国家职业教育战略，着力推动党史学习教育提质增效、走深走实。

心怀使命，践行担当，无锡南洋学院师生一直在路上。党史是最好的营养剂，结合学院"十四五"规划和样板校建设，学院高度重视、组织有序、扎实推进，从百年党史中汲取力量，在潜移默化中引导广大党员群众,赓续红色血脉、砥砺初心使命,将党史学习成果转化运用到学院改革发展的热点、难点问题上,转化为继续前进的勇气和力量,时不我待、只争朝夕、凝心聚力、勇攀高峰的校园氛围日益浓厚。

教学相长,师生共进

《礼记·学记》:"是故学然后知不足,教然后知困。知不足,然后能自反也;知困,然后能自强也。故曰:教学相长也。"教育是师生双方心灵的交流,是生命的互动。无锡南洋学院高度重视教与学两块核心办学任务,求真务实、守正创新,促进师生共同进步。

教与学,有机联动、相互支撑、交相辉映,引领和推动无锡南洋学院教学事业稳步向前发展。

1. 教学端

无锡南洋学院针对高职教育面临的新形势,按照国家和教育部出台的一系列文件精神,深入开展调查研究,进一步研讨学院专业群建设的优势特色,发展的机遇挑战,建设的逻辑思路、目标、实现路径、预期成效,抢抓新机遇、应对新挑战,全面启动学院"双高"专业群建设工程,遴选一批院级"双高"专业群,孵化省、市级"双高"专业群建设项目,带动学院专业内涵建设,做实做精已立项的省级、市级和学院重点、品牌、特色、骨干专业,全面提升学院专业群建设水平。

结合学院自身办学优势与特色,以"双高"专业群建设为龙头,科学确定专业群组群逻辑,组建专业群。紧紧围绕长三角区域一体化发展需求,以及无锡市打造现代产业高地,实施新一轮战略性新兴产业、智能制造、现代服务业发展行动需求,不断优化专业设置布局。组建专业群并坚持服务面向与办学优势并重、职业岗位群与技术领域兼顾,准确定位人才培养目标。同一专业群内教学资源共享度和就业相关度高,不同专业群之间优势互补、特色鲜明。努力打造紧密对接产业、人才需求旺盛、办学理念先进、发展后劲充足的"双高"专业群，目标是逐步建成在同类院校同类专业中具有一定影响力和竞争力的专业群，全面提升办学水平。

世间多胜景，最美是青蓝。学院的发展离不开教师的成长，无锡南洋学院近年来在创新师资培养模式上持续发力，帮助教师提高教科研水平。苦下真功，强化落实青年教师培养工作，加快促进青年教师成长步伐，致力于打造一支师德高尚、教艺精湛的青年教师队伍。打破固有思维定式和习惯，跨专业、跨部门、跨地域聘请名师，隆重举行拜师仪式，并签署《拜师结对任务书》，师徒承诺勠力同心，共创佳绩。这一举措充分发挥了经验丰富教师的传、帮、带引领作用。

青蓝相继守初心，师徒同心践使命。匠心相传，师徒同进，共育桃李，青出于蓝而胜于蓝。拜师仪式是一种传承、是一种认同、是一种情怀，更是不朽教育事业的精神接力。

博采众长促教学，切磋琢磨共成长。见贤思齐，以研促教。为进一步落实教师培养工作，学院实行跨部门集中听课，让教师彼此取长补短，择善而从。"人之学问知能成就，犹骨象玉石切磋琢磨也。"课堂是不同学科教学研究的主阵地，不同学科的教师互相听课对彼此有着巨大的借鉴意义，有助于优势互补，实现不同学科教学方法的大融合，从中了解不同专业学生的特点和需求，从而更好地因材施教。

2. 学生端

无锡南洋学院全面实行学生工作二级管理，管理中心下移。以二级学院为主体，实行年级组长统筹，以班主任管理为主、副班主任配合的学生管理工作新模式，确保学生服务管理工作顺畅开展。学务部统筹协调全院学生管理工作；党总支书记负责统筹协调本二级学院学生工作；年级组长负责统筹协调本年级学生管理工作；班主任、副班主任负责做好所带班级的学生管理工作。

春风化雨，润物无声。围绕高素质、高技能人才培养的总要求，学院进一步优化学情治理体系，逐步提升"五维素养"育人成效。

"五维素养"教育模式旨在通过职业素养与基本素养养成，推动青年学生自觉以习近平总书记勉励的"爱国、励志、求真、力行"为成长准则，构建"三全育人"体系，在价值滋养、文化濡养、身心调养、品行涵养、生活给养5个不同维度，将学生基本素养培养目标分解成逐项成长养成计划，发挥教育教学一体化育人价值，以实际行动践行社会主义核心价值观，并内化于心、外化于行，持续激励学生全面提升综合素养，使之形成良好的职业态度、职业规范、职业道德、职业精神，努力培养具有家国情怀和社会担当的德、智、体、美、劳全面发展的社会主义建设者和接班人。

聚焦集体荣誉，凝结团队精神。学院持续开展"三创一做"活动，坚持教育教学一体化与班级、宿舍、文化等基础建设紧密结合。"三创一做"即创建优良学风示范班，创建文明宿舍，创建特色校园文化活动，做文明有礼南洋人。坚持教育教学一体化育人工作常态化、制度化，通过"创建优良学风示范班，争做示范；创建文明宿舍，争当标杆；创建特色校园文化活动，争成品牌；做文明有礼大学生"活动实施，将教育教学一体化育人工作融入日常、抓在经常，突出创建活动的引领作用。

"君子责己，小人责人。"从古至今，人们都把能否严于律己当作衡量一个人道德修养高下的标准。自律成就人生，自律是成功的基石。无锡南洋学院管理者高度重视培养学生的他律与自律，促进学生的原发与自觉，促进学生从他律走向自律。进一步完善学生自治体系，不断创新探索学生管理育人工作，逐步还原学生自主自我管理的主体地位，提升学生构建自己与自己、自己与社会、自己与自然和谐共处环境的能力。加强正面教育和自我教育，充分发挥广大学生的主观能动性，使其真正从思想上认识职业素养的重要性，从行动上增强提升文明素养的自觉性，发挥学生党员、学生干部的先锋模范和示范带动作用，完善宿舍自治体系、学风自治模式、学生干部助理岗及校园文明督察岗等一批自律管理体系。

一体育人，铸造素养

创新是一个国家、一个民族发展进步的不竭动力，一个学校的永续发展也离不开创新。无锡南洋职业技术学院的基因里就含有创新的元素。无锡南洋学院是苏南地区第一所民办高职院校，本身就是一个创新思维的产物。

坚持以学生为本，是无锡南洋学院发展的动力源泉。无锡南洋学院创新的重要一环体现在，以职业素养为核心、以教育教学一体化育人为平台，持续开展学生职业素养教育。

无锡南洋学院大力推行职业素养教育，滥觞于2010年对职业素养范畴的讨论，发轫于2013年启动职业素养铸造工程，体系化于2016年起构筑教育教学一体化育人平台。以"守教育者初心，促职业人发展"为理念，13年来，学院坚持职业素养教育与专业技能培养"双螺旋驱动"，促进学生全面发展，培养出了一批批区域行业企业需求的高素质技术技能人才。

不负韶华，梦想从学习开始。无锡南洋学院积极主动回答"什么是高职职业素养教育？怎样构建高职职业素养教育？""坚持和发展什么样的高职职业素养教育？怎样坚持和发展高职职业素养教育，尤其是怎样坚持和发展民办高职职业素养教育？"等一系列高职院校面对的育人重大问题，创新思维，开辟新路，谋划新方案，给出新答案。

脚踏实地，辉煌靠本领铸就。无锡南洋学院直面新挑战、破解新问题，汇聚成"南洋模式"。把质量作为人才培养第一价值观，把学生职业素养培养和专业教学结合，致力于推行校企共育，推进对学生的职业素养教育，引导学生从素养品质做起，通过职业态度、职业规范、职业道德的项目化、课程化教育，锻造良好的职业精神，促进学生成长、成人、成才，推动学生蝶变为敬业的职业人。

蓄力一纪守初心，校企共育续芳华。截至2022年，无锡南洋学院已成功举办两届职业素养教育展示周（2019年和2021年），研商校企共育，推动产教融合、校企合作，为学校、企业、学生铸未来。"其作始也简，其将毕也必巨"，12载如白驹过隙，天道酬勤、功不唐捐，从举步探索到硕果累累。一纪芳华，可以远矣。

校企共育，促职业人发展。无锡南洋学院坚持校企合作办学，寻求与行业、企业紧密对接，实现校企资源共享和双赢目标。以联合组建专业指导委员会、引进企业课程、聘请企业教师、共同指导毕业设计、建立校外实践基地等形式，发挥行业、企业在高素质技术技能人才培养中的重要作用。先后与上海大众、上海通用、一汽奥迪、广汽本田、精享裕建工、中锐地产、吉祥航空、苏南硕放国际机场、京北方、松下冷机、彩晶光电等200余家企业建立了不同形式的合作关系，合作培养人才。

凝心聚力，真抓实干，继续深化校企合作，推进产教融合，坚持教学与产业相融，学院与企业互动，以产业发展需求为导向，创新育人模式。持续推进校企合作再上新台阶，与欣旺集团、无锡恒大电子科技有限公司、东航无锡分公司等大型企业签署战略合作协议，校企携手谋发展，合作共赢向未来，共促高素质技术技能人才培养升级。

学之大者，未来可期

"雄关漫道真如铁，而今迈步从头越。"创新是无锡南洋职业技术学院发展的底色，越是伟大的事业，越需要开拓创新。职业教育是一项功在当代、利在千秋的事业，"前途广阔、大有可为"。无锡南洋学院在坚持守正的同时，勇于创新、开拓进取。创新，对于无锡南洋学院而言，既是沉淀于历史的最深基因，也是引领学院发展的最核心密码，又是着眼于未来的最关键抓手。

艰难方显勇毅，磨砺始得玉成。新发展理念促使新的思维方式、行为方式、工作方式形成。近年来，无锡南洋学院以不破不立的勇气与决心，坚决破除与学院新发展理念不相符合的惯性思维、路径依赖，坚持以新发展理念指导和推动具体实践。充分发挥江苏民办高等职业院校联盟纽带作用，推动民办高等职业教育高质量有特色发展，为高水平建成民办高职院校，打开高质量发展的新局面，先试先行，给出了高等职业教育现代化发展的"南洋答案"和"南洋路径"。

日将月就，力耕不欺。在无锡市委、市政府印发的《无锡市推进苏锡常都市圈职业教育改革创新打造高质量发展样板实施方案》（锡委发〔2021〕51号）中，明确提出了"支持无锡南洋职业技术学院发挥教育集团办学优势，打造高质量有特色的民办高职样板学校"的要求，令全院上下欢欣鼓舞。

万里征程风正劲，廿五南洋再扬帆。2023年是全面贯彻党的二十大精神的开局之年，亦是无锡南洋学院成功办学25周年之际。发展之路没有奇迹，只有奋力前行的足迹。在迎接学校办学25周年庆典之际，无锡南洋学院全体师生又站在了新的起跑线前。

古人云："不谋万世者，不足谋一时；不谋全局者，不足谋一域。"大道至简，实干为要。相信南洋人必将乘大势、走大道，步步坚实、行稳致远。祝福南洋人乘势而上、勠力前行，奋力谱写无愧于新时代的"南洋答卷"，为助力我国早日迈入职教强国行列再立新功。

党建篇

民办高校是中国高等教育的重要组成部分，同样承担着"为党育人，为国育才"的重大职责，民办高校的党建工作就是把党的执政理念、先进文化和组织优势融入办学的过程之中，充分发挥党组织在民办高校中的政治核心和监督保证作用。在办学过程中，坚持社会主义办学方向，全面贯彻党的教育方针，落实立德树人根本任务，培养德、智、体、美、劳全面发展的社会主义建设者和接班人，促进民办高校高质量有特色发展，具有非常重要的政治意义和现实意义。

党的二十大报告强调要"办好人民满意的教育"。习近平总书记在全国教育大会上指出，"加强党对教育工作的全面领导，是办好教育的根本保证"。2022年3月5日，李克强总理代表国务院在十三届全国人大五次会议上所作的《政府工作报告》中对民办学校党建工作作出重要指示，提出要"支持和规范民办教育发展"。这充分体现了以习近平同志为核心的党中央对民办教育的高度重视。

长期以来，无锡南洋职业技术学院党委坚持以习近平新时代中国特色社会主义思想为指导，认真贯彻执行党的路线、方针、政策，强化党建责任制，全面推进党的政治建设、思想建设、组织建设、作风建设和纪律建设，把制度建设贯穿其中，党建工作措施扎实，成效显著。

第一章

筑牢党建根基,把稳"方向盘",当好"推进器"

第一节 充分发挥政治核心作用,为学院发展提供政治保障

习近平总书记曾指出,民办高校的办学方式、组织结构、运行模式可以不同,但在坚持正确政治方向、正确育人导向上没有例外。作为无锡市第一所建立党委的民办高校,多年来,学院党委充分发挥党组织的政治核心作用,以习近平新时代中国特色社会主义思想为指导,全面贯彻落实党的二十大精神,深刻领悟"两个确立"的决定性意义,增强"四个意识",坚定"四个自信",做到"两个维护",坚决执行党的教育方针,强化政治建设,坚持社会主义办学方向。根据民办高职院校在领导体制、运行机制、学生类别等方面的特点,结合学院的实际工作,积极探索民办高校党组织发挥作用的途径和方法,创新党建工作"三延伸"的新模式、新机制,即将党建工作延伸到学生宿舍,建立"党员工作站";将党建工作延伸到实习企业,建立"党员之家";将党建工作延伸到周边社区,建立"党员互助岗",取得了良好成效,被赞誉为无锡民办学校党建工作的一面旗帜。推动党的组织和党的工作全覆盖,自觉将党建工作贯穿于办学理念、办学定位、办学特色和文化建设等各方面,充分发挥其政治核心作用,为学院教育事业发展赋能增效。同时,坚持以高质量的党建工

作推进一体化协同育人和大学生职业素养塑造工程，通过党建工作的不断完善和创新来服务学院高质量有特色发展，以落实立德树人根本任务为导向，不断把党建成效转化为育人成效，为学院发展提供政治保障。

第二节　大力夯实基层组织建设，为学院发展提供组织保障

基层党组织体系的建设要适应学院的管理架构和发展布局，通过改革创新，强化服务功能，确保党的组织和党的工作全覆盖，为全面深化高质量有特色发展提供坚强的组织保障。多年来，学院努力建构起高效的管理体制，建立了"双向进入、交叉任职"的融合机制，理顺了理事会、学院、党委之间的关系，党委书记作为理事进入理事会，作为学院领导参加院务会，直接参与学院的行政决策和未来发展规划，守牢办学底线，确保正确的办学方向。二级学院均设立了党总支，配备了党总支书记、副书记，采取党总支副书记兼任副院长的办法，落实"双向进入，交叉任职"的机制，确保基层党组织在二级学院的行政事务中有充分的发言权。同时，在支部建设上，各二级学院分别设立教工党支部和学工党支部，由教学副院长或教研室主任兼任教工党支部书记，由分管学生工作的党总支副书记兼任学工党支部书记，充分发挥党组织、党员在学院发展过程中的战斗堡垒作用和先锋模范作用。经过多年的工作实践检验，这种管理层和党组织的交叉管理模式既有益于权力的制衡与监督，也有利于发挥党组织作用，完善了科学的组织架构，树立了良好的工作风气，为学院发展提供了源源不断的动力。

第三节　扎实推进思想文化建设，为学院发展提供精神引领

习近平总书记指出，"做好高校思想政治工作，要因事而化、因时而进、因势而新"。民办高校与公办高校一样，不仅承载着传播知识、传播思想、传播真理的功能，还承担着塑造灵魂、塑造生命、塑

造新人的重任。学院党委高度重视思想文化建设工作，紧紧围绕立德树人根本任务，对"三全育人"工作进行了全面部署。一是营造良好的育人文化氛围。学院办学25年来，恪守"学成致用"校训，秉承"天道酬勤"校风，坚持"以生为本、因材施教"的育人理念，紧跟高职教育教学改革发展的步伐和趋势，探索职业素养教育"三融入"路径，充分发挥民办教育体制机制优势，为区域经济社会发展培养了大批基础实、能力强、具有创新精神、具有创业意识和具有良好职业素养的技术技能人才。二是形成可持续的长效育人机制，将思政工作贯穿于教育教学全过程。经过多年深入的理论研究和大胆的实践探索，学院形成了适合自身发展，令学生满意、社会各界认可的教育教学一体化育人模式，努力实现全员育人、全程育人、全方位育人。三是凝聚群团组织合力，学院党委牢固树立"抓党建必须抓群建、抓群建就是抓党建"的思想，一直把群团工作纳入学期工作计划，始终把加强对工会、共青团的领导作为党建工作的重要职责。支持工会、共青团、学生会等群团组织围绕学院发展大局开展工作，充分发挥群团组织在思政教育、文化育人、自我管理服务方面的桥梁作用。四是积极推进基层文化建设，各二级学院结合专业特色与岗位要求，凝练概括了各自的职业素养训导词，如汽车工程与管理学院的"修德精技、卓悦服务"，智能装备与信息工程学院的"善思求精、工整协同"，建筑工程与艺术设计学院的"抱诚守真、尚美筑艺"，航空旅游学院的"技艺融通、秀外慧中"，商学院的"重诚守信、修技养德"，幼儿教育与管理学院的"励学乐教、以爱育人"，形成了多维立体、独具特色的校园文化氛围。

第二章

坚持党建引领，凝聚高质量有特色发展合力

第一节　旗帜鲜明讲政治，步调一致顾大局

一、坚持党委政治领导核心

学院党委始终把坚持和加强党的政治领导置于首要位置，切实履行管党治党主体责任。围绕中心抓党建，抓好党建促发展。切实增强党委的政治核心功能，强化政治理论学习，提升党员干部思想政治素养。一是建立工作机制，学院党委积极参与学院重大事项决策，发挥政治核心作用，党委领导班子成员与行政领导班子成员交叉任职，形成党政分工合作、民主决策、集中指挥的工作机制。二是加强制度建设，每年制定中心组学习计划，并在学院先锋网上公布，形成严格的学习制度，接受群众监督。中心组学习坚持做到学习内容与提高自身素质相结合、学习形式与提高实际工作能力相结合、学习效果与提高工作效率和服务质量相结合的"三个结合"。通过中心组学习制度，党员干部的政治理论水平和解决实际问题的能力得到了一定程度的提高。三是认真开好领导班子民主生活会，把生活会与领导干部年度述职、评优考核结合起来，积极开展批评与自我批评，发扬党内民主，加强党内监督，依靠领导班子自身力量解决矛盾和问题，不断提升管理能力。2004年，学院作为民办高校，率先被评为江苏省高校先进

基层党组织。

二、坚定师生员工政治信仰

习近平总书记指出："为了人民而发展，发展才有意义；依靠人民而发展，发展才有动力。"学院党委高度重视思政和德育工作，努力打造学习型的基层党组织，以此引导促进校风、教风和学风建设，使全校师生形成对中国共产党和中国特色社会主义的高度思想认同、政治认同、情感认同和价值认同。通过系统的党的思想理论学习与教育，着力提升党员的理想信念与理论素养，筑牢全校师生党员的理想信念根基，坚守教育初心，永葆教育情怀，充分发挥党组织的政治优势、组织优势和密切联系群众优势，坚持发展为了师生、发展依靠师生、发展成果与师生共享。在思想上树立崇高笃信的政治信仰，在行动上严格划清不能逾越的政治底线，让深刻领悟"两个确立"的决定性意义，增强"四个意识"，坚定"四个自信"，做到"两个维护"，成为每一位教职工的行动自觉和政治操守。教育和引导广大党员提振学习、工作精气神，通过开展师生党员"亮身份、树形象"主题活动，精心打造"一个党员就是一面旗帜"这一品牌，以深入学习宣传贯彻党的二十大精神为契机，把思想工作做到师生心坎上，引领广大师生坚定不移听党话、感党恩、跟党走，充分发挥师生党员的先锋模范作用。

三、突出教书育人政治标准

作为一所民办高职院校，学院党委一直以来高度重视师资队伍的建设，着力提升师资队伍职业素养和思政工作水平。根据《教育部等六部门关于加强新时代高校教师队伍建设改革的指导意见》，学院将提升教师思想政治素质和师德素养作为首要任务，努力建设一支以德立学、以德施教、以德育德的师资队伍。一是强化"内培"工作力度，将师德师风作为教师队伍建设的第一标准，坚持师德师风教育常态化。二是健全校内、校外培训体系，为提高教师教育教学、管理能力创造机会。建立国家级、省级、市级、校级培训体系，制订长期、中期、短期培训计划,通过线上、线下相结合的培训方式,严格组织实施,重视培训成果的检验。三是改善思政课教学效果,不断深化教学改革,创新教学方式、手段和载体,提高思政课的吸引力、感染力,对青年教师科研进行培训,加大科研工作考核比重。四是推进学生工作课程化建设,提高辅导员开展学生工作研究的意识、能力,以及数量与质量。五是积极推进课程思政教研教改,构建全面覆盖、类型丰富、层次递进、相互支撑的课程思政体系,加快形成关于课程思政理念的广泛共识,广大教师坚守教书育人的主业,开展课程思政建设的意识和能力全面提升。2018年,学院被评为无锡市教育系统"教书育人先锋党组织"。

四、涵养校园良好政治生态

立德树人是教育的根本任务,培养什么人是教育的首要问题。我们是中国共产党领导的社会主义国家,这就决定了我们的教育必须把培养社会主义建设者和接班人作为根本任务,着力加强党的领导,落实立德树人根本任务;着力深化作风建设,优化校园服务,推进依法治校,进一步营造全面从严治党、依法治校、廉洁从教、诚实守信的文化氛围,涵养风清气正、实干担当的校园政治生态。学院党委非常重视党风廉政建设,建立了有效监督机制,每年都将党风廉政教育纳入工作计划并作为中心组学习的重要内容,党政主要领导带头遵守廉洁自律规定,规范从政行为,自觉做到行动上先于一般党员干部、标准上高于一般党员干部、要求上严于一般党员干部,廉洁自律意识得到进一步强化。充分发挥民办高校党组织的领导和监督作用,使党组织真正成为学院办学的领路人,监督学校端正办学动机,推进依法治校、规范办学,实现了学院高质量有特色发展。

第二节 聚焦思想建设,坚定理想信念

一、强化政治理论学习,不断提高政治素养

思想建设是党的基础性建设。党的十八大以来,学院党委和二级

学院党政班子把坚定理想信念教育作为党的思想建设的首要任务，把学习党的十八大、十九大、二十大精神及党章党规和习近平总书记关于教育的重要论述作为主要内容，坚持不懈地开展学习教育活动。2013年深入开展了党的群众路线教育实践活动；2016年认真开展了"两学一做"学习教育；2019年全面开展了"不忘初心、牢记使命"主题教育；2021年扎实开展了党史学习教育；2023年系统开展了学习贯彻党的二十大精神主题教育。用系统的学习计划和监督机制，不断推动学习教育常态化、制度化，用党的创新理论武装头脑，推动党员干部更加自觉地为实现新时代党的历史使命不懈奋斗。

二、领学导学齐头并进，力促党的教育走深走实

学院党委负责同志带头上党课，以"一本书，读懂党的百年史""历史的选择和选择的历史——现代中国与中国共产党""人大制度走进思政课"等为主题，宣传党的艰辛历程与辉煌业绩。学院党委还邀请无锡市民政局党委书记葛恒显与无锡市委教育工委书记唐加俊、范良相继作了党的十九大（历次全会）精神宣讲报告，邀请无锡市委宣传部副部长商波涛作了"加强党对高校意识形态工作领导权"、无锡市委党校教育长尹清亮作了"全面从严治党永远在路上"、党的二十大代表袁彩凤作了二十大精神宣讲报告等主题报告。通过一次次集中学习，进一步激发广大党员爱党、爱国、爱社会主义的巨大热情。2021年，学院党委组织开展的"同学辉煌党史，共咏百年赞歌——歌声中学党史""学史力行、产教兴农"活动双双入选省委教育工委"党史学习教育先进案例"。

三、中心组定期学习研讨，以学增智强本领

学院党委理论学习中心组按计划定期举办学习研讨会，认真执行"第一议题"制度，将学习贯彻习近平新时代中国特色社会主义思想制度化、常态化，并结合党建重大专题，组建专家宣讲团开展理论宣讲。学院党委理论学习中心组确保每年集中学习12次，党建专家专题讲座报告会每年4次。在"不忘初心、牢记使命"主题教育、《中

华人民共和国职业教育法》专题学习等会上，学院党委负责同志围绕主题认真备课，做好领学，中心组成员就学习内容广泛深入地交流研讨，在交流研讨中不断提升理论水平和管理能力，为全面提升学院办学质量提供强有力的思想保证和精神支撑。

四、成立马克思主义学院，打造课程思政新格局

学院党委经过认真筹备，于 2021 年 4 月在民办高职院校中率先成立了马克思主义学院，全面打造马克思主义理论教学、研究、宣传和人文精神培养的坚强阵地，统筹学院思想政治教育工作，统筹思政课教学科研和教师队伍的管理、培养，使其成为深化教学模式改革的重要枢纽，成为学校思想政治工作的枢纽。马克思主义学院在思政课程和课程思政同向同行、科学精神和人文精神培育、职业素养教育等方面发挥了重要作用，在构建"大思政"格局中发挥了重要作用。

五、集中学习与自学相结合，坚定信念提升理论素质

学院党委始终坚持将党的政治理论学习作为锤炼全体党员党性的基本功、必修课，坚信通过系统的学习教育，才能深刻领悟"两个确立"的决定性意义，增强"四个意识"，坚定"四个自信"，做到"两个维护"，确保思想认同、政治看齐、行动紧跟。每学期，学院党委根据上级党组织部署的学习教育工作要求，科学制订学习计划，列出必读书目，并通过理论学习中心组学习、主题党日集中学习，以及邀请专家做党建报告等形式组织学习，将集中学习与个人自学结合起来，将理论学习与党建知识竞赛结合起来，推动党内教育从"关键少数"向广大党员拓展、从集中性教育向经常性教育延伸。同时，不断丰富党员学习形式，陆续引进了"学习强国"APP、"无锡先锋"公众号、"江苏先锋党员大学习"小程序等移动教育平台。通过定期公布学习积分榜和评优表彰形成良性推力，从 2019 年 3 月至今，在"学习强国"APP 等学习平台学习已陆续成为全体党员每天的必修课。2021 年，学院被无锡市委教育工委评为"理论学习中心组示范点"。

六、严格落实意识形态工作责任制

学院党委始终坚持党管意识形态原则,明确学院党委对学院意识形态工作的主体责任,牢牢掌握意识形态工作领导权和主动权。切实履行党委书记、党总支书记和党支部书记第一责任人职责,高度重视安全稳定工作,始终坚持全面从严治党工作与业务工作一同布置、一同落实,形成了党委、党总支、党支部、党员"四位一体"的工作格局。切实增强师生对思政课的获得感,划定课堂教学意识形态安全底线和红线,严把教材编写选用政治关,加强网络意识形态管理,建立网络舆情常态监测和预警机制,大力加强讲座报告会、国际合作项目、社团活动以及"两微一端"等宣传平台的管理,确保学院在意识形态领域形成守土有责、守土负责、守土尽责的良好局面。始终强调领导班子对意识形态工作的主体责任:一是强化组织,严格纪律;二是定期研判,严控风险;三是筑牢防线,严守阵地。坚持把好政治方向关、舆论导向关。2021年,党委以《筑牢信仰之基,把稳思想之舵》为题在全市高校意识形态工作联席会上作经验交流。

第三节 强化基层组织建设,推动党建全面过硬

一、不断完善顶层设计,是基层党组织建设的政治保证

为了推动学院基层党组织扎实有效地开展党建工作,学院党委在每学期初制定的《党政工作要点》中,始终将党建和行政、业务等工作同步谋划、部署,并建立领导班子成员"一岗双责"机制,确保各项工作及时开展、有效落地。同时,基层党组织要根据学院的总体要求制订工作计划,期末根据计划逐一进行总结,这一系列的工作机制使得基层党支部真正做到了党建动起来,党员身份亮起来,基层堡垒强起来,特色党建做起来,将党建工作不断引向深入。同时,在党员干部的选拔任用、评优评先方面,既要看业务工作完成情况,又要看党建工作实际成效。

二、不断优化党组织体系，是基层党组织发展的动力支撑

学院于建校之初的 1998 年 9 月成立了无锡市教工委直属的党支部，经过多年的发展，陆续在 2002 年 1 月成立了党总支，在 2004 年 12 月成立了党委。本着"有利于扩大党组织覆盖面，有利于发挥党组织作用，有利于促进学院发展"的原则，逐步建立健全了科学严密的基层党组织网络体系。截至 2023 年 5 月 1 日，学院党委下设 7 个党总支、16 个党支部，有教职工党员 161 人，占教职工总人数的 63.4%；学生党员 65 人，占在校生总人数的 1.2%。在学院学科带头人、骨干教师以及中层管理者中，党员占比达 91% 以上，在学生党员中担任学生干部的占比达 100%。

三、不断加强党组织队伍建设，是基层党组织形成战斗力的坚实基础

学院党委将党支部书记的培育工程纳入党建工作计划，将支部书记选拔培养纳入党委会议题，制定改进选拔工作的实施意见，建立了科学高效的工作机制：一是落实书记第一责任人制度；二是规范开展党员发展与教育工作；三是建立健全"双培养"机制（把优秀教师培养成党员，把党员培养成管理骨干）；四是加强党务工作者培训与管理。学院教工党支部书记"双带头人"培养工程实现了全覆盖，在 6 名教师党支部书记中，有 3 名同志担任二级学院教学副院长，3 名同志任教研室主任。

四、不断推进党支部标准化、规范化建设，是基层党组织科学开展党建工作的重要抓手

按照省委教育工委《新时代江苏高校党支部建设"提质增效"三年行动计划（2019—2021 年）》，学院党委从政治建设、组织建设、组织生活、队伍建设、基础保障和考核评价等方面对照实施，按照"活动开展制度化、活动内容规范化、活动主题鲜明化、活动特色品牌化"的基本要求扎实推进基层党建工作。认真落实"三会一课"、主题党日、民主（组织）生活会、民主评议党员等基本制度，

积极创建省高校党建工作样板支部，学院党委（总支、支部）6次荣获省高校"最佳党日活动"优胜奖。2019年，党委所属的16个党支部全部达到省高校党支部标准化、规范化建设指标，全面通过考核验收，充分发挥了战斗堡垒作用。汽车工程与管理学院党总支学工支部、机关党总支第一支部、建筑工程与艺术设计学院党总支学工支部、航空旅游学院党总支教工支部等基层党组织在市委组织部党支部标准化、规范化建设考评中都获得了高度评价。2022年建筑工程与艺术设计学院教师党支部入选首批省高校党建工作样板支部培育建设单位。

第四节　推动群团共建，聚力全面发展

工会、侨联、共青团等群团组织，都是党组织工作的延伸，也是党组织的得力助手。

学院于2001年建立了工会组织，先后召开四届教代会，积极推动民主治校进程，参与民主管理，建立教职工年度体检、节假日慰问等福利保障机制，积极开展健康有益的文体活动，努力发挥桥梁作用，当好党的助手和教职工的贴心人，不断增强教职工对学院的向心力与归属感。

2019年5月，学院侨联正式成立，学院成为无锡首家成立侨联组织的民办高校，为学院海归人才及侨眷侨属发挥独特作用提供组织保证。

共青团发挥"党有号召，团有行动"的作用，通过学生会、各类社团、青年志愿者协会等组织，营造浓厚健康的校园文化氛围，围绕科技、文化、艺术及公益服务等方面开展工作，充分发挥校园文化育人、志愿者服务社会的功能。积极做好党的助手和后备军，目前已组建了45期党建班，陆续培养入党积极分子5000余人。

在学生社团建设、疫情防控及大学生三下乡等工作中，学生党员总是挺身向前发挥先锋模范作用。党委持续加大关心下一代工作的支

持力度，不断推动关心下一代工作委员会工作深度融入教育教学一体化育人工程。

第五节　创新党建工作路径，打造特色党建品牌

学院党委不断推进基层党组织标准化、规范化建设，积极探索党组织发挥作用的途径和工作方法，创建党建工作"三延伸"新模式，创新大学生思想政治教育载体：延伸党建工作到宿舍，建立"党员工作站"；延伸党建工作到企业，建立"党员之家"；延伸党建工作到社区，建立"党员互助岗"。"离校不离'家'，党的光辉暖心房——'企业党员之家'模式"荣获江苏省教育厅党建工作创新二等奖。

近年来，学院党委不断拓展党建工作的宽度与深度，陆续与滨湖区雪浪街道大浮社区党委、中国银行无锡分行党委等多家单位开展党组织校地合作、银校共建活动，形成党组织多层面的学习交流与优势互补，互学共进，持续激发党建工作的活力。学院开展的"红色'火种'播撒在校园和社区"活动入选《江苏高校党建工作典型案例100例》，是江苏省民办高职院校入选的唯一一例。

2019年12月，无锡教育电视台在"党旗飘扬"专题节目中宣传推广了学院党建工作"三延伸"的独特经验。学院党委书记周肖兴接受无锡教育电视台"党旗飘扬"栏目的专题采访，围绕主题教育的任务、举措和如何发挥学生党员的作用等话题，介绍了学院党委开展党建工作的特色亮点和主要经验。市委教育工委第一巡回指导组领导对学院"不忘初心、牢记使命"主题教育工作予以充分的肯定，称赞学院是全市民办高校党建工作的一面旗帜。

第六节　党建引领出成效，提炼经验促提升

25年来，学院党委扎实推进基层党建工作，取得了显著成效，积累了重要经验。

一、面对新机遇、新挑战，民办高校尤其要加强党的领导

民办高校作为我国社会主义教育事业的重要组成部分，必须毫不动摇地坚持党的领导，离开了党的领导，民办教育就会失去"定盘星"和"指南针"。虽然，与公办高校相比，民办高校存在政策扶持不够、人才队伍不足、学生综合素质不高等一些"先天性短板"，但培养德、智、体、美、劳全面发展的社会主义事业建设者和接班人的使命是相同的。积极发挥民办高校党建工作的政治优势，就可以积极地将这些"短板"转化为机遇优势、人才优势、培养优势。

近年来，学院党委在以下几个方面进行了积极的探索：一是牢固树立听党话、跟党走的办学信念，为党育人、为国育才，确保社会主义办学方向，积极建言献策，就党和政策如何引导民办教育规范办学的问题提出合理化建议，争取政策支持；二是充分发挥基层组织的战斗堡垒作用，做好"传帮带""师徒结对"等工作，强化校内人才培养机制，为学院办学提供人才支撑；三是自2010年起，学院创新提出职业素养教育理念，突破"技能至上"人才培养观，明确提出职业素养是学生职业发展的基础，经过多年的探索，职业素养教育"三融入"已形成一套完整的人才培养体系。2021年《党建引领高职院校职业素养教育：三融入、三融合、四融通》入选党建工作委员会2021年会暨全国职业院校党委书记论坛作品集。

二、要发挥党的战斗堡垒作用，必须建立健全党的组织体系和工作机制

战斗堡垒作用能否发挥，组织体系与工作机制是否健全是关键。在组织体系方面，学院党委书记切实履行好"第一责任人"职责，带好班子，抓好队伍；明确党总支书记、党支部书记是党建工作的"具体负责人"；明确每一名党员都要充分发挥先锋模范作用，像一面旗帜一样带领大家前进；明确党组织和行政班子各自的权责范围，突出党组织的政治领导作用。实践表明，党委、党总支、党支部、党员"四位一体"的组织体系，总体目标、工作要点、任务清单、层

层落实、综合考核的工作机制，对学院改革与发展起到了很好的促进与保障作用。

同时，学院党委积极打造了党建"三延伸"特色品牌：一是把党建工作延伸到学生宿舍。学院各二级学院党总支在学生公寓建立了"党员工作站"，组成辅导员担任宿舍专员、学生党员担任宿舍楼长、入党积极分子担任宿舍长的架构，配备了弘扬主旋律的图书杂志以及电脑、电视机等办公用品，充分发挥学生党员、发展对象和入党积极分子的示范作用。二是把党建工作延伸到合作企业。学院党委创新组织建设，在开展工学交替的合作企业建立"党员之家"，定期开展组织活动，让学生离校不离家，始终感受到党团组织的指引与温暖。三是把党建延伸到社区。学院党委与滨湖区雪浪街道大浮社区党委联手推进"校地共建"，与中国银行无锡分行签订"党建共建暨廉洁伙伴协议"，共同开展党建系列活动，拓展了党建工作的空间，实现了党建资源的优势互补，也促进了党建成效的共同提高。

三、要落实党的立德树人根本任务，必须把党建工作融入教学、管理与服务等各项工作中

紧扣立德树人根本任务，始终把人才培养质量作为第一价值取向，使党建工作不断往深里走、往实里走、往心里走，坚持"为党育人、为国育才"，以服务好教学一线工作的实绩提高人才培养质量，全方位提升党建工作的质量和水平。

学院党委高度重视思政队伍建设，在组织架构上设有学务部、团委、党校和马克思主义学院，分别承担学生工作的管理、育人、培养等职能；在学生思想政治教育工作人员的选聘上，根据"政治强、业务精、纪律严、作风正、肯奉献"的要求选聘合适的人选，每个二级学院学工队伍由党总支书记、副书记、年级组长、辅导员和兼职班主任组成，架构清晰，功能完备。学生工作紧紧围绕立德树人的根本任务，以党建引领学生思想政治工作，创新思想政治教育工作模式，构建职业素养一体化育人的"五位一体"的学生管理模式，打

造培养学生基础文明习惯的"五维素养"教育模式,以学生职业发展需求为重点,实现"四个转变",全力提升毕业生就业质量。

近五年,学院毕业生就业率一直保持在95%以上,用人单位对学院毕业生满意度高达98.81%;2020年、2021年、2022年,学院连续3年获得全省高校毕业生就业工作量化考核A等;在省、市创新创业大赛中获得了一等奖5项、二等奖6项、三等奖8项的好成绩;幼儿教育与管理学院丛韵芩同学获江苏省职业技能大赛英语口语赛项一等奖;退役大学生张宇获江苏省大学生就业创业人物一等奖,入选全国大学生就业创业典型人物等。

近五年,学生获得省、市级以上奖励和表彰313人次,集体荣誉81项;幼儿教育与管理学院"恩泽支教团"获得"团省委志愿者暑期社会实践省级重点团队"称号;院团委连续三年被评为"市五四红旗团委";学院心理协会获"无锡市十佳社团"称号。

四、要提升党在教育活动中的引领作用,必须搭建一体化育人平台,丰富各种实现途径

学院党委始终把落实立德树人根本任务作为工作的着力点和落脚点,紧紧围绕一体化育人的定位、责任和举措,加强行政、学务、教务的互联互通,促进三条战线同向同行。通过制定目标任务、设计工作载体、搭建育人平台、推进督促巡查、细化考核标准,形成了责任明确、执行有力、运转有序、保障到位的"三全育人"工作机制,促进了职业素养教育,形成了鲜明的办学特色。

学院党委扎实开展教育教学一体化育人工作,在人才培养过程中,把控教育的学业标准和就业的职业标准,将德育、美育教育融入教学全过程,充分发挥专业课程教学的育人功能,做到"三个融入":人才培养方案融入职业素养教育,专业课程融入企业文化培养,职业技能融入工匠精神培育。做好"四个融合":将德育、美育教育和课堂教学、职业技能训练有机融合,将教学工作与学生管理工作有机融合,将第一课堂与第二、第三课堂有机融合,将教师教书育人与辅导员、班主任管理育人有机融合。实现"五个设计"：人才培养方案融入职业素养教育要做好一体化育人融入人才培养目标设计，形成课程体系设计，构建课程标准设计，融入教学过程设计和构建考核体系设计。学院致力于创新"三融入、四融合、五设计"的人才培养机制，真正实现德技并修，知识、能力、职业素质协调发展，使学生真正做到知行合一，德、智、体、美、劳全面发展，成为具有较强就业力的准职业人。

五、要深入推进人才培养质量提高工作，必须发挥党员教师和党员干部的先锋模范作用

学院党委全力拓展党建领域，延伸党建触角，在党建工作"三延伸"的基础上，又引入社区共建、服务周边的理念，同时把发挥党员教师和党员干部的政治作用、引导作用、枢纽作用、表率作用作为党建的重要抓手和有效路径，使党组织的战斗堡垒作用、党员的先锋模范作用渗透到每一项具体工作中，取得了许多标志性成果。

根据民办高校的特点，学院师资队伍的建设始终秉持"精干高效、专兼结合"的理念，培养教师成为行家里手，努力建设高标准、高素质、专业化师资队伍。通过对师资队伍结构的不断优化，目前专任教师中拥有硕士及以上学位者占比为42%，拥有高级职称者占比为19.7%；中青年骨干教师培育凸显成效，省"青蓝工程优秀骨干教师"累计获评8人；引培工作力度进一步加大，累计从企事业单位引进专业人才35人；健全教师培训服务体系，完成"五年全员轮训"的培训目标；教师职业素养建设取得新进展，专兼职教师队伍中"双师型"教师占比70%，省级企业实践累计获评11人；分层分类扩大兼职教师队伍，对上力争补贴，支撑兼职教师队伍建设，累计获批36万元。在新冠病毒感染疫情下，全体教师积极钻研"线上+线下"混合式教学，提高信息化教学技术，建立全套在线教学资源库，创新、研究、解决问题的能力普遍得到提升；党员教师带头住在学校，组织学生开展线下课程，圆满完成了教学任务。

学院党委坚信，党组织就是最大的人才库，党组织在培养人才、选拔人才、使用人才上有完备的体系，党员教师队伍在困难面前总能当好"排头兵"，啃下"硬骨头"，是学院最可靠的人才支撑。

六、要促进学院的长远可持续发展，必须充分发挥党委和各级党组织的引领和监督保障作用

学院党委长期致力于构建完善而高效的党在民办高职院校的组织及运行体系，逐步形成了党的建设引领学院各项事业不断发展的良好局面。在学院发展的过程中，找准重点、焦点、难点和热点的突破口，着力解决影响和制约办学发展的瓶颈问题，着力解决广大师生员工最关心及最直接、最现实的利益问题。充分发挥政治核心作用、监督保障作用和凝心聚力作用，参与学院重大事项决策，不断推进新时代高职院校的治理工作、思想政治工作和德育工作改革创新。

学院党委充分发挥政治引领作用，在学院"十四五"发展规划的制订工作中，在事关全局的各项工作中，始终坚持质量、规模、结构、效益协调发展，坚持教育质量与经济效益协调发展，坚持"一体两翼、双轮驱动"，学院党委既是引领者，又是监督保障者，有力地促进了学院的健康发展、可持续发展。引领学院主动融入无锡市经济与社会建设与发展中，融入苏锡常都市圈职业教育改革创新中，不断加强党对学校工作的全面领导，认真落实立德树人根本任务，以产教融合为主线，以内涵提升为重点，提升学校的治理能力，构建具有"双高、三能力"的师资队伍，形成政、行、企、校、学等多元参与的教育评价体系，探索具有无锡南洋学院特色的民办高职教育发展模式，努力打造产教融合度高、区域贡献度高、社会认可度高的有特色的江苏民办高职样板学校，为无锡市勇做全省"争当表率、争做示范、走在前列"排头兵作出贡献。

教学篇

《民办高等学校办学管理若干规定》第十九条指出："民办高校应当建立健全教学管理机构，加强教学管理队伍建设。改进教学方式方法，不断提高教育质量。"教学质量是检验民办高职院校办学水平至关重要的依据，提升教学质量是国家和社会对民办高职院校的殷切期望，培养高素质技术技能人才是民办高职院校的根本任务。学院从建校以来，一直在探索高质量人才培养路径，坚定不移地走质量兴院之路。

建校25年来，学院始终坚持立德树人，创新高素质人才培养机制，构建了"双螺旋"人才培养机制，深化了工学结合人才培养模式，建立了知行合一人才培养体系。坚持内涵发展，促进教学全面提质增效，推动了有特色高水平专业建设，催动了混合式课程建设创新，构筑了产教融合平台和实训基地。坚持科学发展、多元并举提升办学质量，确保教研工作有依据，教研成果有质量，教研服务有成效。通过加强教学资源建设，助力教育质量提升。通过努力探索提升教学质量的方式，为学校培养出更多适应社会经济发展需要的高素质技术技能人才，使学校走上可持续发展之路。

第三章

秉承教育初心，探索高质量人才培养路径

第一节 探索办学奠基础

在党和国家对民办高等教育"积极鼓励、大力支持、正确引导、加强管理"的16字方针政策指引下，无锡南洋职业技术学院从1998年3月开始筹建。学院以"建设省内一流国内知名的民办大学"为目标，依托一批来自本科院校的教育教学专家开展筹办工作，他们治学严谨，为学院规范办学和快速发展奠定了基础。

一、健全教学管理制度及发展规划

根据民办高校的特点，学院建立了教学工作管理制度，并根据学院办学实际每年进行修订完善，以健全的教学管理制度保障教学规范和教学质量，将培养高质量技能型人才作为学院的人才培养目标，逐步形成了符合无锡南洋学院办学定位的一整套教学管理制度和教学运行及管理机制，确立了建设有特色、有质量、有效益的江苏省一流、全国知名的民办大学的发展规划与奋斗目标。

二、寻求教育规律与经济规律的结合点

无锡南洋学院的办学宗旨是：面向市场、面向大众、服务社会、服务青年。作为一所民办高职院校，无锡南洋学院在办学初期，需要筹措办学资金，保障办学投入，同时又担负着为区域经济发展培养技

能型职业人才的教育使命。学院兼顾教育规律和经济规律，按照生源基础和人才市场需求培养技能型专业人才。举办者秉持教育情怀，在办学方向上做到社会效益与经济效益兼顾，保障学院的良性运转，在市场选择和竞争的环境中，为学院的生存和发展壮大解决关键问题。民办高校随市场需要应运而生，毕业生有没有高的就业率和满意度，直接展示了学校人才培养质量的社会认同度，是衡量教育教学质量的重要标准。学院以就业为导向，专业人才培养目标、专业设置、培养计划、课程的教学大纲、教材等一系列教育教学环节都围绕就业来确定，充分发挥民办院校的办学优势，与企业和行业接轨，根据人才市场的变化和企业岗位能力需求及时作出调整，以教学质量保障学生的就业竞争力。

三、营造国际背景氛围，创建国际化教育特色

在知识经济时代，全球经济一体化必然带来教育的国际化。就国内范围而言，如果我们培养的人才有一定的国际化水准，有世界眼光，将来就不至于在全球经济一体化的激烈竞争中落败，国际化教育对一名学生的成功、成才非常重要。正因为看到这一点，我们在办学设计中非常重视国际化教育特色。为此，学院从筹建开始就不断与国外的大学接触。营造国际背景氛围，不仅是交流，更是和外国人一起办教育。通过国际合作办学、人与人之间的密切交往，我们的教师和学生不仅能用中国的眼光看世界，而且能用世界的眼光看中国。

四、深入教学建设，培养适应社会需求的职业人才

培养适应社会需求的职业人才，要求学院：一是拓展专业设置。经过不断努力，目前学院已从建校时的4个专业发展到26个专业。二是根据市场需求每年修订专业培养计划和课程教学大纲，不断调整专业培养定位，细分专业方向，实行弹性学分制。三是各系建立专业指导委员会，与一线企业专家共同制订培养计划。四是增强实践性环节，逐年拓展稳定的实习基地与合作企业，通过学生、家长和学校的努力，多渠道创造学生与社会接触的机会。

第二节 内涵建设求发展

独立办学后,学院切实履行董事会(后改为理事会)领导下的院长负责制,积极探索民办高校人才培养模式,面向现代服务业,努力培养"国际化、职业化、个性化"的高素质、高技能人才。加强内涵建设,在教学上按照"创新、改革、规范"的要求开展工作,提升核心竞争力。2006年,学院以优良的成绩通过了高职办学水平评估,学校的人才培养水平在全省民办高校中名列前茅。

一、树立正确的人才培养观

民办高校的学生是有发展潜力的,每个学生身上都有闪光点。创造条件,搭建一个能让学生充分发展和成长的平台,通过这个平台,教育和引导学生走上健康成长的轨道,成为一个合格的人才,是办好学校的关键所在。从2003年起,学院围绕教育教学改革创新开展全院性的大讨论,在不断深入教育教学改革和创新的认识上达成共识,积极探索教育教学改革的有效途径。

第一,明确民办高等职业教育定位,立足技术技能培养。转变把高职教育办成压缩的本科教育的思想观念,树立以服务为宗旨、以就业为导向的教育思想观念,确立"面向市场、按需培养、因材施教、服务社会"的办学宗旨。

第二,坚持特色建校,以特色求发展。根据区域经济发展的特点及学院学科专业的优势,以江苏省大力发展现代服务业为契机,及时调整办学思路,立足现代服务业办学,并根据现代服务业的特点,提出按照"国际化、职业化、个性化"标准设计培养方案和改革人才培养模式,以市场和行业岗位需求为依据,以就业为导向,以培养能力为本位,不断强化人才培养的市场意识和服务意识。

第三,明确教育改革创新工作的归结点在于提高学生就业竞争力,要从课程体系、教学内容、教学方法和教学手段方面进行改革和创新。要培养会"做事"的大学生,其中教学方法和教学手段在整个教学过程中起着非常关键的作用。要依据行业职业资格标准制定培养方案，进一步明确要把学生培养成高技能人才，就必须在整个培养过程中贯穿"证书"教育，把认证课程作为主干课程的核心部分，实行"双证书"教育。

第四，坚持以人为本，以生为本，在教育学生方面要以德为先，素质领先。要针对民办高校学生的特点开展有效的思想政治工作和素质教育，促进学生全面发展。要坚持以素质培养和能力培养为主线，把"素质+技能+专长"作为人才培养的内涵。在教学计划中必须有科学文化素质教育模块。要注重第二课堂的建设，定期举办科技、人文、道德等各类素质教育讲座。要大力支持校园文化活动的开展，积极鼓励学生参加各类公益活动，从而培养学生健全的人格和必备的综合素质。

第五，以"积极开拓、主动出击"的精神走出校门，寻求校企合作，以开放式办学的积极态度，探索研究以文科专业为主的高职院校如何解决产学研的问题。

第六，通过探索和实践总结出"全面培养、强化技能、因材施教、知行合一"的教学原则，贯彻"因材施教"的教风，关注每位学生的职业发展。

二、全面培养、强化技能、因材施教、知行合一

学院按行业职业资格标准制定培养方案，坚持"双证书"教育，强化职业教育；积极开展中外合作办学项目，引进国际认证课程，不断提升高职教育国际化水平，实现"国际化、职业化、个性化"的人才培养目标；坚持因材施教，坚持以能力培养为本位，充分发挥学生自身的优势，使个人能力得到提高。

第一，学院把不断提升教育国际化水平作为增强核心竞争力的重要举措之一。于1999年与澳大利亚新英格兰大学合作办学，采用"2.5+1.5"的学习模式，引进国外大学优质教学方式、课程和质量体系，80%的课程由外教教授，保持原汁原味的国外教学，保证了与

合作高校同等的教学质量，有近千人赴澳留学，合作项目成为学院办学的一个显著亮点，得到家长和社会的好评。与此同时，学院还和爱尔兰高威-梅努斯理工学院合作创办"2+1"模式的酒店管理专业，和英国朴次茅斯大学、韩国釜山大学等合作创办专升本学历项目。学院通过在部分专业引进国际认证考试课程和教材，如 CISCO 网络工程师、CMA 美国注册助理管理会计师证书、美国苹果动漫技师证书等，增强课程体系的国际化程度，这对学院课程体系的改革起到了借鉴和促进作用，增强了学生的就业竞争力。学院还通过和国际化的优秀企业合作办学，提升职业教育的国际化。

第二，按照行业职业资格标准制定培养方案。从 2003 学年开始，学院用 3 年时间，逐步修订和完善了符合高职人才培养要求、办出学院人才培养特色的教学计划，完全摆脱了本科压缩饼干式的培养模式，技能认证课程成为核心课程。学院在工商管理、艺术设计等系科以专业链的形式开发设计专业课程，给学生提供宽阔的学习平台和就业平台，符合行业职业岗位群和企业多元化结构的实际需要，有利于产学合作办学。学院重视重点课程、优秀课程的建设，制定了《重点课程教学质量标准要求》《优秀课程评选与奖励的办法》，开展优秀课程评选。2002 年、2004 年学院推荐的两门课程获得省级优秀课程荣誉。

第三，开展教学方式和教学手段的改革，注重能力培养。学院积极支持教师制作并使用多媒体课件教学，制定了《多媒体教学课件制作评比及奖励办法》，开展多媒体课件制作评比，获得 6 项省级多媒体课件奖项。学院多媒体教学率达 35.8%，用自制课件进行教学的课程数为 125 门。学院制定了《关于开展青年教师讲课比赛评比规定及奖励办法》，组织开展青年教师讲课比赛，鼓励和支持青年教师在教学方法和教学手段上进行改革和创新。

第四，针对不同基础的学生，在高等数学和英语课程上实行分级教学。学院制定了《关于公共外语分级教学的若干意见》和《关于高等数学分级教学的若干意见》。分级教学是在学生基础参差不齐的情况下体现因材施教，加强基础能力，提高教学质量，实现教学目标的重要措施。对基础薄弱的班级，在课时上有一定的补差，尽量使学生在一年内拉齐水平。实行滚动学习形式，充分调动学生学习的积极性，提高学生的学习兴趣和积极性，取得了比较好的效果，考试不及格率大为降低。英语教学采取适合学生基础的 B 级能力英语教学方案，英语通过率从 2002 级的 30%上升到 2003 级的 50%。

第五，积极开展产学合作办学，大力建设校外实训基地和就业基地。在"积极开拓、主动出击"的方针指导下，学院与 23 家企事业单位建立了紧密型的产学合作办学关系，并根据管理学科的特点和现代服务业的特点，实行大三阶段的"软订单"培养模式，比较好地解决了用人单位和学生双向选择的问题。

第六，适应学生思想的新变化、新特点，深化"两课"教学内容、教学方法、教学手段的改革。一是在教学内容上，坚持与时俱进的"两课"教学观，加强爱国主义、集体主义、社会主义价值导向教育，帮助学生树立正确的世界观、人生观和价值观。二是在教学方法上，由过去纯理论的讲授转为理论联系实际，增加实践环节学时数，在教学中引导和组织学生深入社会，或参观访问，或社会调查，或参加实践。三是在教学手段上，充分利用影像、多媒体教学，组织学生观看电影、录像等，并通过让学生写调查报告、学习体会、观后感等形式完成阶段考核。

第三节　强化技能促改革

高等职业教育应该着眼于培养社会所需的实用型人才，摆脱学科人才的旧框架，着力提高学生的学习能力、实践能力和创新能力。传统的学科式人才培养在高职人才培养中的弊病越来越明显，从 2007 年起，学院以科学发展观为指导，充分发挥民办院校运行机制的优势，以社会人才需求和学生就业为导向，进行了创新人才培养模式的大胆尝试。通过转变教育教学理念，明确人才培养目标定位，指导各专业进行岗位针对性调查与分析，调整课程体系设置与课程教学内容，改革课程考核方法，创建职业技能大赛体系，逐步形成了具有特色的、基于能力的高职人才培养新模式。教学指导思想的转变反映在具体的教学工作中，就是学院贯彻了"四破四立"的教学指导意见：在价值观方面，要坚决打破学术型评价标准，建立技能型评价标准；在人才培养方式上，要打破基于理论的教学体系，探索工学结合、校企合作的教学体系；在课程教学中，要打破知识化的课程教学方式，选择技能化的课程教学方式；在考核方式上，要打破传统的针对头脑记忆力的考核方式，采取多元智能的考核方式。

一、构建基于能力的人才培养方案与教学体系

经过统一思想，更新教育教学理念，全院上下针对能力型高职人才培养目标，全面开展专业人才培养方案、课程教学大纲的修订工作。强调认真贯彻高职教育理念，建立基于岗位能力分析的课程体系。针对培养定位，做好前期调研工作，深入调查行业岗位及专业人才需求状况，进行专业核心能力分析，构建以能力培养为教学主线的课程体系。引导各系、部在教学计划制订过程中，对课程体系进行大的调整，转"知识型"课程体系为"技能型"课程体系。在课程结构上，打破沿用多年的本科教学计划中的"公共课""专业基础课""专业课""专业选修课"的课程结构，按照课程在能力培养中的地位与作用，将其分为职业通用能力模块、职业基础能力模块、职业核心能力模块、职业发展能力模块，从根本上确立了符合职业技术教育本质要求的教学体系。

二、探索基于能力的课程教学内容与教学方法

在以"能力"为主线的人才培养过程中，前沿阵地是课堂内外的教学一线。学院组织开展系列主题教学竞赛活动，针对课堂教学现状，循序渐进，引导教师创新课堂教学方法，调整教学内容，理清教学思路，明确课程定位。

2009年，学院举办青年教师"创新一堂课"竞赛，促进教学思想、教学观念转变，竞赛主要从教学理念、教学设计、教学方法与手段、课堂效果4个方面进行评比。2010年，学院组织举办"创新课堂"竞赛，在原有"创新一堂课"竞赛模式基础上，要求每位参赛教师增加说课环节，阐明本门课程在专业课程体系中的教学定位、教学目标，所选章节在整个课程中的意义，课程教学的整体实施设想，以及本次课堂教学的设计思路等，然后进行模拟课堂教学。2011年，学院全面启动教师说课活动，引领教师深化现代高等职业教育教学理念，深刻理解专业人才培养方案的内涵，深入了解课程在专业教学中的地位与作用，提升教学的整体设计能力和课程分析能力。2012年，学院举办"脱稿讲课"比赛，针对学院青年教师较多的特点，推动教师课前充分备课，深入研究教学内容，使课堂教学紧紧围绕能力培养教学目标；熟练掌握教学艺术，合理应用现代教育技术，进一步提高教学质量。

三、创建基于能力的考核方式与能力评价标准

学院设立课程考核改革项目，以课程为单位，进行课题申报、立项资助，围绕课程考核改革开展相关实践研究活动，推动课程考核改革工作。鼓励教师打破陈规，大胆探索多元化考核模式，授权教师在制定课程考核改革方案时，突破学院课程考试管理条例的限制。改革方案通过专家组论证后，在课程考核中实施。课程考核改革工作以树立高职教育的考试观为目标，构建适应高职教育的考试评价体系，建立以"能力测试"为中心的考试模式。在深入研究课程结构体系的基础上，对考试观念、内容、形式、评价等方面进行改革，以适应学生知识、能力、素质全面协调发展和个性化学习的需要。通过增强考试的自主性、实践性与探究性，实现教学评价方式的根本转变，充分发挥考试在教学和人才培养中的教育作用、引导作用和导向作用，体现教学的针对性、实效性和创造性。第一批39门课程，第二批24门课程考核改革方案通过评审，获得"课程考核改革项目"立项。

四、拓展实训教学，开展职业技能大赛

学院从职业技术教育的特点出发，以实现高职教育人才培养目标为目的，从实践能力培养环节进行特色化培养方案的探索。积极引导师生开展第二课堂教学，以职业技能大赛的形式拓展实训教学，激发学生自主学习积极性，培养学生的"一技之长"。通过在学生中开展技能比赛，贯彻"以赛促训、赛训结合、强化技能、知行合一"的宗旨，并以技能竞赛的评比结果作为奖学金评定依据之一，转变评价标准，建立了以实训教学体系拓展和奖学金方案改革为主要内容的、具有鲜明特色的职业技能竞赛体系。

五、围绕能力培养目标，进行专业与课程建设

高职教育发展迅速，提高质量的任务非常艰巨。高职教育必须转变传统的人才培养观念，主动适应社会需求，加强与行业、企业的结合，增强培养面向先进制造业和现代服务业的高技能人才的能力。为此，高职教育必须着力内涵建设，调整专业结构，注重提高质量。

学院组织各专业进行了专业自查，通过对专业的市场需求调查、岗位核心能力分析、专业建设现状的自我评估，为下一阶段有针对性地开展专业建设工作提供依据。根据自查分析结果，学院明确了专业建设工作重点是以就业为导向，提升学生就业核心竞争力；专业人才培养工作的重点应放在职业核心能力的打造上。为此，学院根据专业教学的需求，在青年教师培养、专业实训室建设、校企合作等方面进行了较大力度的投入。学院在教学和管理改革中，十分重视强化实践性教学环节，注重培养应用型人才，积极争取实训建设投入。以汽车实训中心为例，学院先后投入 2000 余万元，建设与行业发展相匹配的实训设施。同时，努力建立一个与课堂理论教学既互相联系，又相对独立的实践教学体系，以职业能力为主线，构建实践教学体系，并认真组织实施。2009 年学院汽车技术服务实训基地"江苏省高等职业教育实训基地"建设项目立项，2017 年获"无锡市产教融合现代化实训基地"称号。

学院围绕高职人才培养目标，指导校企合作工作，将嵌入式课程、校企合作开发课程、实际工作项目引入作为校企合作介入课程教学的有效途径。在校企合作工作中，学院并未满足于顶岗实习、冠名班、就业等层面，更在课程建设、教学标准方面引入企业元素，这对高职教育校企合作的内容与方式探索意义深远。

第四节　提质培优谋新局

习近平总书记指出，"在全面建设社会主义现代化国家新征程中，职业教育前途广阔、大有可为"。党的十八大以来，党中央、国务院高度重视职业教育，召开重要会议，出台重磅文件，以前所未有的力度，推动职业教育取得了令人瞩目的成就。在这样的时代背景下，学院近年来在教学上同样谋划提质培优，按照"职业素养+职业技能""双螺旋"人才培养机制培养全面发展的人的理念，进一步提升教学成效。

一、对接区域产业，全面加强专业群建设

科学制定专业群建设规划，明确专业群发展目标任务。针对高职教育面临的新形势，按照国家和教育部近来出台的一系列文件精神，深入开展调查研究，研究学院今后专业群建设发展目标、思路及重点工作，抢抓新机遇，应对新挑战，做好高水平高质量专业群建设发展的顶层设计工作，推动专业群建设健康有序开展。

结合学院自身办学优势与特色，以高水平高质量专业群建设为牵引，科学确定专业群组群逻辑，组建专业群。组建专业群要坚持服务面向与办学优势并重、职业岗位群与技术领域兼顾，准确定位人才培养目标。同一专业群内教学资源共享度和就业相关度高，不同专业群之间优势互补、特色鲜明。紧紧围绕长三角区域一体化发展需求，以及无锡市实施新一轮战略性新兴产业、智能制造、现代服务业发展行动需求，不断优化专业设置布局。近年来撤销了2个不符合市场需求的专业，新增设了6个符合市场需求的专业。学院在全面开展汽车智

能技术、汽车检测与维修技术、建筑工程技术、艺术设计、幼儿发展与健康管理、会计、电子商务、软件技术、机电一体化、空中乘务、烹调工艺与营养等专业建设的基础上，启动专业群建设，根据专业优势互补、资源优化组合、专业追踪产业的原则，实施以重点专业为核心带动专业群集群发展的策略，构建了"七大专业群"：以汽车检测与维修为核心专业的汽车类专业群，服务于汽车（含新能源汽车）产业；以计算机应用为核心专业的信息类专业群，服务于新一代信息技术产业；以机电一体化为核心专业的机电类专业群，服务于高端装备与智能制造产业；以建筑工程与技术为核心专业的建筑类专业群，服务于建设产业；以电子商务专业为核心的商贸类专业群，服务于现代商务产业；以高铁客运乘务为核心专业的交通乘务类专业群，服务于现代服务业；以幼儿发展与健康管理为核心专业的学前教育类专业群，服务于教育行业。

学院有1个省级骨干专业、2个市级重点特色建设专业。学院已实施第二轮8项校级重点专业建设，启动了6项校级高水平专业建设，对一些头部专业建设起到了积极作用，同时也带动了学校专业群内涵建设，全面提升了学校专业建设水平。同时积极创造条件，紧贴新技术、新产业、新业态对接高层次技术技能人才的需求，实施现代职教体系贯通培养项目，与太湖学院合作开办了"3+2"本科层次职业教育专业1个。

二、完善合作育人机制，创新人才培养模式

完善校企合作育人机制。学院按照《江苏省职业教育校企合作促进条例》的精神，积极促进产教融合工作。支持以引企驻校、引校进企等方式开展合作办学。完善相关制度，推广现代学徒制专业人才培养模式。联合企业面向职工、农民、退役军人等开展培养培训，针对扩招生源的特点，加强与相关企业的合作，校企共定标准、共商方案、共开课程、共训技能，确保人才培养质量。丰富校企双主体育人载体，对接高新技术产业和战略性新兴产业发展需求，建设产教融

合、开放共享、资源集聚的专业群实践教学基地和教学服务平台。集成核心专业与相关专业的实践教学资源，建设融实践教学、技术服务、创新创业于一体的产教融合平台。目前有航旅学院、建艺学院两个市级校企合作示范组合。

三、持续推进教学改革创新，提高课程建设质量

完善教学标准。发挥标准在职业教育质量提升中的基础性作用。补充完善实施性人才培养方案，根据专业群人才培养目标，完善课程标准、教学资源建设标准、实验实训实习实施标准等。加强调研，以需求为导向，充分考虑经济社会发展、学生自身发展和专业发展需求，并落实立德树人根本任务及加强创新创业教育等要求，优化学校人才培养方案，面向产业链与岗位群需求，重构"底层基础+中层模块+高层方向"的模块化课程体系。底层基础或平台类课程培养学生专业基础能力或通用能力，中层模块课程培养学生面向关键岗位的基本素质、核心能力、职业能力等，高层方向课程培养学生岗位迁移能力。同时在人才培养方案里，添加开展职业素养教育的内容，通过教育教学一体化育人平台，按照"专业知识+职业技能+职业素养"的导向，构建具有校本特色的专业课程体系，强化学生社会责任感、职业道德、职业技能和敬业精神培养。

全面确立以生为本理念，创新教学模式，推动"课堂革命"。坚持以学习者为中心，深入分析学情，积极实施行动导向教学，推广线上、线下混合式教学及理实一体教学等新型教学模式。重点探索与实践线上、线下混合式教学，通过课程资源建设和教学流程再造，就产教融合人才培养、面向社会人员培养方面，在公共课、部分专业课中设立一批混合式教学模式课程，使教学的效率、效果、效益达到最佳。推进标杆教研室建设，组织教师持续开展"学标、用标、贯标"主题教研活动，综合运用探究式、讨论式、参与式等教学方法，灵活采取项目教学、情境教学、案例教学等教学方式，切实提升教学效果。针对不同生源类型，分类组建班级，分类编制专业人才培养方

案，采取适合社会人员实际的方法开展教学。每年组织职业技能大赛、教学大赛，以赛促教、以赛促学。分专业、生源类型形成一批教学创新案例并予以推广。

推进教材建设，完善教材选用制度，促进教材研究、编写及完善。紧跟产业发展，融入新技术、新工艺、新规范，针对具体岗位职责和操作流程，引用企业真实案例，校企共同开发新形态一体化、工作手册式、活页式教材。

完善数字化网络教学平台，不断加强教学资源建设。充分利用"尔雅通识课网络教学平台""泛雅网络教学平台""无锡南洋职业技术学院专业资源库平台"等，建设覆盖各专业核心课程的网络课程，推进校级精品课程和金课建设项目，完成了3批精品课程建设，有10门课程获无锡市精品课程称号。同时，推进混合式教学课程建设，目前在建课程约80门。通过推进混合式教学，显著提升了师生信息技术应用能力，实现了师生人人开通并使用网络学习空间，课堂教学、实习实训中教学资源库的利用率不断提高，形成了集备课、教学、答疑、自主学习、提交作业、考核考试与学分认定等功能于一体的线上、线下混合式教学模式。

四、完善实践教学体系，提高实践教学质量

完善实践教学体系，适应职业技能训练要求。各专业根据专业特点，围绕技术技能人才培养目标，根据教学规律和学生职业成长特点，强化顶层设计，进一步完善实践教学体系。

扎实推进书证融通。积极开展"1+X"证书试点，将试点工作与"三教改革"相结合，推进教师、教材、教法改革。将职业技能等级证书培训内容有机融入专业人才培养方案，做到证书试点工作与日常教育教学互融互通、互相促进。加强"1+X"证书制度试点工作管理，依托省终身教育学分银行建立"1+X"证书信息管理服务平台。统筹规划"1+X"证书试点与学分银行建设。完成学院作为无锡市职业技能证书第三方评价机构的建设，设有电子商务师、茶艺师、电工、工程测量员、汽车维修工、西式面点师、信息通信网络运行管理员、育婴员、航空运输地面服务员、铁路列车乘务员等职业工种认定点，鼓励学生获取国家职业资格证书与职业能力水平证书。加大硬件设施投入力度，不断改善实践教学条件。不断加大校内实训基地建设投入力度，全面完成各二级学院实训基地布局调整建设任务，并保持各院及专业间实训条件相对平衡。充分利用企业资源优势，加强校外实训基地建设。各专业进一步全面深化校企合作，创新校外实训基地建设模式，同时加强校外实训基地管理，充分发挥校外实训基地作用，有效培养学生职业技能和职业素质。

依托职业技能大赛平台，提高职业技能训练水平。继续以年度校级职业技能竞赛为抓手，给学生创造切磋技艺、展示水平的舞台，营造勤练技能、学好技能的良好氛围。在此基础上，选拔优秀选手参加省、市级大学生职业技能竞赛及其他行业协会组织的各级各类技能竞赛活动，达到"以赛促学，以赛促教"的目的。完善了相关机制，充分调动了师生参加各种竞赛的积极性。

全面加强实践教学管理，不断提高实践教学质量。针对目前实践教学中出现的新情况、新问题，进一步修改完善实践教学管理制度。加强校内实训基地管理，积极探索校内实训基地开放管理办法，提高实验实训设备的利用率，提升校内实训基地社会服务能力。加强毕业实践环节管理，全面提升毕业设计质量和学生创新创业水平。高度重视顶岗实习管理，修订了实习管理规定，新建顶岗实习管理平台，加大专业教师和学生管理人员现场巡查力度，保证顶岗实习质量。

五、基于全面发展理念的人才培养建设

完善立德树人落实机制，构建全面发展培养体系。提升思想政治教育实效。贯彻落实国家关于职业院校思想政治教育的工作要求，扎实推进习近平新时代中国特色社会主义思想进教材、进课堂、进头脑工作，将立德树人贯穿教育教学全过程。落实新时代高校思想政治理论课教学工作基本要求，加强人文素养公共基础课程建设。统筹思政课程和课程思政建设，创建思想政治示范课堂和课程思政典型案例。

突出培育职业素养和塑造工匠精神。持续深化学院职业素养教育，将职业素养和工匠精神培育融入人才培养全过程，大力培养学生"干一行、爱一行、精一行"的职业品质。借鉴现代企业文化，强化职业操守教育。以培养工匠精神为重点强化劳动教育，设立劳动教育必修课程，落实劳动精神、劳模精神、工匠精神专题教育学时要求，将劳动素养纳入学生综合素质评价体系。每个专业类选取对应的典型企业作为职业素养培育实践基地。选树一批职业素养和工匠精神教育典型。定期举办创新创业比赛，鼓励学生参加职业院校学生创新创业大赛。

第四章

坚持立德树人，创新高素质人才培养机制

第一节 一体双翼，构建"双螺旋"人才培养机制

近十五年来，面对职教核心问题，学院坚守教育底线、教育良心，敢于自我挑战，同形异构，创建了本土化的职业素养教育模式。学院以学分制为牵引，以职业素养教育为核心，以教育教学一体化为平台，职业素养和职业技能并重，以"双螺旋"机制培养全面发展的职业人。

一、职业素养教育的提出与发展

2010年，部分汽车类专业学生在企业表现不良，甚至有学生被企业退回。这种现象促使我们思考如何培养高素质技术技能人才。基于此我们首次提出并研究职业素养教育理念，强调职业基本素养与职业技能并重，提出了职业素养教育的主要内容，包括职业态度、职业规范、职业道德、职业精神。2013年全面启动职业素养铸造工程，实施千分制。2015年发布了无锡南洋职业技术学院职业素养教育实施方案1.0版，把职业素养教育纳入人才培养方案，实施24学分制。2016年，学院发现在实施职业素养教育的过程中存在一些问题，比如多头实施多头管理，没有形成合力，在职业素养教育中没有形成有效的方法，形式简单，缺乏顶层设计，效果参差不齐等。于是，学院

于当年提出了构筑教育教学一体化育人平台的设想，印发了职业素养教育学分管理办法，提出了课堂管理的"三大纪律、五项要求"。同时，要求各二级单位进行教育教学协同育人课题的研究，取得了一些研究成果。2017年正式推出教育教学一体化育人工程，形成了职业素养教育实施方案2.0版。2019年举办了第一届职业素养教育展示周，修订了职业素养教育学分管理办法，并且形成了职业素养教育实施方案3.0版。2021年又成功举办第二届职业素养教育展示周，突出校企共育，培养敬业的职业人。近几年，我们在职业素养教育实施方案3.0版的基础上进行了微调迭代，不断地完善我们职业素养教育的方式方法。

二、"双螺旋"人才培养机制的提出

2019年第一届职业素养教育展示周举办，学院提出了培养职业人的理念，并提出了"双螺旋"结构的人才培养机制。职业教育培养高素质技术技能人才，应当是围绕职业人这样一个目标来进行的，而职业人的发展应是一体两翼，"两翼"分别是职业素养和职业技能。人才培养的"双螺旋"结构，既注重职业素养，又注重职业技能；围绕人才培养轴，同轴相向，相互促进。"双螺旋"人才培养机制的模型如图4-1所示。

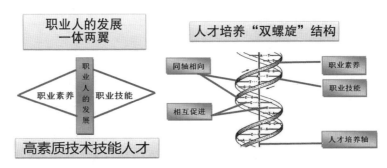

图4-1 "双螺旋"人才培养机制的模型

通过对这样一种模式的研究，我们构建起了职业人发展的培养模型，构建起了教育教学一体化育人平台，实现了"三个融入、四个融通、五个设计、三方协同"。"三个融入"即职业素养教育融入培养方案，企业文化融入课堂教学，敬业精神融入技能训练。"四个融通"即职业素养教育与课堂教学、技能训练相融通，教学工作和学生管理工作相融通，第一、第二、第三课堂融通，教书育人和学生管理育人相融通。同时注重"五个设计"，对培养目标、课程体系、课程标准、教学过程、考核评价方式进行了职业素养教育化的设计。"三方协同"在校内就是指教学、学务、行政相协同，在校外就是和企业、行业、学校三方协同。这样一个教育教学一体化育人平台，通过人才培养方案的实施，以学生他律、自律的途径和校企双主体育人的途径来共同促进学生的发展，同时围绕职业人的目标来培养他们的职业素养和职业技能，这是我们在第一届职业素养教育展示周中提出来的概念。

随着探索实践的进一步加深，结合当前对全面发展的人的培养和"三全育人"概念的发展，我们在原来的理论模型基础上进一步审视，看到"双螺旋"结构的稳定性是由于碱基对的存在。碱基对越稳定，"双螺旋"结构越稳定。而这些碱基对，在育人过程中，是指多方协同，其中尤为重要的是企业和学校。校企共育加速了职业人的培养碱基对的稳定，也就是多方协同工作的加深，增强了"双螺旋"结构的稳定性，同时促使"双螺旋"结构不断上升，而这也就意味着我们对职业人的培育是在不断改进的。

据此，我们进一步完善了相关模型。一是进一步完善体系，实现了三融入：职业素养教育融入人才培养方案、职业素养教育融入教育教学内容、职业素养教育融入培养全过程。二是进一步完善平台，实现了三融合：教学与管理融合，实现全员育人；课上与课下融合，实现"三全育人"；校内和校外融合，实现全方位育人。校内与校外包括学校和企业、学校和社会等。三是进一步加强保障机制，实现了四融通：制度融通，确保制度设计能够消除学校原来的教学行政管理沟壑，完善机制建设；组织融通，通过职业素养教育指导委员会协调各部门的职业素养教育；队伍融通，融通了行政教师、辅导员队伍。环境融通，家庭、企业、学校合作育人，完成了教学教育环境和社会企业的融通。

在具体落实上，每一个二级学院根据专业的不同提出了既有针对性又有差异且确实能达到育人实效的职业素养培养目标。汽车学院提出"修德精技，卓悦服务"，智信学院提出"善思求精、工整协同"，建艺学院提出"抱诚守真，尚美筑艺"，航旅学院提出"技艺融通，秀外慧中"，商学院提出"重诚守信，修技养德"，幼教学院提出"励学乐教，以爱育人"，各个二级学院围绕着各自目标去实现职业素养教育。

学院的职业素养教育有理念、有制度、有体系、有载体，这也成为学院开展高素质技术技能人才培养工作的亮丽品牌。

第一，制定有引领力的培养方案。在职业素养教育实施方案指导下，我们进一步明确在培养方案中设立与职业素养教育相关的课程体系，并完善职业素养课程评价方式，颁发职业素养等级证书。

第二，开发有鲜活力的职业素养课程。我们严格按照课程管理方式进行项目课程、活动课程等职业素养课程的管理，出台了职业素养课程标准制定的指导意见，修订、完善了职业素养课程学分管理办法，还修订了职业素养课程的课程标准（76份）及教材（8本）。

第三，创设有感染力的教育载体。夯实第一课堂，把职业素养教育的思想、敬业精神、工匠精神等融入第一课堂。借助第二课堂，丰富职业素养教育的载体，如汽车学院的4S店晨会训练，商学院的诚信承诺层级递进训练，建艺学院的一图一形一案训练，航旅学院的准军事化训练，幼教学院的六爱教育训练，智信学院的工学归来话成长训练。拓宽第三课堂，以校园文化、学生社团、勤工俭学、社会实践、创新创业大赛等为载体来进行职业素养教育。

第四，搭建有凝聚力的校企平台。通过工学归来话成长，推进企业文化进课堂。借助大国工匠进校园，推动企业行业文化进校园。通过参观及认知实践推进产业文化进校园。另外更重要的是，我们在若干个专业中实行了多轮次交替实习。通过实习，我们的职业素养教育更加具体化，学生受益颇丰。

第五，打造有执行力的育人团队。我们构建了两支队伍，一支是职业素养的教学队伍，由校内外专家、专业教师、辅导员等组成。另一支是管理队伍，主要由学工、教务、质控等部门组成。

到目前为止，职业素养教育已从初步探索到框架成型并提档升级，职业素养、教育和训练经验逐渐清晰，一是三化，内容体系化、形式多元化、运行规范化；二是四同，目标同向，节奏同步，载体同建，资源同享。

三、"双螺旋"人才培养机制的有效实施

通过课程教学开展职业素养教育。转变教师教育教学理念，课程教学紧密结合专业和职业特点，突破惯常的教学方法和评价标准，依据职业标准，构建教学方案，建立一种更全面、更有针对性的高职教育及评价方式。在课程教学工作中，教师树立"教书育人"的教学思想，教学过程牢牢把握"教书"——传授知识训练技能，以及"育人"——培育职业素养人才这两项教学目标，将职业技能的训练提高和职业素养的养成作为课程教学过程中两条并行的主线。从教学内容、教学方法、考核方法等方面深化课程改革，教师在教学过程中渐渐意识到这两个教学目标同样重要，不可偏废。

在"高职语文"教学中培育职业认知和职业情感。以"高职语文"课程为例，课程教学内容以"项目活动单"引导学生进行语言沟通与交流的训练，加强学生的语言表达能力；在完成基础训练基础上，针对不同专业设置文化专题研究，例如汽车文化专题、旅游文化专题、建筑文化专题、商业文化专题、文学专题、美学专题；将学生分成若干研究小组，小组成员在教师指导下进行分工协作，完成资料采集、分析和处理，形成专题研究报告；教师进行点评，以提高学生文化素养，启迪学生对所学专业领域进行深入了解，培育学生职业认

知和职业情感。

通过"两课"培育学生职业道德与社会责任感。学院"两课"教研组进行了大胆尝试，将课堂交给学生，教材内容则由教师分专题指导学生自学；结合教学内容和发生在我们周围的社会热点新闻，让学生分组提出社会实践主题，并展开调研与探讨，写出调研报告，或开展专题辩论会；教师对各个学习专题进行总结和点评，引导学生对一些社会现象形成正确的认识，建立积极向上的处世态度和健康的人生观。通过社会实践和专题研讨的形式，调动年轻人思考问题的热情，激发团队合作的精神；通过同龄人集体学习、互相学习、自我教育的过程，增强其正义感，提高其辨别是非的能力，培养学生的职业道德与社会责任感。

专业课教学强化学生职业认知，促使其养成良好的工作作风。很多专业课程以企业真实项目和案例作为课程实训教学载体。学生在完成项目任务的过程中，根据行业标准制订项目工作计划，小组分工协作，各司其职，树立团队合作意识，掌握行业规范，分步骤按照规定的时间和标准，完成工作任务，养成良好的工作习惯和作风。一些课程要求学生深入行业进行市场调查，这有利于增强学生的实际工作能力，培养学生务实、求真的良好工作态度。学生在学习专业知识、技能并加以运用的过程中，能够认识职业特点，了解行业形势，从而掌握行业工作标准，强化职业认知，养成良好的工作作风。

通过课程教学改革，学生的主体地位得到了体现，教师不再是讲台上的"传道授业者"，而成了学生求学和探索路上的"向导"。学生通过教师指导，自主学习和思考，使知识和能力通过内化成为自身的素养；教师通过对学生学习行为的认真观察和分析思考，更深入地了解学生，与学生进行更大范围的交流互动，对学生所产生的影响力远胜于灌输式教学。课程的考核在教学过程中完成，由此也加强了学生对于学习过程的重视，提高了其对于课程学习情况的评价，职业素养，包括团队合作意识、个人承担的工作任务完成质量、学习态度等得到提升,从而实现了将职业素养教育融入课程教学过程之中的目标。

通过第二课堂开展职业素养教育。职业技能与素养大赛体系有利于引导师生积极开展第二课堂教学,拓展实训教学,并以评比结果作为职业技能与素养奖学金评定依据,激发学生自主学习积极性。职业技能与素养大赛,根据不同专业的培养定位和职业核心能力需求,结合未来岗位的典型工作任务,设定竞赛项目,制定竞赛方案和评分标准。例如,在"汽车检测与维修竞赛"中,竞赛的评分标准不仅包括检测和维修技能掌握的熟练程度,还包括工具使用与摆放习惯的好坏,以及着装的规范与否等。通过建立职业技能与素养大赛体系,在学生中开展评比,通过改变评价标准,进一步转变教师教学理念,形成"重职业素养、重职业能力内涵"的价值导向和评价标准。

创办无锡南洋职业体验中心,为学生开展体验式学习提供平台。以建筑与艺术学院为例,动漫设计工作室、艺术设计工作室为学生提供各类商业化市场项目,教师带领学生团队通过项目设计和竞标,或者参与各类设计竞赛,使学生真正了解行业运作规范和评价标准。学生通过项目运行,体会职业人的特质要求,发现自身专业修养的不足、知识结构的缺陷、观念认识的误区,并加以总结、弥补、改正、提高,然后再从已知的知识理论中寻求类同的体验,不断完善自己。职业实践体验不仅深化了学生对所学知识的理解,也深化了其对职业岗位的认识,激发了职业热情,增强了职业情感,从而达到在职业活动中加强学生职业素养教育的目的。

通过学生主题活动开展职业素养教育。学院在专业人才培养方案中设置职业素养教育学分,设计系列学生职业素养教育主题活动。学生通过参加各类相关活动,填报"职业素养教育记录卡",各学期末由考评小组进行学分认定。以汽车类专业为例,根据汽车行业工作特点,引进4S店晨会制度,每周安排一个早晨,各班上课之前15分钟开展晨会活动,每次晨会由学生轮流担任店长或者维修班长职务,设计并主持晨会工作。通过这种主题活动,潜移默化地培养学生作为职业人所必须具备的遵纪守时、团队意识、合作精神、组织才能、荣誉感等职业素质。学生主题活动，结合学生专业特点，将职业素养教育融入学生工作。高职学生经历着职业感知、职业认同、职业情感、职业人格的陶冶和分化，演绎着从普通人向准职业人转变的心路历程，从教学管理服务的角度，制定主题活动方案，可以使职业心理教育体系化，培养学生的职业精神。

通过顶岗实习开展职业素养教育。职业素养是职业人在职业活动中表现出来的综合素质，脱离了职业活动的职业素养教育，若没有使学生获得真正的职业心理体验，是很难收到实效的。顶岗实习无疑是在校生职业素养教育最直接和最高效的教学环节，但在实际教学中，因为学生分散到各个企业，离开了校园和教师，常常不能收到最好的效果。学院尝试在实习生较为集中的实习单位派驻专业教师，及时对学生在工作中遇到的问题进行解答和辅导，组织学生开展集体讨论，互相取长补短，共同进步。对实习单位较为分散的学生，采取定期到实习点教学巡查、即时通信、定期邮件联系等方式，建立教师与学生的有效沟通交流机制。通过对顶岗实习中学生普遍存在的问题进行分析，我们发现在实际工作中，问题的出现往往是由于学生人际关系处理能力不足，对工作或生活条件及工资待遇不满，认为工作岗位不能体现个人能力等，而不是职业技能不过关。因此，认真做好学生进入职业岗位之前的心理角色转变工作，使学生在顶岗实习中遇到问题时能获得及时、有效的指导，对于提升学生职业素养，切实帮助学生树立踏入职业岗位之前的工作信心，具有非常重要的意义。

第二节　产教融合，深化工学结合人才培养模式

关于职业教育如何有效实施的问题，当前政府、企业、学校三者之间已基本达成了共识，三方都认识到工学结合、校企合作、产教融合才是有效的途径。无锡南洋职业技术学院的相关工作开展得比较早，对合作的企业、工学结合的模式在2010年起就开始了探索、总

结、推广。

一、工学结合人才培养模式的改革动因

从高职毕业生就业现实情况分析，一方面，高职毕业生感觉就业难，理想的工作不好找；另一方面，企业需要大量对口的高职毕业生，却难以招到立刻适用的高职毕业生。要解决这种就业与选才的矛盾，就要求高职院校在人才培养过程中，主动汲取现代企业文化价值观中的有效元素，培育"准职业人"，在高职教育过程中使学生做好准职业人到职业人的岗前准备，将这一准备过程在学生3年在校时间内完成，从而克服目前普遍存在的高职毕业生瞬间转变为职业人的困难。高职院校培养的应是具备全面职业素质的准职业人，其理应具备对应岗位的工作能力，而不是需要一个漫长的"试用期"或者"后实习期"来完成毕业生向职业人的角色转变。这一点已被高职教育界充分认识，同时也是企业用人的现实需求。人才问题应该受到企业关注，而不只是对高职院校单方面的诉求。如何在国内高职教育大环境和办学模式下缩短高职毕业生转化为职业人的过程，是需要高职院校与企业共同合作进行研究和实践探索的重大课题。近年来，无锡南洋职业技术学院以现代学徒制、工学交替、职业素养教育作为教育教学改革的切入点，突出职业化教育特征，寻求适应职业教育教学规律和人才成长规律的人才培养策略。

二、各具特色的工学结合人才培养模式实践

汽车类专业实行以企业定制班为载体的现代学徒制人才培养模式。学校于2008年和2009年分别引入上海通用ASEP、上海大众SCEP项目，融合企业职教模式，组合双方优势资源，重构专业群人才培养体系。双方以企业定制班为载体，企业早期介入人才培养工作，探索建立协同育人、师资队伍共建、考核评价机制等。

构建双主体的校企合作育人机制。校企双方组建专业教学委员会，共同设计人才培养方案，共同制定专业教学标准，建立长效沟通机制。校企双方合作育人，包括校企共建生产性实训中心，学校融合

企业文化，建立符合汽车售后服务行业工作情境的"校中厂"，在实习企业开设各种课程和主题教育，建设学校式企业，充分发挥"厂中校"的长处。

构建以岗位能力为重的实岗育人模式。在建立基于能力和职业素养的人才培养规格与目标的基础上，双方构建基于职业岗位能力分析、与行业技术前沿衔接的课程体系，共同编写基于工作过程、模块化的系列教材与作业书；采用基于工作情境的、全真的、教学做一体化的现场教学模式，建立基于职业岗位能力的全程、全方位考核方法；建立完善企业参与、全员全程的职业技能大赛体系；学生以准员工身份进入企业学习，师傅带教，企业对学生进行学业考核。

建立校企互聘共用的师资机制。完善双导师制，按照"高校教师+企业内训师"的标准，校企双方实行互聘共用、双向挂职锻炼的"双培计划"，即将教师培养成合格的企业内训师，将企业师傅培养成高水平的讲师。

校企共同制定现代学徒制教学管理制度，包括弹性学制管理办法、顶岗实习管理考核办法、学徒管理办法。在提升学生职业能力的基础上加强职业素养教育，开展以职业态度、职业规范、职业道德、敬业精神为核心内容的职业素养教育，将职业岗位素养的要求嵌入学校专业教育及企业学徒培养的全过程，通过多种措施进行学生职业素养的养成教育。毕业生除获得毕业证和汽车维修工职业资格证书外，考核合格者还可获得大众或者通用颁发的汽车维修技师证书，实现一证在手，全国（球）通用。

酒店管理专业采取"学院式"人才培养模式。酒店管理专业是学院的重点建设专业，为了达到"企业需求"人才培养标准，探索将"企业规范"引入专业建设。通过洽谈、尝试实习合作，学院与无锡山明水秀大饭店进行深度合作。山明水秀大饭店是无锡市较为知名的四星级旅游饭店，该企业注重凝练企业特有的文化价值，将核心价值观体现在员工培养工作中。企业邻近无锡南洋职业技术学院，在合作上具有先天优势。2010年无锡南洋职业技术学院与无锡山明水秀大饭店签订校企合作协议，开展合作育人工作，尝试探索在企业内部建设"学院式"新型合作模式。校企双方基于"学院式"校企合作理念，建设"学院式"企业，通过在企业中建立"水秀学院"，用学校育人模式结合企业优势，培养符合企业要求的技术与管理人才。学院尝试在企业中体现育人功能，让教育教学与学生实践合理结合；饭店参加学院的专业建设，促进职业教育改革向纵深发展。学院还引入企业经营管理理念，保证教学内容、技能标准与专业发展同步，教学目标与企业用人标准对应，教学模式与企业培训模式接轨，学生技能规范与职业岗位能力要求相符。

根据"学院式"校企合作内容，双方共同举办"水秀定向委培班"，实施工学交替、共同育人机制。校企双方共同制定人才培养方案和"山明水秀班"教学计划，确定教学项目与内容，结合企业内训模式开展工学交替教学工作。在企业内设立以无锡南洋学院学生为主体的"水秀学院"，包括专属多媒体教室、教师办公室、图书室、宿舍等，体现出学院教育功能；学生作为企业的准员工接受企业管理；企业人员参与学院的教学研讨、日常教学、考核等各个环节，每学期为学生举办主题讲座、技能大赛、课外活动等；企业为学生提供实训设备、实训场地与培训，每年更新或添置设备、场地等，满足学生实践需要；企业为教师提供挂职锻炼和顶岗工作的条件，配备带教师傅，配合学院考核与鉴定教师的实操能力；企业提供学生实习和就业的岗位；学校为企业输送合格人才。

机电类专业实行"三阶段工学交替"人才培养模式。无锡南洋职业技术学院与无锡小天鹅股份有限公司共同参与机电类专业人才培养工作，双方在校企共同育人方面取得了共识，开展"三阶段工学交替"人才培养合作。小天鹅股份有限公司有着先进的机电产品研发制造技术、实验生产平台，以及先进的管理、品质保障经验，在人才培养及人才质量的提高方面对学院有着很大的吸引力。而作为行业领先企业，其对人才引进、对企业可持续发展十分重视，也希望通过参与人才培养工作来缩短人才培养周期。校企双方通过多次商讨，形成了"三阶段工学交替"人才培养机制，按照这一机制，人才培养的实践学习环节，采用"三阶段"方式，即"三阶段技能提升成长轨道"的培养模式。三学年中，学生每学年进入企业顶岗实习4—6个月。第一阶段是基本职业素养培育阶段，在学生实习的同时，学院送课进厂，在企业开设职业素养入门教育、大学生心理与职场指导、法律法规基础、现场设备操作实践等课程，旨在通过一线生产实习，使学生了解企业文化并融入企业，熟悉安全管理、生产流程、企业规章制度及国家法律法规，掌握现场设备的使用与操作，树立良好的职业态度和组织纪律观念，具备踏实的工作态度、工作热情，初步规划未来职业生涯发展方向，培养基本职场素养。第二阶段是专业技能培养阶段，企业与学院通过共建技能项目课程及企业的相关技术培训，使学生了解企业在生产流程、设备运营与维护、产品开发等方面的工作内容，以提升学生的技能、素质，使其遵守职业规范，拓展专业知识与实践技能。第三阶段是综合技能培养阶段，通过使学生了解企业技术创新、品牌建设及企业管理等内容，培养其专业综合能力，实现理论与实践技能的融会贯通，真正实现"所学有所用、所用有所专"。

三、工学结合人才培养模式的应用推广

工学结合人才培养模式是从根本上解决高职院校人才培养的针对性、适应性和有效性问题的必由之路。职业技术教育培养的学生进入企业之后，企业组织除了要求其知识、能力与岗位要求相适应之外，还要其能够与企业的价值观、企业意识相适应。只有校企双方合作育人，才能实现人才培养与人才需求的零距离接轨，才能避免高职院校在人才培养过程中教育教学的盲目性，根据企业用人需求明确专业培养定位、培养标准、毕业生规格，从而设计和实施有效的教学方案。

工学结合人才培养模式是培养可直接为企业所用、具备良好职业素养、受企业欢迎的高职毕业生的有效途径。教育与生产劳动相结合，能有效培养全面发展的人才。参与企业定制班或工学交替的学生，在学习主动性、工作适应性、基本素质与职业素养的提升方面有显著进步，在教学评价中能获得更高的评分，在就业时更受企业的欢迎和认同。

工学结合人才培养模式是推进产、学、研合作，促进"双师型"教师队伍建设的"顺风车"。校企在共同参与人才培养和专业建设基础上，达成更多共识，为寻求更多产、学、研合作机会开辟新思路，派驻企业的教师参与挂职锻炼，也促进了"双师型"教师队伍建设，有利于实现校企深度融合，可谓一举多得。

各具特色的工学结合人才培养模式在学院的多个专业得到推广，除了上述案例以外，我们还和无锡地铁集团有限公司、中国东方航空江苏有限公司无锡分公司、南京泉峰新能源动力机械有限公司、诺华视创电影科技（江苏）有限公司、无锡市欣旺大酒店有限公司、富士通将军中央空调（无锡）有限公司等企业进行友好的合作，展开了人才培养工作。

第三节 学成致用，建立知行合一人才培养体系

按照传统的专业人才培养模式，学院所培养的学生还不能充分满足社会和市场的需求，学生毕业后的实践能力和应用能力与市场和社会的需求还存在着巨大的差距。为了真正实现学成致用，我们对人才培养模式进行了探索创新。

一、建立知行合一人才培养体系的目标

以岗位任务为导向，强化工学结合，实现教学过程与实际工作过程的对接；以行业标准为主线，将行业标准融入课程内容设计中，全面实施"三证书"制度，加强人才培养的针对性，实现学历证书、职业素养证书、职业资格证书的对接；以校企共建校内外实训基地为依托，向学生提供优质实习实训环境，实现教学环境与行业、企业工作环境的对接；以师资培养为载体，强化技能，实现教师教学能力与

工作实践能力的对接。

二、建立知行合一人才培养体系的过程

教学过程与实际工作过程对接。以培养高素质技术技能人才为目标，按照"加强职业素养、突出实践技能"的专业发展理念，以能力、素质培养为本位，充分利用校内外资源，根据专业的不同构建并实施不同的人才培养模式。比如，构建并实施以"工学结合"为先导，"行业融入"为主线，"学中教、教中学，学中做、做中练"为主体的"工学结合、行业融入、学做练一体化"人才培养模式；以工作任务、工作过程为引领，"工学交替"为主线，"阶梯式"能力提升为主体的"任务引领、工学交替、顶岗实习"三阶式人才培养模式等。

学历证书与职业资格证书对接。在对行业岗位群进行调研的基础上，对对应行业、企业所需的知识、能力、素质进行分析，选择与岗位需求、职业资格和职业技能考试紧密衔接的课程作为专业核心课程。在增加专业核心课程实训时间的前提下，整合实训教学与职业技能培训实操部分及用人单位岗前培训内容，开设综合实训课程。专业综合实训课程考试与职业技能鉴定考核、岗前培训考核相结合，针对不同专业构建不同课程体系。推进岗课赛证融通，构建"学做练一体化""双证融通""基于工作过程工学深度融合的模块化"课程体系等。

教学资源建设与实际岗位需求对接。一是开发新型教材。在专业课程改革基础上，打破长期以来理论教学内容与实践内容二元分离的格局，以"任务引领"为主线，坚持"贴近实际、关注需求、注重实践、突出特色"原则，以学生认知规律为导向，以培养目标为依据，以专业教学标准和课程标准为纲领，结合国家职业技能考核、"1+X"证书等，校企共同开发特色教材。目前，学院有校企合作开发的教材5套，自编活页式内部教材30多种，荣获"无锡市职业教育新型教材"1种。二是开发教学资源。通过对行业、企业的广泛调

研，结合学校教学实际，进一步强化信息资源利用、信息化体系建立及各项信息技术应用，校企共建精品课程，共同制作多媒体教学课件并开展实训仿真合作，促进信息化与人才培养融合，培养能适应各行业快速发展的技术技能人才。

教学环境与工作环境对接。实训基地是学生进行职业能力训练和职业素养养成的场所，是教师进行专业实践的基地。按照"工学结合、知行合一"人才培养要求，根据工作岗位需求和行业领域发展，紧密依托行业、企业，学校整合了原有专业实验实训资源，并按照行业标准规划建设综合实训室和实训中心。实训中心集教学、培训、技能认定、教科研社会服务于一体。目前设有汽车、机电、云计算大数据、航空服务、幼儿健康与发展、现代商务、烹饪、建筑、影视技术等多个实训中心。依据工学结合人才培养模式和顶岗实习要求，校企共建校外实训基地，集教学、实训、岗位实习、顶岗实习于一体。充分利用企业资源优势，学生在岗位实习及顶岗实习过程中，由企业专业技术人员指导其边学、边练、边提高，实现知识学习与实操技能的共同进步。目前，学院共有多种类型的校外实训基地107个。其中，"借力名企，创新发展工学结合——'专业承包式'校企合作"项目获2022年"无锡市职业教育名企名校合作项目"。

教师教学能力与工作实践能力对接。学校积极打造"双师型"教学团队，通过"校内教师送出去，企业技术能手请进来"的方式，实现教师教学能力与工作实践能力对接。学校选送专业核心课程教师深入合作企业与专业技术人员一起工作、实践，掌握操作规范，学会方法和技术，提高实践教学能力，体验行业、企业文化；邀请来自合作企业的技术人员、技术能手走进校园，以讲座、座谈和学术交流等形式，为专业核心课程教师讲授行业、企业发展前景和新知识、新技术等，不断提高教师业务水平。

第四节　多措并举，贯通多类型多层次教育

民办高校面向社会服务的意识较强，一方面是自身的生存发展需

要，另一方面也是希望能够更符合社会、家长、学生的需要。在教学服务上，学校根据政策导向，寻求突破与创新，以更好地提供学习服务。

一、本科专业的举办

为了提升学校的办学层次，以及学生求学和市场对人才的需求，学院积极创造条件，联合本科专业办学。2001年，学院与华东船舶学院（江苏科技大学）联合办学，设置了计算机科学与技术专业这一本科专业，连续招生两届，后因政策因素停止联合办学。2021年，学院成功申请高职应用本科学校"3+2"贯通培养项目，和太湖学院联合培养计算机应用与技术本科人才。

二、创新双专科培养

根据市场对复合型人才的需求，学院注重专业的优势互补，自2001年起设置双专科专业，开设电子商务与英语、市场营销与英语、工商管理与英语、广告与市场营销、计算机信息管理与工商管理、计算机网络技术与电子商务、计算机网络技术与网络营销、艺术设计与计算机应用等8个双专科专业。学生在校学习4年，教学效果良好。高职教育双专科专业是由2个不同专业组成的，2个专业有一定的专业（学科）跨度，学科之间相互交叉与渗透。设置双专科专业的目标是培养复合型应用人才，对学生进行2个专业的基本知识与专业能力的培养。作为学院培养复合型应用人才的一种尝试，其取得了一定的社会效应。1998年，江苏省教育委员会、江苏省人事厅联合下发《关于取得跨学科门类两个专科毕业证书人员享受本科毕业生部分待遇有关问题的通知》（苏教办〔1999〕8号），其中第二条和第三条规定：凡在见习期间取得双专科毕业证书、其工资低于本科毕业生见习工资标准的，可从取得第二专业专科毕业证书的下月起按本科毕业生见习工资标准执行；取得双专科毕业证书且业务水平和工作表现突出者，在评定专业技术职务任职资格时可作为具备破格条件之一对待。

三、国际合作办学

学院在建校之初即确立了把"教育国际化"作为办学宗旨之一,并积极加以落实。学校选择了澳大利亚的著名高校——新英格兰大学(UNE)作为合作伙伴。双方商定在无锡设立非独立的 UNE 教育中心(UNE Centre),项目也因此被命名为 UNEC。该中心主任由 UNE 委派,常驻无锡,主要职责是对项目进行管理、组织教学、招募外籍师资和与学院协调沟通。双方商定在学院开设工商管理和计算机应用两个专业,采取"3+1"模式共同培养学生。该项目由第一届 19 人发展到每年招收 80 名新生,在成绩合格率、出国率、签证率及两校毕业率几项指标上都取得了令学生、家长、合作双方及教育主管部门满意的成果。

2005 年年初,在江苏省教育厅组织的全省中外合作办学项目大检查中,UNEC 项目获得了检查组的高度评价,认为其办学特色鲜明,办学规范,在江苏省中外合作办学项目中处于领先地位。

第五章

坚守内涵发展，
促进教学全面提质增效

第一节 适应社会发展，推动有特色高水平专业建设

习近平总书记强调，要完整、准确、全面贯彻"创新、协调、绿色、开放、共享"的新发展理念，确保"十四五"时期国家发展开好局，起好步。新发展理念的重点在于各地区要根据自身条件和可能，加快转变经济发展方式和产业转型升级，加快新旧动能转换，推动经济发展实现量的合理增长和质的稳步提升。作为为区域经济产业发展提供技术技能人才的高等职业院校，其专业设置与地区产业发展和转型的契合程度对地区经济社会发展起到重要影响。而专业人才培养质量也决定了学校的生命力。适应产业需求，办好有特色高水平专业尤为重要。

一、专业建设是民办高职院校的根本

品牌专业是民办高职院校办学水平的集中体现。专业是高职院校服务经济建设的载体，也是高职院校联系社会的纽带，专业的改革与建设关系到高职院校服务经济建设和社会发展的方向性和有效性，也关系到学校能否满足学生就业的需要，从而吸引到更多的生源以保持专业及学校的相对稳定性。民办高职院校要在激烈的市场竞争中立足发展，最根本的还是要靠品牌专业和特色教学，专业建设是学校内涵

建设的龙头。换句话说，民办高职院校的竞争，说到底必将是专业的竞争。只有培养出的毕业生得到了社会的认可，学校的存在价值才能实现。高职院校更要脚踏实地有针对性地从社会和市场需求角度出发，通过采取调整专业设置等措施促进学生就业。尽管民办高职院校在高等教育竞争中总体上处于弱势，但是如果有两三个高水平专业，那么这所民办高职院校就一定能够获得某些方面的相对强势而立于不败之地。因此，学校一方面要以学校现有的基础条件作为专业设置的基本依据；另一方面，更要重视学校长远发展所依靠的专业建设，包括那些虽然目前条件不是很具备，但招生、就业市场比较广阔的新专业。学校的专业建设应当坚守这样一些原则：学校的专业建设与地方或行业的经济发展规划比较协调；专业规模与就业市场的需求大致吻合；专业教学模式与社会和市场岗位需求的变化基本适应；专业发展具有一定的经济效益和社会效益。

二、衡量专业建设的准绳

高水平专业是由社会知名度和认可度决定的，代表着学院的办学优势，是学校地位与水平的集中表现，也是学校可持续发展的重要基础，更是学生能够高质量就业的重要标志。高水平专业建设的重要指标是：专业定位、培养目标和当地社会及市场的需求贴合度相当高；专业培养方案在知识性、技能性、实践性等各方面得到社会及市场的认可；具备较为充足的实训基地和条件，校企合作办学模式有特色；具有若干省、市级专业建设成果；"双师型"教师队伍较强；等等。因此，专业建设的指导思想应当适应人才市场需求，在区域经济发展战略和产业结构变化时，应调整和优化专业结构。注重服务范围广、辐射能力强的专业群建设。毕业生就业要遵循劳动力市场的供求规律。要紧盯市场，及时通过行业交流、企业走访、劳动力市场调研等渠道，了解各行业的就业状况和人才需求变化，了解他们所需人才的技能、素质特点，前瞻性地判断和预测人才需求的变化趋势，及时、动态地调整专业方向。参照产业规划来调整专业结构。

三、结合区域经济产业规划建设专业

无锡地处江苏南部,是中国民族工业的摇篮和乡镇企业"苏南模式"的发祥地。从近十年无锡地区生产总值和比重变化来看,其三大产业结构大体稳定。具体来说,第一产业比重总体呈现缓慢下降的趋势;第二产业和第三产业是无锡地区生产总值的两大支柱,其中,第二产业比重下降,第三产业比重上升。从数据情况来看,无锡产业结构模式正逐步从"二三一"向"三二一"转变。"十四五"期间,无锡要以争创国家级新区和新发展理念实践示范区为目标,瞄准物联网、集成电路、生物医药、深海科技、高端软件、人工智能等新兴产业领域,推进新时代无锡产业工人队伍建设改革,加强创新型、应用型、技能型人才培养。

学院在专业建设的过程中,正是结合了当地的产业规划来调整专业的。以动漫产业为例,2010年,无锡市的动漫创意能力位居江苏第一、全国第四,动漫产业当时已经发展成为无锡的支柱产业、朝阳产业。再以软件服务外包产业为例,作为全国21个服务外包示范城市之一的无锡,其软件与服务外包产业已站在一个新的起点上,正在谋求新一轮发展。学院审时度势创办了动漫和软件外包两个专业。动漫专业于2004年设立,注重将动漫企业的先进技术引入实践课程中,大力发展校企合作;2006年与无锡国家动漫产业基地签订合作机制;2007年被无锡市评为无锡市职业院校示范专业;2009年获江苏省高等教育教学成果二等奖。软件服务外包专业是学院的重点专业,课程设置合理,教学设施完备。专业教学设计以行业应用为背景,专业课程以项目开发为依托,采用"理论实训一体化教学"。积极开展的校企合作也为该专业毕业生提供了良好的实践和就业岗位。在当时,这两个专业和已经初成气候的汽车专业三足鼎立。再如机电一体化专业,这是一个传统、长线专业,几乎所有的工业企业都离不开这个专业的人才。以机电一体化为主要技术支撑的江苏省装备制造业比重占全国四分之一,居全国首位。在江苏省装备制造业四大行业中,无锡

市在数控机床和内燃机两大行业中占第一位，在电力设备行业中占第三位。这么大规模的装备制造业对机电专业人才的市场需求可见一斑。学院有较好的电子信息工程和电气自动化专业的基础，又有相近的汽车专业，发展机电一体化专业顺理成章。近年来学院又根据市场需求，开设了幼儿健康与发展、空中乘务等专业，也取得了阶段性的成功。瞄准未来市场的规划，学院还申报了车联网技术、智能汽车技术、智能控制、信息安全等为新兴产业服务的专业。

学院的专业建设在发展过程中进行了部分调整，专业设置与地区发展规划基本契合，在无锡高职院校中，契合度排名第二。坚持特色化办学符合职业教育发展规律，是新发展理念下高职院校立足区域的生命线。今后，学院还应当根据自身办学历史和理念、专业特色和方向，在地区产业发展中充分发挥自身已有的资源优势，与其他兄弟院校精准错位，实现差异化、特色化发展。

第二节　适应产业升级和数字化转型，推动混合式课程建设创新

《国家中长期教育改革和发展规划纲要》明确指出，改革人才培养模式、提高人才培养质量是我国当前高等教育所面临的重大任务。从20世纪末开始探索信息技术融入教学，到现在混合式教学深入，学院加速了教育教学模式的转变和创新，促进了教学质量和高质量人才的培养。为了进一步推进"三教改革"，切实提高"互联网+教育"融合程度，提升教学的质与效，学院积极推动混合式课程建设。

一、推动混合式教学的意义

一是教育改革的趋势所在。混合式教学模式的"本质在于重新思考和重新设计教与学的关系"，提倡教师主导、学生主体，强调学生学习的主动性与积极性，并通过小组合作等多种教学形式的混合，采取多种手段培养学生创新、合作等多方面的能力。混合式教学能避免传统教学的弊病，实现教学效果的最大化。

二是推动课堂教学改革的有力抓手。课堂教学改革的核心是改变

教师"满堂灌""讲授式"的教学形式，将学习的主动权交给学生。混合式教学更深层次是基于不同教学理论的教学模式的混合，是促使学生深度学习的有力手段。传统课堂注重"教"，使学生被动地"学"，混合式教学兼顾了"学"和"习"，能有效促进学生深度学习。

三是学校教育事业发展的需要。随着学院多元化教育布局的优化，教学模式的变革势在必行，混合式教学必将得到深入研究与实施，使教学的效率、效果、效益达到最佳。

二、混合式教学实施目标

以网络化学习环境建设为基础，以优质在线开放课程资源建设为重点，以学习方式和教学模式创新为核心，建立基于SPOC（小规模在线开放课程）的OMO（线上和线下融合）混合式教学模式，为学生提供自主化、个性化、常态化的学习服务。

三、混合式教学实施举措

加强硬件建设，为混合式教学提供坚实基础。加强网络建设，建设高速稳定的、适合学生使用的有线、无线网络。网络环境是在线教学开展的基本保障，除稳定的有线网络外，必须在现有基础上解决无线网络布点不足及高峰拥堵问题。在通信商合作模式上探索新的合作模式，保障网络基础设施的安全、高速、稳定，兼顾通信商、学院利益，使学生网络学习使用费用性价比达到最高。建设录直播硬件环境，改善课程资源建设条件，提升资源建设质量。建设自动录直播室7间，配有多功能计算机、录播系统、直播平台、多媒体中控系统、智能黑板、音响、话筒等仪器设备。自动录直播室依托网络平台与学院课程中心数据相连，对录制数据进行实时编码，通过管理平台可将录制的课程资源自动上传至学院课程中心对应的课程资源库中，同时可实现课堂直播，与超星在线网络课程进行同步互动。在线学习环境建设，为学生创造良好的混合式学习环境，提高教学效果。在学院合适的地方建设小型讨论室、单人学习空间等，提供开放的在线学习室

（配备电脑，自主付费打印机、复印机等），营造良好的学习氛围，并为学生提供便利的混合式学习条件。

加强流程再造，为混合式教学提供有效架构。在混合式教学模式下，合理整合学习环境、媒体、教师、教学策略、学生等一系列要素，给学生整体的学习体验。对教育全流程进行再造，彻底解决线上、线下教学在教学内容、授课环境、技术手段、教学方式，甚至教育理念等方面不一致的问题。在课程教学和组织管理上进行变革，同时关注教师的教学组织和学生的自主学习能力和自律性，积极调动学生学习的自主性和自觉性。对教学的全流程进行再造，对人才培养方案进行微调，合理设置课程体系，明确在线教学比例，以适应混合式教学需要；更新课程标准，按照人才培养方案要求，明确教学目标，加强教学设计，运用信息技术拓展教与学的时间和空间，结合本校实际加强课程的内涵建设，深化课程教学内容改革与教学方法改革，安排学生线上自主学习和线下面授的时间，有机结合开展混合式教学，提高教学实效。

完善教学团队，按照混合式教学要求建设课程教学团队。鼓励讲授同一门课程的教师组成教学团队，共同开展课程建设教学。改善教学设计与教学过程，围绕课程标准目标等，科学设计线上、线下教学内容，授课形式及考核方式等。线下课堂可选择合适的翻转课堂形式等，教师需深度参与学生线上学习过程中的辅导，并制定可执行、可测量的学生学习效果评价方法，科学实施线上、线下相结合的教学模式。调整学生学习的习惯，强化自主学习能力，完善与之相对应的学生管理制度。构建多元化考核评价方式，突出过程性和阶段性考核评价，兼顾职业教育的实践性，有利于增强学生的创新实践能力，提高团队协作能力和解决复杂问题的实践能力。

加强软件建设，为混合式教学提供必要资源。建立在线学习平台，设立课程中心与资源中心。购买目前技术先进、服务友好的超星平台相关服务，努力维护学院的在线学习平台。引进免费课程平台，借助相关平台做好学院资源建设。添置相关课程资源建设辅助软件。在线资源的建设采用购买和自建两种方式进行。建设在线课程资源,课程数字资源可以引用已认定的国家精品在线开放课程、国家虚拟仿真实验教学课程及其他高质量在线开放课程,或者自建课程,各专业按照专业基础课、专业核心课、专业课的顺序分批建设,经过2年,目前已经建设近80门课程。

加强师资培训,为混合式教学提供师资支撑。一是理念革新。混合式教学模式相对于传统教学的变化不仅体现在学习环境的改变、学习行为的改变、教学方式的改变上,更体现在教学理念的转变上,这也是最根本的转变。在"三教改革"的深化方面,教师是根本,教材是基础,教法是途径;围绕"三教改革"新要求,针对金课建设等主题开展交流研讨,推动教师教学理念与时俱进。同时深入宣传学院混合式教学改革的决心,使教师与管理者同向同行。二是技术革新。有针对性地开展关于混合式教学方法等的业务培训、教学沙龙活动等,提升教师在新的教学形态下的教学能力,从而实现教师教学理念与能力的双养成。三是评价革新,重构教学评价体系。线上、线下混合式教学模式和传统教学模式相比,教师、学生、教学资源、教学内容等要素的地位和作用都发生了改变。教师由知识讲解员转变为学生学习的指导员、合作者;学生是认知主体和知识建构者,从被动学习者变为主动学习者;教学内容的载体,由传统纸质教材转变为由多种教学和学习平台与教材相结合的形式;教学资源主要有教材、课件、视频、习题解答等,教学资源从辅助教师的教学工具转变为辅助教师"教"、促进学生自主"学"的认知工具。评价体系要体现教师与学生在教学活动中的表现,要对教师的教学情况、学生的学习情况,以及教与学过程中涉及的教学资源作出评价。

加强激励引导,为混合式教学提供政策保障。建章立制,规范教学,立足在线教学资源以及专业特点,面向未来,统一规划。从试点开始,分步推进混合式教学的开展。在此过程中,为混合式教学

"立法"，制定课程标准及混合式教学的实施细则，规范过程管理。同时，根据课程教学目标、学习资源建设、教学活动组织、学习效果评价、教师对学生学习的支持等方面制定科学合理的课程评价标准，发挥课程评价体系的"指挥棒"作用，为课程运行、建设及改进提供依据，引导高质量教学实践的开展。做好条件保障，针对混合式课程建立完善的保障措施。一方面，可在课程建设经费、助教配备、教师绩效考核、职称评定、课程运行管理等方面给开展混合式教学的教师以一定的倾斜，提高教师投身混合式教学的积极性和主动性；另一方面，混合式教学需要强有力的信息技术手段作为基础，高校应从软件平台建设、数字化资源引进等方面给予必要的支持，打造适合于本校师生的、面向未来的数字化学习环境。制定激励制度，补充混合式教学工作量计算办法，在对教师进行质的评价的同时，考虑到混合式教学和传统教学的教学方式不一样，对其量的计算也要有一个核定标准，兼顾线上、线下不同的计算方法。

通过理念革新、教育流程再造、敏捷化的技术支持、精准化的管理服务、合理的评价机制，打造灵活度高、个性化强的教育教学生态，更好地实现因材施教，适应多元化学习要求。通过系列改革，使学院的混合式教学打开新局面，保障教学事业健康蓬勃发展。

第三节　坚持校企合作，构筑产教融合平台和实训基地

为了更好地落实"德技并修、育训结合"的教学理念，各教学单位以专业群为依托，以市场需求为导向，探索校内、校外实训基地（室）建设。教学过程中各教学单位合理使用实训室资源，充分高效地发挥校内、校外实训基地（室）的作用，更好地服务于教育教学，从而提高学院的教学质量和办学效益。

一、校内实训室建设与管理

校内实训室分为公共实训室和专业实训室两种。公共实训室即全院各个专业均可使用的实训室，主要包括机房、形体实训室和艺体馆

等；专业实训室指由学院建设的专业性较强，为某一个学院或专业服务的实训室。实训室的建设和管理遵循集中与分散相结合的原则。公共实训室的机房由教务部的现教中心建设和管理，形体实训室和艺体馆由职业素质教学部建设和管理；专业实训室由教务部委托二级学院建设和管理。学院目前共有教学实训室66个，分别是：职业素质教学部2个、汽车学院15个、建艺学院8个、幼教学院12个、商学院5个、智信学院15个、航旅学院9个。

各二级学院（部）每学年根据专业群需求申请新建实训室，学院成立专家评审组，对新建实训室进行论证，最终确定每学年需新建的实训基地（室）。

各实训室管理部门日常对实训场地实行7S——Seiri（整理）、Seiton（整顿）、Seiso（清扫）、Seiketsu（清洁）、Shitsuke（素养）、Safety（安全）、Saving（节约）——现场管理法，使实训场地整洁、美观、有序，改善实训场地的环境，提高实训效率，共同创造一个和谐的实训环境。学院通过对实训室实行7S现场管理法，教育并引导学生崇尚劳动、尊重劳动，努力提升学生的生产劳动技能。

为了实训室日常规范、高效、安全运行，同时做到人员落实、工作落实、明晰责任，严格监管，学院健全了体制机制，先后制定了《无锡南洋职业技术学院实训室管理制度》《实训室各级人员管理职责》《学院学生管理制度》《学院设备维修管理办法》《实训耗材管理办法》《实训室安全管理规定》《学院实训室安全制度》《学院仪器设备管理办法》《实训室安全责任书》《实训室使用规定》等相关制度和办法。

二、校外实训基地建设与管理

学院坚持产教融合、校企合作办学模式，围绕区域重点产业，积极融入太湖湾科创带，与行业、企业紧密对接，追求校企资源共享和双赢目标，先后与上海大众、上海通用、一汽奥迪、广汽本田、中锐地产、吉祥航空、苏南硕放国际机场、京北方、松下冷机、贝塔斯曼、天津航空、上海铁路局等 200 余家企业建立了不同形式的合作关系。

落实管理部门，明确职责，为校企合作的发展奠定基础。学院校企合作组织机构健全，设置专门领导小组，实行职能部门和二级学院两级管理模式，配有工作人员开发、落实、推进和管理校企合作项目。教务部为校企合作教学管理部门，负责组织二级学院制定校企合作相关制度、统计信息、汇总和上报资料、协调各部门之间的工作、监督考核工作；学务部为校企合作实习安全管理部门，负责组织二级学院为学生购买实习责任险、统计安全方面的信息、汇总资料、保障学生安全教育工作；各二级学院为校企合作具体落实部门，负责制定校企合作规划、实施方案和细则，设置校企合作专业及制定专业标准，建设校内外实习基地，落实教师企业实践制度和学生实习等；校务部负责审核校企合作三方协议和专项资金的监督管理工作。

鼓励二级学院与企业深度合作，切实提升人才培养质量。产教融合、校企合作是实现知行合一、培养德技并修高素质技术技能人才的有效途径。学院各教学单位积极探索和开展各种形式的校企合作，并取得了一定成绩。各专业根据就业市场和产业方向选择合适的企业进行深度合作，共同制定人才培养方案、教学标准及开发教材，开展专业建设。设立校外实训基地，开展跟岗、顶岗实习活动，探索工学交替、现代学徒制等人才培养模式。进行社会服务，为企业职工开展技能培训和学历教育。进行人才交流，聘请企业技术技能人才到学校授课或进行实训指导，专业教师去企业实践提升等。如汽车学院与上海大众、上海通用、一汽奥迪、广汽本田等企业进行专业共建，探索订单班、学徒制人才培养等模式，开设上海通用 ASEP、上海大众 SCEP 班，为相关企业提供了一批技术与管理骨干。校企共同开发职业培训课程体系，编写出版了系列培训教材。设立培训基地，为全国汽车经销商开展企业内训。通过在主机厂建立校外实训基地，组织学生顶岗实习。建艺学院与无锡业之峰装饰工程有限公司等企业合作，引企入校，共同制定人才培养方案，实施校企合作人才培养模式，校企围绕"知、训、仿、赛、战"开发了《装饰材料与构造》等新型教材5部。校企共同组织技能大赛，培养学生岗位能力，以满足行业实际用人需求。航旅学院探索"学院式企业"育人模式，与山明水秀大饭店等企业进行合作，在人才培养方案、内部讲义、交叉授课、师资挂职锻炼、实训资源共享、订单培养等方面进行全方位合作。智信学院、商学院、幼教学院积极创新顶岗实践形式。智信学院和小天鹅、松下冷机，商学院与京北方等企业探索开展"工学结合、分段教学"的培养模式。幼教学院与幼儿园等幼教机构开展就业前的实习合作，实习期间严格按照相关规定，与企业和学生签订协议并为学生购买保险，以保障学生合法权益，还安排专人管理，均取得了较好的效果。继续教育学院为企业服务，通过行业协会与相关企业合作，开设校企改革试点项目，为合作企业提供学历教育。通过校企合作，学院也申报了一批产业教授（产业导师）。

完善各项制度，确保校企合作高效开展。学院制定了相关制度，如《校企合作项目及经费管理办法》《关于校内外实习、实训基地建设的若干意见》《顶岗实习管理规定》《就业考核管理办法》《各类校外项目经费管理办法》《教师实践锻炼管理办法》《教师评价标准》等，基本涵盖了校企合作协议签订、校企合作经费使用、教师激励政策、实习管理、实习安全等各个方面。学院还制定了专业建设委员会管理制度，定期召开课程建设会议，与企业共同制定人才培养方案、课程标准。制度的建立为深度开展校企合作提供了有效指导，激发了教师参与校企合作的积极性，保障了学生的实习利益和实习安全。

学院各专业积极构建融实践教学、技术服务、创新创业于一体的产教融合平台，深化校企合作。近五年新增各类载体35个，获市职业教育校企合作示范项目4项、现代学徒制重点项目3项、产教融合现代化实训基地1项。

第四节　坚持守正创新，提升教学管理能效

系统完善、科学有效、执行有力、创新力强的教学管理机制与管理体系的构建，是提升高校教学管理能效与办学质量的关键。这表明，基于时代需求、民办高职院校教育教学现状，构建科学有效的教育教学管理制度与体系尤为必要。

一、优化与健全教学管理机制

不断深化政行企校合作，完善校企双主体育人机制。学院始终坚持"服务地方经济建设，培养高素质技术技能人才"的办学宗旨，通过"政府支持，行业对接，校企联姻，技术服务"形式，搭建多样化培训学习平台，既能保证在校生的培养，又能满足社会培训需求。健全企业参与的办学机制，充分利用专业建设指导委员会对教育教学的指导作用，全面推进教育教学改革，逐步完善校企"双元"育人机制。鼓励和支持企业参与人才培养全过程，推进以专业群为单元的现代学徒制人才培养。以专业群为单元联合行业企业组建产业学院，联合开展招工招生、实训实习、质量评价、就业创业等工作，形成产学深度融合的新型人才培养模式。通过政行企校多方聚力，共同创建"过程共管、成果共享、责任共担"的紧密型校企合作模式。加强校企合作，推进现代学徒制建设，积极促进产教融合工作。以人才培养质量和服务效能为重点评价办学水平，结合自身实际，面向区域和行业重点产业找准专业定位，实现差异化、特色化发展，形成核心专业能力，在技能大赛、技术创新、教学成果、标准制定、教材课程开发等各个领域创新突破。丰富校企双主体育人载体。对接高新技术产业和战略性新兴产业发展需求，加强产教融合、开放共享、资源集聚的专业群实践教学基地和教学服务平台建设。完善相关制度，推广现代学徒制和新型学徒制专业人才培养模式。积极与知名企业进行合作，发挥企业主导地位，加强现代（新型）学徒制工作，实现"招生即招工，入学即入企"。

优化内部教学管理运行机制，调动二级学院积极性。进一步深化教学管理体制创新，是学校发展的动力。以"内涵建设、科学发展"为原则，以激发学院活力为核心，以目标管理为导向，以健全制度为保障，以考核监督为重点，建立校院两级管理体制，推进管理重心下移，促进二级学院建立自我约束、自我发展、自我激励的管理体制和运行机制，转变校级综合管理部门职能，从过程管理向目标管理转变，从事务管理向服务管理转变，从集中管理向相对分散管理转变，构建一个精干、高效、有序的校级管理系统。二级学院是专业、课程、师资队伍建设，以及教学研发、学生工作等的重要实施单位，更是充分履行人才培养、学术教学研究及校企合作交流等职能的核心力量。我们应该充分利用高职院校内部多专业群的优势，以若干邻近专业为基准，组建集教学、学术研究、社会服务于一体的组织。这对于促进校企深度合作、增强办学活力、提高人才培养质量具有十分重要的作用。学校履行宏观管理职能，二级学院作为主要的办学和管理实体，积极贯彻校级行政部署，集中力量抓好教学工作，充分发挥学术管理的作用。建立符合学科专业建设和发展规律的体制机制，提高学校教学、科研的整体实力水平和服务社会能力，实现教学组织、课程设置、教学计划、仪器设备的优化配置，全面提高办学效益，满足基层学术组织建设的需要，合理划定校、院两级学术组织的权责，完善院级决策机制，加强学院管理团队建设，更好地调动各方面的积极性。建立完善的考核、监督、评价机制，规范学院的决策、执行、监督等程序，实行学校目标管理、学院过程管理，将考核监督与学院绩效和年度目标挂钩。建立专业负责人制度，强化专业建设责任意识。进一步完善专业带头人和专业负责人的遴选与培养制度，实行专业建设负责人制度，强化专业建设责任意识。每个专业设1名校内专业带头人和专业负责人，负责起草专业建设规划，组织制定本专业人才培养方案、课程标准，负责专业人才培养方案的落实，组织开展本专业的课程体系、教学内容、教学方法和教学手段改革，抓好课程建设和教材建设工作，与其他高校同类专业开展横向交流与合作，努力提高本专业的办学水平，扩大社会影响力。建立课程建设负责人制，确保课程建设落到实处。为进一步加强课程建设与管理，提高课程建设质量，自"十四五"起，针对主要公共课、专业核心课程，进一步明确实行课程负责人制度。原则上1门课程设1名课程负责人，主要负责与课程相关的团队建设、教学内容与教材建设、教学方法与手段的改革、课程教学的组织与管理等工作。

构建大教学管理，形成"三层四线一平台"的扁平化工作体系。教务部建立了"三层四线一平台"的扁平化工作机制，通过前置管理、工作例会、研导一体工作方式等，确保教学管理横到边、纵到底的有效实施，实现了人员精减而工作职责不减、工作内容不减。在减员不减工作量的基础上，教务部全体人员很好地完成了学校各项教学、科研、教学支持等工作。在深入推进专业群和课程建设、在线教学课程资源建设，以及完善教育教学一体化育人项目课程设置与教学考核评价方法等方面初见成效。积极开展教学能力竞赛与职业技能竞赛，取得了较好的成绩。实行教务精细化管理，确保教学工作稳定有序。扎实推进科研工作，科研成果再创新高。推进开放书吧与电子阅览室建设，并取得阶段性成果。牢固树立服务意识，做好各项教学支持与保障工作，确保管理、教学等工作有效运行。

二、完善教师教学质量考核

完善教师教育教学质量评价标准，健全教育教学质量评价与保障体系，创新高职院校教师考核评价机制，是高职院校考核和提高教师教育教学质量的关键所在。客观公正地对高职院校教师进行考核评价，不仅有利于促进广大教师"修身、悟德、勤业"，更有利于激励广大教师"传道、授业、解惑"，形成教书育人的良好氛围，从而推动高职院校教师队伍建设的全面进步。

完善制度建设，建立长效保障机制。一是听课制度与公开课、示范课制度。听课制度的落实，能有效提高教师教学水平，促使其设计科学、可操作性强、行之有效的组织形式。二是评教体系。学生评教、教师同行评教、教学干部评教与专家评教配合进行，形成对教师教学的综合评价。三是学生信息员制度。学生信息员队伍的建设、职能的发挥可以对教学工作起到反馈作用。四是督导制度。教学督导在教学质量监控工作中发挥着重要的作用，有利于加强课堂管理，严肃教风学风，切实维护课堂正常教学与学习秩序，营造良好的课堂教学氛围，不断提高教学质量。为此，学院制订了《无锡南洋职业技术学院课堂教学管理办法》和课堂管理"三大纪律、五项要求"。

加强部门合作，深入开展教学质量检查。教师是落实日常课堂教学规范的直接责任人，教研室主任为直接领导人，二级学院教学副院长负有分管领导责任。教师应自觉执行教学规范，自觉接受质控办和校园巡查组等人员对日常教学上课情况和教学效果的督导与检查，认真改进出现的各种问题。质控办牵头对师生上课情况进行检查，落实校园巡查组的日常巡查工作；专兼职督导开展专项督导与日常督导，规范与引导相结合，维护教学秩序，促进教学质量提升；教研室主任做好对教师上课内容的常规检查；二级学院教学副院长做好对教师上课内容的抽查。日常教学实行教务部、二级学院、教研室三级巡查制度。

落实考核制度，进一步提高教学质量。学院以三期教学检查为抓手，配合学院绩效考核改革，完善日常教学考核评价标准和考核方案，将日常教学评价纳入绩效考核体系。课堂教学之外，教师必须承担的专业建设、课程建设和教学研究、教学改革相关工作，称为非课堂教学工作，这部分工作对民办高职院校提升教学质量作用重大，是重要的内涵建设工作。这部分工作纳入劳务报酬计量体系，是建立教师激励机制不可忽视的内容。

第六章

坚持科学发展，
多元并举提升办学质量

第一节　教科研立校，服务教学与社会

学院自建校以来就秉持教科研立校的理念，一直潜心于教科研探索和经验积累，持续加大教科研投入，在人力、物力、财力上给予教职工充分支持和保障，力求打造优良的教科研环境。"十三五"期间，在江苏省教育厅的科研鼓励政策带动下，学院迈开大步，在教科研立校的基础上，争创科研强校。

一、全面完善制度建设，教科研工作有依据

为了发展科研工作，学校大力推进制度建设，近七年间陆续出台了《关于加强科研工作的指导意见》《科研管理办法》《教科研经费管理办法》《教科研工作量计算办法》《教科研奖励办法》《校外项目经费管理办法》等制度文件，教科研基础工作有了施行依据和制度保障；各级各类项目管理办法在参照省、市级文件要求的基础上，结合学校实际逐步开展操作。另外，学校专门成立了校学术委员会，组建了一支强有力的专家队伍，对教科研工作给予指导并提供意见。

经过多年实践，学校教职工教科研工作量已完成6个学年的统计和分析，教科研工作量津贴与教科研成果奖励也已发放6次，总金额达到142.34万元；组织开展的教科研项目自2017年起逐年增加，近

6年稳定在25项/年，不同项目立项、开题、中检、结题均按要求如期开展；校外项目经费入账操作有依据，教职工按既定流程办理报销手续。

二、项目管理规范化，教科研成果有质量

为进一步科学规范项目管理流程，学校科研管理部门按时按期分类做好不同项目的开题、中检、结题工作，以及在研项目的答疑指导工作；在省、市职业学校优质项目的孵化和申报中，科研管理部门联合校学术委员会，创造性采取项目长制、专家研导制等方式以提升项目申报成功率；强化校内外项目经费监管，建立台账，联合财务管控项目经费使用进度；细化科研统计，做好科研成果认定、科研工作量的汇总和分析，规范完成省、市各类科研系统数据填报工作；梳理各项教科研材料，分类建制归档，理顺科研档案。

6年间，教科研纵向课题共计立项202项，省、市职业教育优质项目获批27项，引入发展资金186.14万元；科研成果由单一的论文丰富至成果奖、教材、专著、艺术奖以及知识产权，年均成果数量计196项。此外，中文核心期刊论文、EI期刊论文，以及省级科研成果奖、发明专利等高质量成果层出不穷，总量已超171项，这对民办高职院校来说是极大的飞跃。2021年12月，在江苏省高校哲学社会科学年报统计交流中，学院教科研的质与量在民办高职中处于领先地位。

三、整合多方资源，教科研服务有成效

近年来，学校致力于打造教科研交流平台，总结历年教科研优质项目、成果经验，为教职工提供线上、线下形式多样的教科研交流渠道，以研促教，将优质教科研成果应用到一线教育教学中，切实提高教育教学质量；稳步推进"四技"（技术开发、技术转让、技术咨询与技术服务）的知识普及和实践操作，促进产教融合，整合校企资源，强化企业在科研过程中发挥的作用，努力构建"产学研用"四位一体的科研服务平台，推动科技反哺教学，探索科研成果价值转化

路径。

学校逐年加大对横向课题的知识科普和解读力度，鼓励教职工联合企业跨校、跨专业开展科研活动，加深与企业的技术合作。近三年，共计开展横向课题11项；积极组织知识产权专项讲座，与合作的知识产权代理公司签订服务合同，为教职工提供知识产权交流平台和实操渠道；对接市、区市场监察局有关技术服务、知识产权的奖补事宜，对获得专利的教师给予配套奖补，学院探索"四技"服务初有成效。

第二节　加强教学资源建设，助力教育质量提升

高等学校教学资源建设，对促进教育教学质量的提升、对校园文化氛围的营造、对教科研水平的提升，起着重要作用。建校以来，我们秉承适用、实用、高效的原则，本着以人为本、致力于"用"的思路，用好有限的资金，加强教育教学要素建设，改变图书存放及借阅方式，建设智慧化校园，取得了事半功倍的效果。

一、优化图书管理模式，打造书香校园

图书馆是学院的文献信息中心，为师生提供咨询服务、导读服务、借阅服务等，对教学、科研起着辅助作用。为了发挥学院图书资源的价值，激发学生自觉获取知识的热情，培养其良好的读书习惯，让其不受时间、空间限制阅读书籍，图书馆将传统被动服务变为主动服务——建立校园开放式图书馆。

近年来，学院共设立公共区域开放书吧9个、学生公寓开放书吧7个、教室区域开放书吧40个，图书馆出库图书14703册。学生可以在早、晚自习或课间随手拿到感兴趣的图书文献进行阅读。学院逐步完善开放式图书馆（走廊）、教室图书角，全方位强化育人功能，塑造职业素养氛围，提高学生校园生活质量。这样的开放图书服务模式受到了大家的一致认可。

在建设智慧校园期间，学院图书馆引进数字图书馆，包含万方电

子期刊资源、超星电子书、名家视频讲座等。师生可以随时随地通过手机 APP 或电脑网页阅读观看，真正实现了"校园阅读无边界"。

今后，学院将以图书馆为中心，辐射全校各个区域，特别是在人员密集区如食堂、艺体馆、实训中心、楼宇进出口等地设立"阅读角"及"阅读空间"，通过信息化的方式让师生用手机便捷地借阅纸质图书。同时为方便在线阅读，图书馆立足自身优势，发挥立德树人作用，关注学生阅读习惯，研究学生心理，积极主动为学生推荐好书，引导他们阅读经典，感受知识的力量，让读书成为校园文化建设一道亮丽的风景线。

二、 服务现代教学，完善智慧化校园建设

无锡南洋职业技术学院校园信息化的建设与应用，不仅改变了教育、教学和管理的手段，还深刻地改变了师生的工作、学习和思维方式。校园信息化是一个在实践中不断发展与变革的过程，从早期的校园网到校园单项应用系统建设，再到数字校园，目前学院正向智慧校园全面发展。

学院建校初期在基本的信息化软硬件设备的建设上打下了良好基础。最开始的建设以网络设施为主，实现内网主干千兆、百兆到桌面。由于学院数字化环境建设刚刚起步，一开始网上所运行的大多是网页浏览、文件上传下载和电子邮件等初级网络应用。从 2000 年开始，学院开始使用计算机进行辅助教学，进入教育信息化时代。教学仍以传统方式为主，多媒体手段作为辅助手段被使用。多媒体校园时代，对于大多数老师来说，计算机是一个新生的事物，进行教育信息化工作的大都是计算机老师，也有不少对计算机教育教学感兴趣的老师积极探索使用计算机来进行教学，为学校推广多媒体教学奠定了人才基础。

自 2008 年起，学院根据部门业务需要，建设了一些对业务电子数据进行处理的单项应用系统和用于教育教学的数字化软件，如教务管理系统、计算机辅助教学软件等。通过校园网及单项业务系统的建设与应用，提升教学和管理工作的效率。随着网络技术的发展，各种网络应用开始出现并迅速发展，如微博、微信、BBS、QQ、视音频业务等，这些应用对带宽和公共服务提出了新的要求。"天空教室"在线学习系统的建设，实现了课件点播、VCD流式点播、远程课堂、网络在线答疑和考试等复杂功能，网络教学的内容和形式逐步得以完善。

从2015年开始，随着各类应用系统的全面投入使用，学院进入数字化校园建设阶段。一些服务管理类平台用于行政管理、教学管理、学生管理，主要包括金智统一门户平台、正方教学管理平台、金智学生管理平台和泛微OA管理平台。基于Web2.0建设网络学习空间、班级空间、网络教研平台等，通过多种先进信息技术的一体化开发应用，资源数字化，文件存储以ftp主要形式存入服务器，实现"资源整合"和"系统集成"，形成了数字化、集成化的校园环境，为教学、科研和管理提供更加方便高效的信息化服务。

数字化校园建设与发展，在信息化意识及信息化应用方面都在促进学校信息化应用水平的提高，传统数字化校园建设慢慢显现出了问题，比如缺乏整体规划，只注重当时需求，而未考虑长远。时间一长，信息化的应用不能促进学校更深层次的发展，有的成为信息化发展的鸡肋。信息孤岛现象严重，各种业务系统独立部署。在各个系统中真正使用的可能只占一小部分。对基础网络的承受和支撑能力、数据中心的处理和存储能力的要求越来越高。

自2020年起，信息技术飞速发展，以它为基础与支撑的"互联网+"对教育领域产生了极其重要的影响。翻转课堂、MOOC等依赖于信息前沿技术的新课堂、新课程、新的教与学的形式不断涌现，对传统课堂、课程和教与学的形式产生了极大的冲击，也为我们对传统的课堂、课程和教与学的形式进行升级改造，实现课堂教学的提质增效、终身学习与泛在学习的日益推广与普及提供了新的机会与技术上的可能，新时期的信息化校园正由过去的"数字校园"向"智慧校园"发展。无处不在的网络学习、融合创新的网络科研、透明高效的校务治理、丰富多彩的校园文化、方便周到的校园生活，结合数字化校园建设阶段的不足，智慧校园建设正式纳入学院的信息化建设进程中。在智慧校园的应用上，应用系统的开发从传统的数字化向数据化、智能化方向转变，如完善统一数据中心，建设超星混合式教学平台、超星课程资源云平台、万方数据资源平台、学习通移动学习系统等智慧校园应用系统，建立智慧教室、智能化教学场所、国家考试标准化考场。学院资源建设对象从传统的静态、封闭的文本、图像等素材资源转向动态、开放、共享的移动学习资源，并力图构建富有智慧的教育环境，实施智慧课堂教学模式。最终通过监测、分析、融合、智能响应的方式，实现校园信息和资源的智能化采集与传输、智能化显示与推送、智能化处理与控制，有效支持教学过程分析与评价、管理者智能决策、开放的教育教学环境和便利舒适的生活环境建设，从而实现全新的智慧化服务和管理的校园模式。

今后，智慧校园是校园信息化发展的高级阶段，是"互联网+"时代数字校园升级发展的新形态。无锡南洋职业技术学院将着力推进新一代信息技术的广泛应用，加快构建全面感知的智慧教育环境，推动信息技术与教育教学的深度融合，重新设计教育教学系统的工作流程和体系结构，变革传统的教育教学模式，实现信息技术对学校教育的"革命性"影响。

学工篇

习近平总书记在全国高校思想政治工作会议上指出，要坚持把立德树人作为中心环节，把思想政治工作贯穿于教育教学全过程，实现全程育人、全方位育人，努力开创我国高等教育事业发展新局面。无锡南洋职业技术学院学生工作以立德树人为主题，紧扣新时期学生工作的客观进程，把握思政工作的时代特征，聚焦思想政治工作的前沿问题，推动思想政治工作理论与实践相互促进。通过"创新理念、畅通机制"推动学生管理工作转型提质，构建了9方面学生工作质量体系，助力学生成长、成人、成才。

因此，本篇将结合无锡南洋职业技术学院学生管理路径的具体实践，分别从党性修养提升、思政教育、辅导员工作课程化改革、学风环境建设培育、心理健康教育、就业创业教育、学生社区管理、国防教育、学生管理体系完善等9个方面展开积极探索实践，以期为新时代民办高校学生思想政治工作理论建构和实践探索提供智慧之思和有益参照。

第七章 新时代民办高职院校的学生管理理念

新时代民办高职院校学生事务管理工作，是服务大学生成长成才的重要内容，在人才培养过程中发挥着极其重要的作用。随着经济社会的发展和时代的进步，新时代民办高职院校学生事务管理工作所面临的形势和任务也在发生深刻的变化。如何围绕高校育人目标，进一步创新体制机制、改进工作方法、保持旺盛活力、体现工作实效，是新时代民办高职院校学生事务管理工作要研究解决的重要问题。

第一节 学生发展为要理念与高职学生事务管理

一、学生发展为要理念的理论基础

美国高校学生事务工作最早的理论基础是英国传统的"替代父母制"。进入20世纪后，这一理论失去了指导地位，取而代之的是"学生人事服务"。20世纪60年代末70年代初，在美国动荡复杂的社会背景下，"学生发展理论"应运而生，尽管实践中仍可找到前两种形态不同程度的表现，但从整体上来说，学生发展理论日益占据上风，尤其是在其基础上发展起来的学生事务管理的含义（student learning imperative，简称SLI理论），已逐渐成为目前美国高校学生事务工作的指导思想。

学生发展理论是人的发展理论在高等教育中的延伸。学生发展理论不仅讨论一般的心理发展，还讨论认知和智力、情感和态度、伦理道德的发展，以及具体行为的发展，如职业选择、饮食习惯等。它可以用来指导学生事务管理，为制定各种计划和服务方案提供理论依据。20世纪60年代以后，是学生发展理论研究的重要阶段，可分为以下几种类型：关注学生发展内容、关注学生发展过程、关注学生发展类型。

（一）关注学生发展内容

侧重于学生发展内容的学生发展理论的代表人物是埃里克森（Erik H. Erison）、奇克林（Author Chickering）。

埃里克森提出了人格发展八阶段理论。他认为人格发展受社会文化背景的影响和制约，自我在人格中的作用是建立自我认同感和满足人控制外部环境的需要。个体发展贯穿人的一生，这个过程具有阶段性。整个发展可分为8个阶段：信任与怀疑（出生至18个月）、自主与羞愧（18个月至3岁）、主动与内疚（3岁至6岁）、勤奋与自卑（6岁至12岁）、角色同一与角色混乱（12岁至18岁）、友爱亲密与孤独（成年初期）、繁殖与停滞（成年中期）、完美无憾与悲观绝望（成年晚期）等。学生事务的责任，是要帮助学生成功地度过每个过渡性发展阶段。随着终身教育理念的不断深入和美国高校招生范围的不断扩大，非传统学生介入使埃里克森的人格发展八阶段理论得到了更为广泛的运用。

奇克林在实证研究的基础上提出了学生发展的"变量理论"，认为在大学期间学生面临的最重要的发展问题是建立同一性，以及围绕同一性发展的7个变量：发展能力、管理情绪、自我管理、确立同一性、成熟的人际关系、成长目标、自我完善。学生发展的"七变量"由简单到复杂，既相互区别又相互联系，呈螺旋形阶梯式递进，其间高职学生事务管理对"七变量"所施加的影响不可忽视。

（二）关注学生发展过程

关注学生发展过程的学生发展理论的代表人物是皮亚杰（Jean Piaget）、柯尔伯格（Laiorence Kolbreg）和罗杰斯（Carl Ransom Rogers）。

皮亚杰的认知心理学，研究了学生发展的认知方式和差异。他强调了遗传的重要性以及智力发展过程中环境的作用。该理论所划分的各阶段并不与学生年龄直接相关，只是把人的成长视为思维水平的逐步提高，认为个体对环境的认知矛盾促进了个体的发展和成长。

美国心理学家柯尔伯格系统扩展了皮亚杰的理论和方法。柯尔伯格根据道德两难问题情境的分析提出了个体道德发展的"三个水平""六个阶段"。"三个水平"依次是前习俗水平、习俗水平和后习俗水平；"六个阶段"依次是惩罚服从取向阶段、相对功利取向阶段、寻求认可取向阶段、遵守法规取向阶段、社会契约取向阶段、普遍伦理取向阶段。他认为学生道德发展更多依靠正义、平等原则或普遍的伦理规范，较少依赖个人兴趣。

罗杰斯将"学生发展"定义为"学生在高等教育机构中，不断地成长、进步，各方面能力得到提升的方式"。罗杰斯从人本主义心理学出发，提出了"以当事人为中心"（client centered）的心理咨询理论。他认为每个人都生而有之地具有自我实现的倾向，当由社会价值观念内化而成的价值观与原来的自我有冲突时便引起焦虑，为了对付焦虑，人们不得不采取心理防御，这样就限制了个人对其思想和感情的自由表达，削弱了自我实现的能力，从而使人的心理发育处于不完善的状态。而罗杰斯以"无条件积极评价"（unconditional positive regard）为原则，将"以当事人为中心"的咨询理论运用到学生事务中，使学生事务工作者在工作中保持一种不做判断的价值中立态度，在大学生心理咨询、促进大学生发展的教育实践方面有着突出的影响和作用。

（三）关注学生发展类型

类型理论主要描述和解释人格类型，以及为什么不同的人对同一情况有不同的反应。类型理论是一种非价值判断理论，它强调个体差异对群体是有益和健康的，个体差异在特定情况下可以发挥积极作用。其代表是卡尔·荣格（Carl Gustav Jung）的心理类型学和约翰·霍兰德

(John Holland)的人格职业匹配理论。

荣格根据性欲（心理能量）的流动将人分为外向型和内向型。外向型的人注重外部世界，积极、自信、进取，易于适应环境变化；内向型的人重视主观世界，往往内省、沉默寡言，容易害羞，难以适应环境的变化。将人的思维、感觉、情感和直觉这4种心理活动与上述2种态度类型配对，可以得到人格的8种功能类型，即外向思维型、内向思维型、外向感觉型、内向感觉型、外向情感型、内向情感型、外向直觉型、内向直觉型。深入分析学生的人格功能类型，有助于更好地研究学生在学生事务管理中观察世界、接触世界时所固有的个体差异，并有助于理解这些差异对学生发展产生的其他方面的影响。另外，它还有利于班级事务管理和学生活动管理。

美国心理学家约翰·霍兰德也是著名的职业指导专家。他认为一个人的人格类型（包括价值观、兴趣、动机、需求等）与他的职业密切相关，不同的人格特征适合不同的职业。在过去几十年里，通过100多项大规模实验研究，他发现有6种不同的人格类型（"性向"），即实用性、调查性、艺术性、社会性、创业性和传统性。

霍兰德进一步指出，大多数人不止有一种性向，他们可能同时拥有几种不同的性向；性和性不是完全独立的，可以分为3种情况：相容性、中立性和排斥性。职业选择理论指出，学生的职业选择是个性的表现，强调学生个性与环境的关系，常被用来帮助学生进行职业规划。

二、学生发展为要理念在高职学生事务管理中的应用落实

在学生事务管理的过程中落实学生发展理论，要求我们树立以"以生为本"的工作理念和"服务学生"的管理意识。当前"以人为本，培养协调发展具有创造能力的人才"是教育观的核心。高校学生事务管理作为大学教育的重要组成部分，要实现管理育人，就要致力于实现全人教育的目标，促进学生的全面发展。因此，我国高校学生事务管理必须树立"以生为本"的工作理念和"服务学生"的管

理意识。

人本教育理念是时代发展的产物,它要求把人放在第一位,主张把人的发展作为教育教学的出发点,根据学生的兴趣、爱好等特性,充分发挥学生的主体作用,激发学生的主动性、积极性,提升学生的潜力,促进学生全面、协调发展。"服务意识"是随着我国学生交费上学,成为教育消费者,以及为满足学生自身发展需要等出现的。所谓高校学生事务管理的服务主要体现在两个方面:一是高校为学生的生活和学习提供物质设施与保障;二是学生事务管理人员要增强服务学生的理念,在具体的学生事务管理与服务中,为学生的发展提供条件。

"以生为本""服务学生"的理念,要求教育主管部门在制定教育文本和学生事务管理方面的规章和条例时,要从学生的需要、利益出发,考虑到学生的主体性、差异性,减少一些"强制的""划一的"内容。高校学生事务管理人员在具体的工作中更要做到:尊重学生是基础,关心学生是关键,服务学生是方式,发展学生是目的。尊重学生就是要贯彻"管理人员与学生在人格上是平等"的观念,尊重学生的主体地位与学生的人格,在学生事务管理工作中建立良好的人际关系,营造和谐的校园氛围。关心学生就是要关心学生的生活,及时了解学生在生活中遇到的各类问题,如生活困难、心理困扰、人际交往障碍等,并帮助学生解决困难,攻克难关,使学生感受到关爱。服务学生就是要求学生事务管理者注重学生的需求,在服务中体现以学生需求为导向,通过营造良好的学校人文和设施环境,促进学生进行自我教育、自我实现,促进学生的认知、情感和道德判断力的发展。要努力引导学生的社会行为和情感,培养学生的认知技能,实现学生的全面发展。发展学生是"以生为本"的目的,也是尊重学生、关心学生、服务学生的归宿,最终都是为了学生的全面、协调发展。

第二节　协同育人理念与高职学生事务管理

一、协同育人的理论基础

（一）哈肯的协同创新理论

现代社会协同育人的理论源自协同创新，后者最早由美国麻省理工学院的达·彼得·葛洛（Da Peter Gro）给出定义："由自我激励的人员所组成的网络小组形成集体愿景，借助网络交流思路、信息及工作状况，合作实现共同的目标。"从实践的层面看，协同创新实际是一种思想与技能的分享过程，是目标、追求相同的不同主体通过相互合作和整合，在发挥各自优势的基础上，产生"1+1>2"的效益并实现创新的过程。

协同创新的理论依据是协同学。协同学是1971年德国科学家赫尔曼·哈肯（Hermann Haken）在多学科研究的基础上，在研究事物从旧结构转变为新结构的机理的共同规律上提出的理论。该理论认为，在远离平衡态的开放系统中，在与外界发生物质或能量交换的情况下，每一个子系统都会不断地相互探索新的位置、新的运动或者新的反应过程，并通过自己内部系统的协同作用自发地出现时间、空间和功能上的有序结构。简单地说，就是认为整个环境中的各个系统间存在着相互影响而又相互合作的关系，这种关系可以形成协同系统。协同是经营者有效利用资源的一种方式，通常能产生"1+1>2"的协同效应。

协同效应，又称增效作用，原本为一种物理化学现象，是指两种或两种以上的成分相加或调配在一起，所产生的作用大于各种成分单独应用时作用的总和。而其中对混合物产生这种效果的物质称为增效剂（synergist）。例如，放在一起的两个木块比一个木块承受的压力要大，原因是产生了协同效应。同样，两种以上药物共同使用时所产生的作用，可等于或者大于各种药物单独使用时的总和。通俗地说，就是吃两种药的作用比单独吃一种药作用强，原因也是两种药物产生了协同效应。

自然现象是这样，社会现象亦如此。例如，企业组织中不同单位间的相互配合与协作关系。打个比方，农场将不便运输的农产品剩余物用于饲养家畜，再将家畜生产的有机肥用于农作物的生产，这样农场同时经营农作物生产和家畜饲养两个业务，这比将两个业务分开所产生的效果要更好一些，这就是企业管理中的协同作用。

（二）安索夫的战略协同理论

战略管理之父伊戈尔·安索夫（Igor Ansoff）将军事战略尤其是军事谋略应用于企业战略经营中，但他又不是简单地套用军事上的谋略。他把企业经营战略定义为企业为了适应外部环境，而对目前从事的和将来要从事的经营活动进行的战略决策。因此，安索夫认为军事战略与企业战略是不同的。军事上的战略主要是指军事情报搜集、行动计划、方案布局、战场布阵等，其目标是战胜或消灭对手。而企业战略是以整合资源和创造价值为目标的，坚决反对自相残杀的恶性竞争。因此，在企业背景下，无论多么"专制"的"家族企业"都不可能营造"以服从命令为天职"的文化。

安索夫强调，企业战略的核心是：弄清你所处的位置，界定你的目标，明确为实现这些目标而必须采取的行动。他把企业战略限定在产品和市场的范畴内，认为经营战略的内容由 4 个要素构成：产品市场范围、成长方向、竞争优势和协同作用。他还把企业的决策划分为战略的（关于产品和市场）、行政的（关于结构和资源调配）和日常运作的（关于预算、监督和控制）三类。安索夫认为企业生存是由环境、战略和组织三者构成的，只有当这三者协调一致、相互适应时，才能有效地提高企业的效益。所以，他认为协同就是企业通过识别自身能力与机遇的匹配关系来成功拓展新的事业，协同战略可以像纽带一样把公司多元化的业务联结起来，即企业通过寻求合理的销售、运营、投资与管理战略安排，可以有效配置生产要素、业务单元与环境条件，实现一种类似报酬递增的协同效应，从而使公司得以更充分地利用现有优势,并开拓新的发展空间。多元化战略的协同效应主要表现为:通过人力、设备、资金、知识、技能、关系、品牌等资源的共享来降低成本、分散市场风险以及实现规模效益。在这些理论的基础上,他设计了安索夫模型,这个模型的核心是通过企业和市场的分析确定有效的企业战略。

安索夫还认为,人类的主要问题已变得全球化、复杂化和非线性化。生态系统、经济系统和政治系统的局部变化,可以导致全球危机。复杂网络中的非线性相互作用具有协同效应,这种效应既不能归因于单一缘由,也不能具有长期预见性。他认为"整体即为部分之和"的线性思维和线性信仰,已变得具有危险性。因此,需要新的策略以应对非线性复杂系统。在这种情况下,战略应成为一种将企业各事业部门、各职能部门、不同管理人员、不同员工的决策和行动统一为一种覆盖全企业的协调一致的决策和行动的策略方法,而执行战略则是组织的主要功能。企业的任何事情,包括组织结构和层级,都应按照战略计划进行设计和运行,目的在于赢得相对竞争对手的持续优势。在战略框架下,组织内跨部门分散的行动将形成一个以统一的目标和策略为中心的整体,个人的努力也将被汇聚成方向一致的团队力量。比如,通用公司就是在安索夫的战略规划主张的影响下,正式设立了战略经理职位的。该职位主要负责修订、监察和执行该公司的战略规划文件《蓝书》(Blue Book)所制定的相关规划内容。后来,通用公司因此而创造出辉煌的业绩并且维持了相当长一段时间。由此可见,安索夫的战略管理具有重大贡献。

二、高校思想政治教育与学生管理协同育人的实践路径

(一)实现顶层设计,确保教学、管理和服务有机结合

高校教学工作的核心应从"教人"向"育人"转变。针对现阶段我国高等教育事业中普遍存在的知行不统一和德智不协同的问题,高校管理者应进一步明确人才培养的基本原则,即"以德为先,德智统一",优化现有的德育教育工作模式,整合高校内部的德育资

源，重点做好顶层设计工作，从战略发展的高度制订高校的可持续发展计划，构建多方参与的长效协同育人机制。高校在育人过程中应遵循德育为先的原则，明确高校所开展的各类教育活动都是为立德而服务的，帮助学生形成积极向上的人生观和世界观。厘清"为学"与"为人"之间的内在关系，实现智育教育与德育教育的有效渗透和融合。加强思想政治教育与德、智、体、美、劳"五育"教育之间的联系，将现实生活中的行为道德规范等内容渗透到思想政治理论教育工作中，整合两者优势，以有效改善以往思想政治教育中存在的形式主义和过于抽象的问题，保证高校各类育人活动的科学开展。同时，顺应时代发展潮流，结合新时代高校思想政治教育和学生管理工作的发展方向，明确教育主体。在统筹发展的视角下改革并优化高校内部的治理体系，在顶层设计过程中应以为学生提供高质量服务为基础，实现学生的全方位发展。高校领导者和管理者应从持续发展的角度统筹规划思想政治教育与学生管理的协同育人机制，实现高校教学、管理和服务的有机结合，将学生管理工作纳入高校的长远发展规划中，构建以思想政治教育为基础的协同育人体系。

(二) 创新教育模式，强化学生管理的人才培养功能

高校在人才培养过程中应确立立德树人的核心思想，开展学生管理工作时应逐步摆脱以往强硬、僵化的工作方法，与学生建立平等的关系并打通顺畅沟通、互动的渠道，创新现有的思想政治教育工作模式，保证高校人才培养目标的顺利实现。在教管服等工作中应明确学生的主体地位，教师及其他教职工应更多起到引导和辅助的作用，从而构建全新的平等、和谐、互相尊重的教育生态。高校学生管理工作应逐步从以行为管理为主的模式过渡到以思想认知约束行为表现的模式，重点提升当代大学生的思想认识，发挥德育教育的指导和启发性作用。高校管理人员应定期与学生进行深层次的沟通和交流，掌握他们的思想动态，并与他们实现情感共鸣，加速其道德素质的提升进程。在实践过程中，将育人理念融入各项管理和服务工作中，了解学

生遇到的问题和困惑，拉近高校管理人员、教师和学生之间的距离，强化管理育人的工作效能。同时，构建更加顺畅、协调的互动机制，实现思想政治教育与学生管理的深度融合。高校在人才培养的过程中，不应磨灭大学生的创造性和独立性，应在充分考虑到学生成长成才实际需求的基础上，科学整合思想政治教育与学生管理协同育人工作中的各类资源，实现两者在资源、数据和信息等内容上的互通共享，消除以往工作中存在的屏障与隔阂，形成教育合力。明确学生在高校教育管理工作中的主体地位，重视学生的主体性特征，遵循以人为本的原则，促使学生认同高校开展的各项思想政治教育活动，并使其面对客观事物和问题时能够做到理性看待、理智解决，实现学校教育与学生自我教育的有效结合，加快学生思想品德的自我提升速度，为学生营造更加健康、和谐且有利于其全面发展的内部人文环境。

（三）构建管理体系，将思想政治教育融入学生管理工作

高校开展学生管理工作应以提升学生的道德品质、综合能力和专业素养为基础，不断强化高校自身的人才培养能力，将自身的管理职能和优势充分展现出来，构建科学、高效的学生管理体系。针对高校的人才培养流程，应推行全程服务和跟踪的机制，及时了解学生的思想动态和变化情况，了解他们在学习和生活中遇到的实际困难与问题，在高校管理人员、教师和学生之间建立顺畅的沟通渠道，无论是思想问题还是生活中的实际问题，学校都有责任和义务帮助学生尽快解决。明确高校内部各个部门的不同责任，优化现有教育资源，在学生管理工作中融入各种思想政治教育要素，拓展教育空间，保证思想政治教育与学生管理协同育人的效果。另外，在教育管理工作中应将理论与实践紧密联系起来，从管理理念、育人方式、工作内容和人才培养目标等多方面入手，创新管理实践活动，推行健全的教育反馈和评价机制，提升思想政治教育工作的整体效果。同时，无论是思想政治教育工作还是学生管理工作，两者都应与学生的社会生活紧密联系。在实际管理工作中，高校管理人员在帮助学生处理各类问题时，

应以互相尊重为原则拉近与学生之间的关系,制定的处理办法应是易操作且能够让学生接受的,保证其可以更加顺畅地与学生进行思想沟通。

(四) 发挥联动功能,构建协同发展运行保障机制

改革并优化现有的推进机制,构建能够发挥协同效应的运行体系。高校应从战略发展的角度加速协同发展运行保障机制的改革进程,科学且系统地设计制度结构体系,将运行机制中的每一个环节都落实到位,保证思想政治教育与学生管理协同育人活动的有序开展。两者应具备一致的育人目标并覆盖高校内部的全体学生,遵循以学生为本的原则,建立两者协同发展的组织架构,针对不同岗位制定差异化的育人职责。同时,创新并完善现有的工作模式,学生管理工作的方法应随着思想政治教育结构和内容的变化而变化。以当代大学生的行为特征和思想现状为基础,充分考虑高校师生真实需求,找准问题的成因和内在本质,从而更加精准地开展思想政治教育活动。培养复合型思想政治教育工作者,使教师集心理辅导、学生管理、职业生涯发展规划等多种职能于一身,并善于利用思想政治理论知识解决学生学习和生活中遇到的问题,打造刚性与柔性相结合的管理模式。更重要的是,高校不同部门之间应建立密切的合作关系,通过搭建高效且顺畅的互动协调平台,实现多部门之间信息数据的互联互通,将各类育人要素有效串联起来,保证"三全育人"工作的有序开展。从规范制度、运行架构和反馈评价三方面入手,不断完善校内的学生管理系统,保证思想政治教育与学生管理协同育人工作的实际效果,实现学生的全方位发展。

第八章

新时代民办高职院校的学生工作管理模式

当前中国经济新常态、政治民主化、社会信息化等宏观改革图景,给高职教育带来了发展机遇,也给传统的学生工作模式带来了巨大的冲击。在高校开展学生思想政治教育,要统筹考虑时代发展特征、高校办学特点、高校教育规律和学生成长规律。要注重发挥学生工作体系贯通教育主体和客体的供求关系,要坚持教书和育人相统一,坚持言传与身教相统一。因此,加快学生工作管理模式的创新,就成了民办高职院校改革的出路所在,也是高职院校实现高质量发展的必经之路。在新时期、新形势下,民办高职拥有一支质量高、能力强的学生管理队伍显得尤为紧迫和重要,构建"三全育人"视角下"五位一体"学生管理模式已成为坚持社会主义办学方向,全面落实党的教育方针,保障民办高职院校良性发展的一项重大课题。

本书所提到的"五位一体"学生管理模式,即每个二级学院学生管理工作配备"一位党总支书记+一位党总支副书记+三位年级组长(专职辅导员)+X位班主任(专任教师)+Y位副班主任(学生助理)"的"五位一体"专兼结合、梯度优良的多层学生管理工作队伍,实行"纵向多层联动、横向多维协调"的学生工作管理运行机制。本章也将从"五位一体"学生管理模式的产生背景、形成依据、内涵特征、运行机制四个方面展开具体的分析。

第一节 "五位一体"学生管理模式的产生背景

一、新形势下高校学生管理工作面临的新要求

（一）高等教育发展的新特征要求创新高校学生工作

伴随着我国高等教育由精英教育向大众化教育的转变，目前我国高等教育总体上迈入了内涵发展的重要时期。在高等教育内涵化建设的阶段，教育与互联网技术的跨界融合及新时期学生群体呈现出鲜明的时代特征，"00后"成为高等教育的主要受教育者。教育行业与移动互联网的融合趋势以及"00后"大学生群体中体现的特色推动高等教育进入发展的新常态。在这一高等教育发展的新常态时期，高校学生工作面临着巨大的挑战与压力。适应新常态下的新特征，创新工作体系已经成为新形势下高校学生工作不可回避的重要现实问题。

（二）经济社会发展对人才培养的新需求要求创新高校学生工作

当前，我国经济社会发展已经进入了新的阶段，经济增长保持中高速，经济结构转型升级以及要实现创新驱动发展战略等重要形势特征使得对人才培养的需求也发生了重要的变化，仅仅拥有学历的高校毕业生并不是经济社会发展所需要的高层次人才，拥有胜任力的大学生才是经济社会发展所紧缺的稀有人才。突破传授知识的单一性，培养学生的胜任力是经济社会发展给高校人才培养提出的重要要求。然而培养高校学生的胜任力是一项系统复杂的工程，仅仅依靠任课教师是不够的。依托高校学生工作体系的力量，开展丰富的第二课堂，对培养学生胜任力具有重要的意义。因此，新时期经济社会发展对高校人才培养提出的新需求也倒逼着高校要不断创新学生工作体系。

（三）新一代大学生群体自我发展的需要要求创新高校学生工作

目前"00后"已经成为高等教育的主要受教育者，"00后"大学生群体具有明显不同于"80后""90后"大学生的特征。出生在21世纪的"00后"身上有更多的"自我"意识，对自我尊重以及自我价值实现的需求较高，因此他们在大学校园内有很强的活力。"不

愿意受到过多制度的约束""追求自由奔放"等都是"00后"大学生鲜明的代名词。对于这一学生群体，传统的以"管教"为主的学生工作体系显然是不太合适的。持续跟进新一代大学生群体自我发展需求对现有的高校学生工作体系提出了严峻的挑战。创新高校学生工作体系对"00后"大学生群体实现自我发展需求具有重要的意义。

二、新形势下高校学生管理工作模式概述

截至 2022 年 5 月 31 日，全国高职（专科）学校共有 1489 所，在校生规模达 1590 万人，高职教育已经成为我国高等教育的生力军。根据校情、学情等的不同，目前，我国高职院校大学生日常思想政治教育主要采用三种不同的管理模式

（一）单一辅导员教育管理模式

不设置班主任岗位，而直接由大学生辅导员承担学生的日常思想政治教育管理工作，实行辅导员全天行政坐班和夜间轮流值班制度。采用这种全天候的学生教育管理模式，有助于学校通过辅导员及时掌握学生的思想动态，并对远离市区的校区及相对复杂的外部环境的变化，特别是对突发事件能够及时作出反应，从而有利于学校对突发事件事态的控制。实践证明，这种单一的辅导员教育管理模式，有效地维护了学生的学习和生活秩序，对确保学校的安全稳定发挥了重要作用。

（二）"辅导员+专职班主任（或专业导师）"教育管理模式

辅导员承担学生日常思想政治教育管理工作，专职班主任（或专业导师）协助辅导员开展学生的专业思想教育和就业指导工作。采用这种专兼结合的学生日常思想政治教育管理模式，对解决辅导员因管理班级多而难以深入细致地关心学生，特别是有针对性地解决学生的专业思想和就业指导等问题起了积极作用。

（三）"年级组长（专职辅导员）+班主任（专任教师）"教育管理模式

少量专职辅导员承担学生日常思想政治教育工作，专任教师担任

班主任并负责班级的日常事务性管理工作。采取这种教育管理模式是基于班主任作为专任教师,与学生接触较多,对学生的日常学习管理和思想教育更加细致到位,更有助于学生的学业进步和成长。另外,让专任教师在一定范围内参与学生的日常教育管理,对提高教师的教学管理能力和教学能力,以及增强教师责任心起直接促进作用,而教师教学能力和教学管理能力的提高,则有利于促进学生更好地成长和成才。

高职院校辅导员战斗在学生管理工作的前沿,承担着教育和管理学生的繁重任务,发挥着不可替代的作用。但也存在一些不容忽视的问题,比如辅导员数量不足,结构不够合理,专业化水平不高;职责定位不够明确,事务性工作繁重,作用没有得到充分发挥;工作体制和机制不够完善,工作思路不够清晰,发展后劲不足等。

针对目前民办高职院校学生工作中存在的问题,学院提出建立"一位党总支书记+一位党总支副书记+三位年级组长(专职辅导员)+X位班主任(专任教师)+Y位副班主任(学生助理)"的"五位一体"专兼结合、梯度优良的多层学生管理工作队伍,促使他们在"三成教育"即学生成长、成人、成才教育各阶段发挥作用,为学生管理工作提供一条纵贯全程且行之有效的途径。

三、"五位一体"学生管理模式的形成依据

为了深入贯彻落实党的十九大和全国高校思想政治工作会议精神,以及《教育部办公厅关于开展"三全育人"综合改革试点工作的通知》的文件精神,高职院校着力推动思想政治工作质量提升工程,形成"全员育人、全程育人、全方位育人"的新格局。《国家职业教育改革实施方案》出台,也对新时代职业教育提出了更高的要求,要以标准化建设为引领,以提质培优、增值赋能为主线,用改革的办法推动职业教育全面振兴。具体来讲,在学生层面,就是要落实立德树人的根本任务,以德为先、以德励才、以德成才,培养学生成为德才兼备、全面发展的技术技能人才。民办高职教育作为职业教育

不可或缺的组成部分，应发挥出更加重要的技能型人才培养作用。学院更是在缺经费、少资源、学情复杂的背景下，投入巨大的付出和努力，突破瓶颈，克服困难，进行了教学理论更新、教学模式改进、学生管理突破，积极打造高质量有特色的院校。

"五位一体"办学模式的形成并不是一蹴而就的，而是经过了一个长期历史积淀的过程，有其形成的必然依据。

(一)"五位一体"学生管理模式的重要性

"五位一体"学生管理模式，一是体现了促进学生成长发展的价值引领。将立德树人作为学生思想政治工作第一要务，坚持德智体美劳全面发展，注重学生技术技能和品德素养"双螺旋"提升。二是体现了推动教师实现职业追求和个人成长的价值引领。由教师担任班主任，参与学生管理，将教学和育人作为评价教师的重要标准，促进教师潜心教学、全心育人；落实专职辅导员、兼职班主任的具体教育管理责任，发挥其专长。

(二)"五位一体"学生管理模式的方向性

新时代对学生教育管理队伍建设提出了新要求，要求落实立德树人根本任务，强化政治引领和价值引领，努力培养能够担当民族复兴大任的时代新人。"三全育人"视域下"五位一体"学生管理模式可以进一步深化对立德树人根本任务的认识，可以有效促进立德树人根本任务的落实，使高校政教工作更具有科学性和实效性。"五位一体"学生管理模式有助于强化教师与辅导员的政治引领和价值引领作用，使其通过提升自我的政治素质，更好地培养时代新人。

(三)"五位一体"学生管理模式的创新性

民办高职院校基于"二元思维"的治校方略，在组织架构体系中更加注重管理效能。民办高职院校不断创新组织体系，优化管理机制，创新"三全育人"视域下"五位一体"学生管理模式，厘清了民办高职院校育人体系中教书与育人的逻辑关系，明晰了教师教书育人和辅导员政教的职责，提升了育人合力。同时通过学生工作绩效改革，重点向育人核心组织倾斜，充分发挥辅导员和专任教师在学生教育管理工作中的积极性、主动性和创造性，增强"三全育人"效能。

（四）大学生辅导员是学生日常思想政治教育管理工作不可或缺的重要力量

高职院校辅导员是学生教育管理工作的主要实施者，扮演着学生健康成长的指导者和引路人角色。实行辅导员日常思想政治教育管理制度，是党赋予高校培养中国特色社会主义事业的合格建设者和可靠接班人的必然要求。随着我国高等职业教育事业的快速发展，高职院校对学生的专业思想教育和就业指导工作提出了更高要求。而"年级组长（专职辅导员）+班主任（专任教师）"这种专兼结合的学生教育管理模式，成为当前高职院校日常思想政治教育管理工作的首选，吸引了一大批优秀的专业教师加入学生思想政治教育管理工作队伍，为确保学生在成长成才过程中得到专业思想教育和就业指导奠定了良好的基础。

（五）"年级组长（专职辅导员）+班主任（专任教师）"是高职院校学生日常思想政治教育首选的管理模式

随着高等职业教育事业的快速发展，特别是学校发展规模的不断扩大，原来的由专任教师担任专职班主任，并协助辅导员进行大学生日常思想政治教育工作的传统管理模式难以维系，专任教师从事学生日常思想政治教育管理已力不从心，工作难以到位。经过多年的实践探索，学院建立了以"年级组长（专职辅导员）+班主任（专任教师）"为核心的日常思想政治教育管理模式，除由专职辅导员承担学生日常思想政治教育管理工作外，还吸收了部分优秀专任教师担任班主任，或从相关企业聘请职业导师，赋予其相关教育管理责任，这符合"全员育人"的理念，有利于形成学生工作齐抓共管的良好局面，因而成为高职院校特有的学生管理模式。

第二节 "五位一体"学生管理模式的内涵

前文提到"五位一体"学生管理模式，即每个二级学院的学生管理工作配备一位党总支书记+一位党总支副书记+三位年级组长（专职辅导员）+X位班主任（专任教师）+Y位副班主任（学生助理）的"五位一体"专兼结合、梯度优良的多层学生管理工作队伍，如图8-1所示，实行"纵向多层联动、横向多维协调"的学生工作管理运行机制。

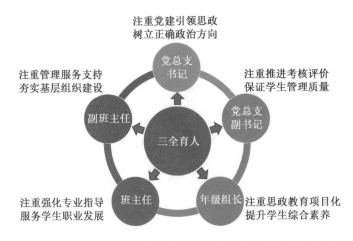

图8-1　无锡南洋职业技术学院"五位一体"学生管理模式

1. 党总支书记的职责内涵

二级学院党总支书记全面负责二级学院师生思想政治工作。坚持以党建引领学生管理，将思想政治工作贯穿于学生管理的全过程，以学生为中心，发挥党建育人作用，深化思想政治育人内涵，推进一体化育人政教新模式。

2. 党总支副书记的职责内涵

二级学院党总支副书记协助书记统筹学生日常思想政治工作。统筹指导年级组长、班主任、副班主任开展日常工作；统筹宿舍管理、心理健康教育、就业创业工作等，推进政教教育项目化；加强主题班会教育制度化、体系化、持续化；构建"五维素养"教育模式，推动职业素养行为习惯养成活动，鼓励学生进行自我管理，互助成长。

3. 年级组长（专职辅导员）的职责内涵

专职辅导员兼任年级组长，负责日常学生管理工作。统筹协调年级学生管理工作，抓学风建设、党团组织建设、就业创业管理、宿舍管理、危机预防等；负责落实学生管理目标工作，确保学生"五率"质量管理；开展"三创一做"活动，争创"一体化育人示范班"，精心设计和组织开展丰富的校园文化活动。

4. 班主任（专任教师）的职责内涵

专任教师兼任班主任，负责班级日常教育教学管理，注重强化专业指导，服务学生职业发展。负责将专业教学和政教有机结合，重视人文关怀和心理疏导，培养学生正确的人生观，引导学生养成良好的行为习惯；加强职业规划引导和职业素养教育，关心学生学业发展，服务学生成长成才；深化学生自治管理，加强学生干部培养培训，提升学生自我管理、自我教育等能力，发挥榜样引领作用，确保学生管理质量。

5. 副班主任（学生助理）的职责内涵

学生骨干兼任副班主任。夯实基础组织建设，精细学生管理，贯穿实施《班级量化管理》；落实区长、楼长、层长、宿舍长四级管理制度，形成良好的学生公寓管理机制；以"公寓党员工作站"为平台，强化学生自治组织作用，落实学生公寓"三查"制度，建设安全、和谐、文明、卫生的学生公寓；依托学生事务管理平台，为学生提供优质服务和保障。

第三节 "五位一体"学生管理模式的运行机制

一、"五位一体"学生管理模式的运行条件

（一）有效运行的前提：树立正确的工作理念

学生工作体系的受众是大学生群体，因此，高校学生管理模式要紧紧围绕学生发展来有效开展。只有树立"以促进学生成长成才为宗旨"的核心理念，以"学生之事无小事""一切为了学生、为了学生一切"为执行理念，才能有效开展政治引导、学业指导、生活开导、生涯辅导以及心理疏导等工作，进而推动"五位一体"学生管

理模式良好运行。

(二)有效运行的基础：使用先进的工作手段

面对在新技术及全媒体影响下成长的"00后"学生群体，高校学生工作者要不断创新工作手段，通过使用抖音、微视频等新媒体，提高工作效率，拉近与学生群体的距离，进而对学生群体有更深入的了解，这对提升学生工作成效具有重要的作用。使用先进的工作手段也是提升"五位一体"学生管理模式运行效率的重要基础。

(三)有效运行的核心：运用创新的工作方法

新时期，高校学生工作者除了要不断创新工作手段，还要不断创新工作方式方法。面对当今高等教育新形势、当前经济社会发展对人才的新需求以及新一代学生群体的显著特点，高校学生工作者要与时俱进，不断跟进时代潮流，摒弃传统的以管教为主的工作方法，树立"管理、教育、服务"并重的理念，不断运用科学的管理思想，综合采用"案例、理论、实训"三位一体的教育内容体系，充分发挥"参与式"服务的优势，最大程度地培养高素质人才。因此，在新形势下，有效、科学地运用创新的工作方法是"五位一体"学生管理模式的核心。

(四)有效运行的保障：建设高效的工作队伍

高校学生管理模式的受众是大学生群体，主体是学生工作者。要有效运行高校学生管理模式离不开学生工作者的支持。因此，要"内培外引"，建设一支高效的学生工作队伍，这样才能保障学生工作体系有效、正常运行。具体而言，一是坚持多样性引才理念，不断引进高水平、胜任力强的人员进入学生工作队伍，通过新成员的加入，激发团队活力和创新能力；二是坚持多元育才，通过开展辅导员论坛、辅导员职业技能大赛等丰富多彩的活动来不断提升学生工作者的理论素养及职业技能，打造一支思想素质硬、理论水平高、职业技能强的工作队伍。因此，建设高效的工作队伍是保障"五位一体"学生管理模式有效运行的关键。

二、"五位一体"学生管理模式符合民办高职发展的模式

首先,"五位一体"学生管理的针对性,有助于解决学院生源复杂、学生管理难度增加的问题。近年来,民办高职院校生源相对复杂,学生知识接受能力相对较弱,不适应传统教育方式,工学结合的培养形式对民办高职辅导员的管理工作提出了更高的要求。由于生源复杂、学生自我管理能力较差,抗压能力比较欠缺,因此常常会出现人际交往问题、心理问题等一些不稳定的因素,这给学院辅导员的育人和管理工作带来了很大的难度。

其次,"五位一体"学生管理的有效性,有助于调节学院辅导员的工作强度。学院通过更新教学理念,构建育训融合的"职业素养+职业能力"的"双螺旋"培养体系,改进教学模式,开展"工学交替",深化"教书育人一体化融合"等,解决了学院人才培养资金不足、实训基地不足等现实问题。但是工学交替分阶段化的教育管理责任不断增强,学院既要承担工学的学习教育管理责任,更要维护工学学生的生命安全,还面临现代学徒制管理法律保障制度不健全,学生因学习环境的变化、身份的转换带来的适应障碍等问题。

最后,"五位一体"学生管理的及时性,有助于保障学院辅导员队伍的稳定发展。一方面,由于政府支持有限,配套政策不健全,民办高职院校没有编制,因此民办高职院校辅导员的各项权益保障不如公办院校,劳动强度大,辅导员队伍流动性较大。另一方面,民办高职院校为降低成本,一人多岗、一岗多责现象较为普遍,辅导员岗位的频繁变动不利于工作的有效开展,更不利于思想政治教育工作的改善和立德树人成效的提升。

三、"五位一体"学生管理模式的机制优化

(一)教育理念一体化:党政协同,领导机制优化

构建党委领导下的民办高职院校思想政治工作协同机制。优化领导机制,通过教育教学一体化育人机制,确保思想政治工作与学院其他工作一体部署、一体落实,奠定"三全育人"决策基础。一是决

策层面实行理事会领导下的院长负责制,坚持公益性办学。省教工委委派专职党委书记,确保党组织发挥政治核心和监督保障作用。二是执行层面坚持党政联席的"院务会",负责学校日常工作的决策运行,确保党委在政治上的领导权和集体议事民主,坚持党政一体、党政协同的民办高职院校组织生态;坚持育人资源有效统筹,主动适应职业教育改革,坚持立德树人,把人才培养作为第一价值取向,创新人才评价体系,以一体化系统思维指导思想政治工作。

(二) 教育制度一体化:政策协同,运行机制优化

建立党委统一领导、各部门协力共管的"大政教"格局,从机构设置、制度保证和政策支持等多方面规范落实人才培养机制、管理服务、校园文化建设等,奠定"三全育人"机制基础。

制定学校层面的《教育教学一体化育人工作诊改评估方案》和二级学院层面的《教育教学一体化育人实施方案》,按照高职院校学生成长特点及规律,结合学校人才培养方案,推进"职业素养+职业技能""双螺旋"人才培养。

坚持因材施教、学以致用的培养理念,将理论教学和技能实训有机结合,构建教育教学一体化育人体系,实施职业素养教育,致力于创新"三融入、四融合、五设计"的人才培养机制。

(三) 队伍保障一体化:层级协同,责任机制优化

明确各部门及全体教职工的育人职责和使命,充分调动各部门和专业教师的积极性,优化学生管理队伍配置,保证政教工作队伍建设。二级学院层面实行院长、党总支书记"双负责人制",加强二级学院班子建设,确保党组织在二级学院人才培养中的领导协调作用。学生管理干部层面,实行交叉任职,党总支书记兼任二级学院副院长,专职辅导员兼任年级组长,专任教师兼任班主任,有效统筹、协调二级学院教学、管理、服务等工作,完善二级学院全员育人工作体系建设。

基层学生组织中,成立一批由学生党员和退伍军人组成的自治组

织，如文明督察队、迷彩先锋社、学生助理岗等，进一步提升学生参与学校管理的意识，增强学生自我教育、自我管理的能力。由此提供有机整合、协同的学生主体队伍保障。

（四）教育环境一体化：部门协同，沟通机制优化

微观层面，构建大政教格局，成立教育教学一体化育人机构。在学校层面牢固树立学生工作"一盘棋"的思想，奠定"三全育人"环境基础。完善校、院、班级、宿舍四级学生管理工作体系，以及科学规范的管理制度体系、考评体系和学生组织自我管理体系。中观层面，全面深化推进"三全育人"工作。二级学院推出具有各自特色的一体化育人项目和思政教育项目，建设"一院一品一景"，充分发挥全体教师主人翁精神，积极形成共建共治共享的育人格局，形成教育育人、管理育人、服务育人的良好氛围和工作格局。

宏观层面，学校有机整合来自学校、家庭、社会的"三位一体"大学生政教力量。

（五）危机干预与预警一体化：安全协同，和谐机制优化

大学生心理危机预防教育刻不容缓，学校需要采取多种方式预防，如建立心理危机预防与干预体系，形成"宿舍心理信息员+班级心理委员+院系辅导员+校级心理咨询师"四级联络机制，充分发挥心理健康教育队伍的合力作用。在教师层面，建立"专职教师+兼职心理教师（辅导员/班主任）"负责机制；在学生干部队伍中，组建"心理协会成员+班级/宿舍心理信息员"小组，充分发挥学生组织作用，不仅能推进心理危机干预体系的建设，还能促进心理健康教育工作的落实，理顺心理健康教育的工作架构，形成聚力，解决以往心理健康教育工作力量单薄的问题。

整合教育资源，充分发挥"自助+互助+他助"育人新途径的作用，科学帮助学生完善个性品质。学院心理协会牵头，联合各二级学院心理信息部、班级心理信息员、宿舍心理信息员，形成了一支强有力的朋辈心理辅导员队伍。

总体来说，民办高职学生管理是一项集方向性、理论性、政策性、专业性、实践性于一体的育人工作。因此，加快构建"三全育人"视域下"五位一体"的学生管理模式在坚持社会主义办学方向、全面落实党的教育方针、保障民办高职院校良性发展中是重中之重。民办高职学生管理队伍建设要因事而化、因时而进、因势而新，既在传承中发展，又在守正中创新，为培养高素质技术技能人才提供坚实保障。

第九章

新时代民办高职院校的学生管理路径创新

"育才之本,学工为基。"对大学生进行全面系统的教育,不仅要传授专业知识、基本技能、职业素养等,还有一个重要的内容就是通过科学理论对学生进行思想教育,做好学生的综合素质培养、成长发展指导和学生事务管理,这样才能推动青年大学生的素质全面提高,促进他们健康成长,而这无一不与高校的学生工作紧密相连。就目前来看,大部分的民办高职院校学生工作管理与公办院校模式雷同,机制体系缺少个性,同时面临生源特征差异性和"00后"学生个性化挑战等问题。因此,推动民办高职院校教育改革势在必行,尤其是在学生管理方面。在此背景下,无锡南洋职业技术学院作为新时代民办高职院校学生管理工作方面硕果累累的佼佼者,其实绩遥遥领先。因此本章将结合无锡南洋职业技术学院在学生管理路径的具体实践,分别从党性修养教育、思想政治教育、辅导员工作课程化改革、学风环境建设培育、心理健康教育、就业创业教育、学生社区管理、学生骨干培养8个方面展开具体的论述,以期为学生管理工作体系方面带来一些启发。

第一节 "四联四合"协同育人,在加强党性修养中筑牢信仰之基

学生党建工作是一项系统工程,要做好学生党建工作,就必须积极探索学生党建工作的新思路、新途径,增强责任感、使命感,多方

面结合，形成合力，这样才能完成为国家培养适应新时代发展要求的高素质技术技能人才和社会主义事业的可靠接班人的历史使命，开创大学生党建工作的新局面。加强高职院校学生党建工作机制建设，切实发挥学生党建工作在学生思想政治教育工作中的龙头作用，对提高学校的教育质量具有重要的引领价值。学生党性修养教育工作是高职院校学生工作的重要组成部分，是新形势下加强高职院校学生思想政治工作的主要内容和有效途径。

为深入贯彻新时代党的建设总要求和新时代党的组织路线，全面贯彻党的教育方针，落实立德树人根本任务，强化基层党员的宗旨意识，发挥基层党员的先锋模范和战斗堡垒作用，根据学生思想政治教育工作的需要，学院将行政机关基层党员充实到学生工作一线，定向联系负责一个班级，担任大学生思想政治教育导师，即把基层党支部教育管理资源和思想政治教育工作有机结合，形成有效的协同效应，深度聚焦党建与育人在功能、机制、力量和载体上的"四联四合"，扎实推进立德树人与高质量党建融合创新。

一、党建与育人双向建构

（一）创新形式、形成特色

行政机关支部负责落实"四联四合"协同育人模式。每位支部党员通过联系一位辅导员（班主任）、一个班级、一个宿舍、一名学生，合上一门主题班会课，共创一个优良学风班，共融一间学生宿舍，合帮一名学生，形成学生工作"多力和合"良好局面，彰显一体化育人特色成效。

（二）丰富内容、彰显成效

基层党员积极参与和协助辅导员、班主任开展大学生思想政治教育研究，掌握学生思想动态，共同研究和解决学生管理中存在的问题和难点。参与到大学生思想政治教育的具体工作中，指导班级争创优良学生示范班；协助开展思想政治主题教育，开展一门主题班会课或一次实践活动等；深入学生公寓，融入一间宿舍，关心了解学生生活；帮扶一名学生，助力学生健康成长。

（三）完善机制、提升质量

在学院党委的领导下，"四联四合"由行政机关支部党员和二级学院党总支共同协调组织。实行"台账式"管理，由支部党员、二级学院辅导员（班主任）、学生干部共同签订聘任期思想政治教育目标、任务等。实行定期考核和学生评价的动态管理，建立和完善考核奖惩体系。

二、党建与育人主题深化

（一）秉承"大思政"情怀，推动党建与育人功能联合

根据中共中央、国务院《关于加强和改进新形势下高校思想政治工作的意见》中提出的坚持全员全过程全方位育人的要求，以及把立德树人作为根本任务，把思想政治工作贯穿教育教学全过程，把思想价值引领贯穿教育教学各环节，形成教书育人、管理育人、服务育人的长效机制，学院制定了《无锡南洋职业技术学院思想政治导师项目实施方案》，提出以"四联四合"协同育人模式，完善党建与机关业务工作顶层设计，推动党史学习教育与提升党性修养和日常工作结合，充分发挥基层党组织和党员作用，实现党建成果、业务荣誉和育人成效高度匹配。

（二）健全基层组织建设，推动党建与育人机制联合

贯彻落实《中国共产党普通高等学校基层组织工作条例》，由党建引领思想政治工作，以"四联四合"协同育人模式深入学生一线，构筑学院高质量党建工作体系，推动中国特色社会主义思想政治教育工作在学院深入发展，加强服务构建思政教育新格局。同时，通过"四联四合"协同教育打造思想政治教育常态化机制，推进基层党建工作和党史学习教育，深化"四史"教育，以教育实践为手段，深入探讨研究中国特色思政教育工作，加强党组织对学院教育工作的全面领导，全面提升学院教育服务能力，构筑新时代思想政治教育高质量发展。

(三)构建一体化育人机制,推动党建与育人力量联合

"四联四合"协同育人模式加深了党员教育管理者与辅导员的沟通,两者互相借鉴教育策略和教育方法,将思想政治工作融入平时的学生教育工作中,充分发挥党的教育方针的指导价值,这有助于辅导员更好地总结教育工作的方式方法。科学的教育方式能够促进学生成长,同时不断提升教师的工作能力。学院每月针对辅导员安排谈心谈话,组织党员辅导员深入班级、学生宿舍、党员工作站指导,坚持每月一次组织生活。党员教育管理者参加二级学院学工例会,参与学生主题班会,参加劳动教育,与辅导员相互沟通,与对接班级的班长、班干谈心谈话,了解学习生活情况,协助其做好班级管理和宿舍管理工作。

(四)整合平台抓手,推动党建与育人载体联合

"四联四合"协同育人模式以立德树人为根本,旨在为学生创造良好的学习氛围,树立正确的价值观,推动党史学习教育与教学深度融合;帮助学生明确学习目标,解决实际问题和困难,增强学生的学习动力和信心;通过为学生提供多方面的思想政治指引服务,树立良好的学校政治教育风气;注重发挥思想政治教育的实效性,促进学校党组织的建设发展。在"四联四合"中形成常态化沟通机制,定期开展辅导员、班级、宿舍和重点帮扶学生的思想政治教育课程,加强与班级、宿舍和帮扶对象的沟通。带动学生参与党建学习党史,树立牢固价值观。

三、党建与育人突围超越

实践证明,党建与业务"四联四合"是破除"党建、业务两张皮"的关键所在,是强化党建统领,提高党的领导力、组织力的重要抓手,是推进使命引领型党组织建设的杠杆举措,为将学校建设成为国内知名、省内领先样板校提供了坚强的思想保证、政治保证、组织保证。

(一)确立"四联四合"原则,形成源源不断的内生动力

坚持功能融合,厚植"大思政"情怀及一体化教育教学内涵式发展理念。坚持机制融合，将党组织形态与思想政治教育形态相融合，构建主动适应战略迭代、引领模式转型的组织结构。坚持力量融合，发挥机关基层党员党建、业务"双融合"作用，促进抓党建与抓业务有机融合、同频共振。坚持载体融合，提高围绕中心抓党建的实效性，打造多力合和组织文化。

（二）建立党建考评体系，激发全员全过程创新动力

以高质量党建引领立德树人为导向构建基层党建考评体系，注重自查与互查相结合、目标考核与学习交流相结合、总结经验与督促整改相结合，在民主评议党员中贯通育人成效和高质量指标发展综合绩效评价方式，形成从发展看党建、从问题评党建、用实效考党建工作格局。

（三）树立"四联四合"标杆，凝聚最广泛的发展合力

发挥样板党支部的引领辐射作用，及时从丰富的基层实践中总结党建与业务深度融合规律，凝练样板党支部和先锋党员典型做法、先进事迹、精神风范，形成一批可复制、可推广的路径举措和方式办法，通过交流分享、宣传宣讲等形式，营造崇尚先进，比、学、赶、超的良好氛围，形成争相担当作为、竞相建功立业的良好风尚。

无锡南洋职业技术学院"四联四合"协同育人模式取得了阶段性的可喜成果，更加证实了党的教育方针的正确性和学校教育工作实施的有效性。通过"四联四合"协同育人模式，党员教育管理者深入一线学生群体，建立网格化教育工作模式，由教师指导促进学生自助，相互学习成长，重点带动一个人一个宿舍，使其起到学习道路上的表率作用，从而带动班集体乃至校园整体学习风气高涨，证实"四联四合"协同育人模式是切实可行、科学有效的教育策略。

第二节 "五维素养"价值引领，在慎思铸魂中培养时代新人

思想政治教育是社会或社会群体用一定的思想观念、政治观点、道德规范，对其成员施加有目的、有计划、有组织的影响，使他们形

成一定社会、一定阶级所需要的思想品德的社会实践活动。其中，思想教育是形成学生一定的世界观、人生观的教育；政治教育则是形成学生一定的政治观念、信念和政治信仰的教育。

高职院校以中国特色社会主义共同理想信念教育为核心，以爱国主义教育为重点，以基本道德规范为基础，以全面发展为目标，全方位开展思想政治教育；把马克思主义中国化的最新理论成果、中国特色社会主义理论体系和中国梦的基本内容、社会主义核心价值观的基本要求融入教育教学全过程，帮助学生树立科学的世界观、人生观和价值观；使大学生正确认识国家的前途命运，认识自己的社会责任，确立在中国共产党领导下走中国特色社会主义道路，实现中华民族伟大复兴的共同理想和坚定信念；积极引导大学生不断追求更高的目标，使他们中的先进分子树立共产主义的远大理想，确立马克思主义的坚定信念。

一、"五维素养"的工作理念

学生工作紧紧围绕落实立德树人的根本任务，依托学院职业素养教育，结合学生知易行难的特点，创新培养模式，着力构建一体化育人体系，积极推进全员全过程全方位育人，在人才培养中重视学生的主体地位，积极打造以提升学生基础文明素养为核心的"五维素养"教育模式，以优良学风促进学生素质的综合完善，实现学生工作与学院人才培养目标的有效衔接，培养高素质"职业人"。

二、"五维素养"的工作内容

"五维素养"教育模式旨在通过职业素养养成，积极推动每一位青年学生自觉以习近平总书记勉励的"爱国、励志、求真、力行"为成长总要求，同时构建"三全育人"体系，在价值、文化、身心、品行、生活5个不同的维度将学生基本素养培养内容分解成一项项成长计划（图9-1），发挥教育教学一体化育人作用，引导学生参与不同阶段的职业素养养成行动计划，以实际行动践行社会主义核心价值观，并外化于行，提升综合素养，形成良好的职业态度、职业规范、职业道德、职业精神，努力成为具有家国情怀和社会担当的高素质、高技能，即德、智、体、美、劳全面发展的社会主义事业的建设者和接班人。

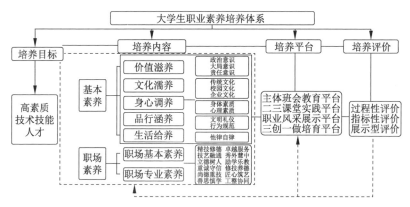

图 9-1　大学生职业素养培养体系

三、"五维素养"的工作模式

学生"五维素养"教育模式的设计循环递推，相互作用，相互促进。递推思想，就是把一个复杂的庞大的教育过程转化为简单过程的多次重复，从入学教育直至大学毕业，这种从"起点"重复相同的方法直至到达一定"边界"，即从"他律"到"自律"的教育方式，利用了学工队伍尽心尽责和诲人不倦的情怀特点。递推的本质是按"五维素养"教育模式（图 9-2）逐步培养出一批批高素质人才。

图 9-2　"五维素养"教育模式模型

四、"五维素养"的工作路径

（一）价值滋养

达成愿景：坚定信念、爱国爱校、团结友爱。

深入学习贯彻全国教育大会和全国高校思想政治工作会议精神，切实提高政治站位，牢牢把握立德树人根本任务，强化"大思政"理念，着力构建一体化育人体系，积极推进全员全过程全方位育人。

1. 党建"三延伸"

以党建引领学生思想政治工作，促进学院党建与思想政治教育不断融合、不断创新，推动党建工作"三延伸"，即延伸到学生宿舍、延伸到实习企业、延伸到生活社区，开创学院学生思想政治教育的新局面，夯实思想政治教育基础，帮助学生树立正确的政治意识，促进大学生全面发展。

2. 思政"进五堂"

为了更好地推进大学生思想政治教育，有效指导大学生健康成长，开展思想政治教育贯穿教育教学全方位"进五堂"活动，引导学生健康成长成才，我们构建了思想政治教育20个主题，编写了读本，以每周日晚的"主题班会日"活动进行班级课堂教育，并将其作为思政课最有效的补充。开展学生公寓第二课堂活动，党团进宿舍，设学生公寓党员工作站，学生党员和学生干部亮身份、当先锋、作示范，并开展以社会主义核心价值观为主题的宿舍文化评比及内务比拼等活动，延伸课堂思想政治教育。加强社团社会课堂建设，实行社团导师负责制，建设学生素质教育的阵地，组织开展青年志愿者活动、假期三下乡社会实践、蓝天公益组织社会实践等，提升学生的社会责任感。开办企业讲堂，在学生顶岗实习阶段，在企业开展劳模精神讲座、企业文化讲座、职业导师职场讲座并进行岗位创新、敬业等实习评比表彰，营造良好的职场氛围，使学生树立成熟的职业意识定位。在学生食堂营造文明城市创建氛围，宣传社会主义核心价值观，并重点提倡勤俭节约、艰苦奋斗。

(二) 文化濡养

达成愿景：志存高远、诚实守信、精益求精。

"以文化人"是新的历史条件下，习近平总书记为培育和践行社会主义核心价值观提出的新要求。坚持"以文化人"，培育社会主义核心价值观，能够达到滋养人、教育人、锻炼人的目的。

1. 特色寝室文化

寓教育于生活的寝室主题文化建设，有利于促进学生文明素养和良好寝室学风的形成。打造具有革命教育色彩的"红色公寓"，强调爱国、爱党、爱校的"三爱"红色文化。在公寓中设立"巾帼先锋楼""三先"榜样。在寝室文化建设中融入社会主义核心价值观元素、专业元素，建设"公寓工作站阅览室"，鼓励学生将读书变成生活习惯。

2. 品牌校园文化

坚持"抓方向、抓特色、抓品牌、抓形象"的校园文化建设，倾力打造品牌活动，以提高学生人文素养为突破口，将中华传统文化融入教育教学过程中，构建"业、艺、趣"的校园文化培育体系，引导学生践行社会主义核心价值观，强化学风引导，使学生在参加活动的过程中潜移默化地受到影响。开展"一二·九"革命歌曲大合唱、职业风采展、五四文化艺术节等与人文、专业相关的系列活动，全面锻炼学生的综合能力。

(三) 身心调养

达成愿景：心理和谐、内外协调、健康向上。

近年来，大学生心理健康问题已受到社会各界的普遍关注，校园危机事件时有发生。人格是一个人的才智、情绪、愿望、价值观和习惯的行为方式的有机整合，人格缺陷是损害个体心理健康的重要因素，如何培养健全人格需要不断探索研究。

1. "四季育心"养德

学院一直高度重视心理健康教育工作，始终致力于把心理健康教育贯穿教育教学工作的方方面面，构建了"四季育心"心理健康教育体系。坚持每月一主题，学生每月受教育面达100%。通过心理健康教育、竞赛、活动，既普及了心理健康知识，提高了全体学生的心理素质，培养了他们积极乐观、健康向上的心理品质，又充分开发了他们的心理潜能，促进了学生身心和谐可持续发展。

2."四阶"培养塑能

"四阶"培养主要根据高职学生在校期间不同时间段的特点开展。

入学教育阶段，以感知教育为重点。引导学生明确目标和进步的方向，从刚入校开始就明确学习目标，形成良好的学习风气，端正学习态度。入学后的军事训练环节，不仅能使学生锻炼体魄、磨炼意志、加强组织纪律性，而且学院将"军训进行到底"，邀请退役军人敦促学生进行晨练、晨跑、晨训，有利于增强其身体素质和团队组织纪律性。

专业学习阶段，以职业规划素养训练为重点。开展职业生涯大赛，帮助学生树立正确的成才观、就业观和职业价值观，使其以科学的态度规划自己的职业生涯，建立完整、合理的职业发展规划，实现自己的职业梦。组织创新创业大赛，促进学生提升创新精神、创新意识、创造能力。

顶岗实习阶段，以工作价值观教育为重点。充分发挥企业育人作用、职业导师的言传身教作用，培养学生敬业乐业的精神、认真踏实的工作态度。

毕业阶段，以感恩教育为重点。通过开展毕业嘉年华活动，创新毕业生主题教育形式，丰富毕业生教育内涵，体现学院特色，彰显感恩情怀，营造毕业生感恩母校、珍惜友谊的良好氛围。

（四）品行涵养

达成愿景：品行端正、严于律己、敬业乐业。

立德为先，修身为本，这是人才成长的基本逻辑。习近平总书记强调"要在加强品德修养上下功夫",要把"品德修养"作为社会主义事业的建设者和接班人的基本素质。为此,学院制定了"学生职业品行规范",从细微处入手,在小事中践行。

1. 行为要求

"学生职业品行规范",是学院学生工作特色内容,也是学生管理的有效手段,更是养成职业素养的有效方式。具体体现为制定校园文明礼仪16条、日常行为"两规范一禁令"、课堂管理"三大纪律、五项要求"。基础文明修养的重点工作是纠正校园内发生在学生身边的不文明行为,通过制度化的管理,强化学生的纪律意识,培养学生良好的生活习惯、学习习惯,养成文明高雅的个人品质和行为规范。

2. 典型教育

通过优秀退役士兵、优秀学生报告会、示范班评选、先进事迹访谈会等,以"榜样的力量"发挥朋辈影响作用,激励学生奋发向上、坚定前行。通过发挥榜样力量,鼓励学生树立远大目标,努力提高自身素质,在比、学、赶、帮、超中带动学生快速成长。

(五) 生活给养

达成愿景:自我教育、自我管理、自我激励、自我提高。

经过不断思考、创新、探索,学生工作逐步回归教育的原点——"生活即教育"。学院努力还原学生自主自我管理的主体地位,提升学生在个人与个人、个人与社会、个人与自然和谐共处方面的能力。

1. 学生自治

加强正面教育和自我教育,充分发挥广大学生的主观能动性,使其真正从思想上认识职业素养的重要性,从行动上增强提升文明素养的自觉性,发挥学生党员、学生干部的先锋模范和示范带动作用。因此,学院建立了宿舍自治体系(区长—楼长—层长—宿舍长)以及学生干部助理岗、校园文明督察岗等一批自律管理体系。通过对学生服务思维和管理行为的训练,培养学生思考、管理、协调能力,逐步形成自我教育、自我管理、自我激励、自我提高能力。

2. 学风自治

良好的学风是人才培养质量的保障，是学生工作取得进步的关键。基层班级学生工作实行年级组长（专职辅导员）—班主任（专任教师）—副班主任（学生助理）的三级联动机制，发挥辅导员的引导作用、班主任的导向作用和学生干部的示范作用。班风正则学风浓，把"抓班风促学风"作为学院学生工作的核心，开展"三创一做"，培养成员的集体荣誉感和班级凝聚力；加强对学生学习过程的管理和监督，规范早晚课及考勤制度，制定并实行学院《班级量化监测管理办法》，完善学生综合素质测评制度等学习机制，在潜移默化中培养学生自觉的学习习惯和良好的行为规范，使学生的学习由他律转化为自律。

五、"五维素养"的工作成效

（一）特色："他律自律"

"五维素养"教育模式的成功，关键在于建立了学生"他律自律"自治机制，引导学生坚持自我教育、自我管理、自我激励、自我提高。

学生自治机制建设是一个自下而上的系统工程。以学生党员、退伍军人、学生干部为骨干，学生自治组织为主体，各学生宿舍、各班级、各社团设立自律体系（小组），并设立三级劝诫制度，建立激励、内化、评价、示范四级机制，形成一种有效的学生自治机制。

（二）成效："四多四少"

在建立有效的学生自治机制后，学生基本素养养成教育得以真正落实，转变了他律与自律"两张皮"的现象，使学生最终从意识上升为习惯，学生综合素质明显提高，学生职业素养教育工作步入良性循环。学生遇见教师问声好多了，学生坚持每周义务劳动多了，学生公寓干净整洁多了，学生宿舍垃圾自带下楼多了，学生上课迟到少了，学生上课旷课少了，早餐带进教室几乎没有了，违纪受处分人数大幅减少了。

第三节 "课程化"辅导员工作，在立德树人中提供专业保障

一、辅导员工作课程化的内涵

辅导员工作课程化是指辅导员的"业务"转变为"课程"，即辅导员日常琐事转化为课程，并按照课程实施的要求和规律加以建设。教育部第43号令和其他文件表明，"辅导员是教育教学团队的重要组成部分"。辅导员工作课程化是科学、规范和系统地建立辅导员工作模式的有效方式，对进一步增强大学生政教的有效性，确保学校的稳定和有序，是一个重要、有效的组织制度保障，对实施一体化教育，切实落实政教十大任务，具有深远的意义。

（一）辅导员工作课程化的核心

新时代，辅导员的职责和责任更大。具体事务可以细分为思想政治引领、职业道德指导、心理健康教育、学业指导和帮扶、职业生涯规划和就业服务、团学活动、安全与稳定、奖励与贷款、日常事务、资料档案存管等，这些事务具有统筹性、一般性和概念化特征。在操作上具有规律性、重复性，在信息梳理上较容易形成知识体系，可以面向学生集体教育灌输。

（二）辅导员工作课程化的基本驱动力

以人为先，以生为本，以中国特色社会主义核心价值观为指导，全面提高人才培养质量。坚持落实立德树人根本任务，强化思想引领，强化全员协同，强化阵地融合，强化问题导向。工作者向教育者转变，以事为中心转变为以人为中心，由自上而下的行政管理转化为上下结合和学术兼容的课程模式。

（三）辅导员工作课程化的现实路径

坚持教育教学一体化育人，具体为第一课堂和第二课堂互融衔接，教师与辅导员相辅相成，技术技能的传授与职业道德的培养有机统一，专业教学与政教和谐统一，教学观念和教育观念统一。要实现教育教学各环节协同育人，就需针对不断变化的学生特点和学生需

求,把握学情,以问题为导向,分析和研究学生所想、所感、所惑,抓住以学生为本这一原则,提升教学的亲和力与针对性,实现思想价值引领课堂教学全程的目标,使课程育人"切实管用"。

二、辅导员工作课程化的原则

(一)政治性原则:坚持正确的政治方向

坚持正确的办学政治方向,有利于全面落实立德树人根本任务。"才者,德之资也;德者,才之帅也。"人无德不立,育人的根本在于立德,实现全员育人、全程育人、全方位育人。在整个教育教学过程中开展思想政治工作,坚持培育和提升社会主义核心价值观。目前的辅导员工作课程和对习近平新时代中国特色社会主义思想的研究和实施以及党的二十大精神密切相关,有利于更好地运用党的创新理论武装大学生思想,形成正确的理论基础和政治素养。

(二)同向性原则:合目的性与合规律性

习近平总书记指出,要把握利用好主渠道——课堂教学主战场,面对变化的国内外环境,要及时加强改进思想政治理论课程。切实提高政教的及时性和针对性,满足学生成长发展的需要和期望,为其他课程保持良好的渠道。"相似性"意味着每个元素的目标和标准在价值目标中是一致的。辅导员工作课程平台的构建基本上是以学生为本,其出发点和立足点是学生。"符合性"是指高职院校以建立道德为目标,构建辅导员课程,遵循思想政治工作规律,遵循教育规则,遵循法律规范。

(三)求实性原则:因事而化,因时而进,因势而新

习近平总书记指出,思想政治工作从根本上讲是一项以人为本的工作,必须注重学生,关心学生,服务学生。不断提高学生的思想水平、政治觉悟、道德品质、文化素养,让学生成为具有能力和政治诚信的人才。中国特色社会主义建设进入了一个新的历史时期和关键时刻,对新时期高校对人才培养提出了更加严格的要求。具体而言,它将受到新使命、新征程和新趋势的激励,让协同育人在与时代同步中

"活"起来。

三、辅导员工作课程化的思路

(一) 辅导员工作课程化建设的基本思路

首先,梳理和总结辅导员在一体化育人背景下的工作,筛选主要内容。初步确定了30个主题(表9-1),并在学生和辅导员中征求意见,最终确定了最受学生欢迎和辅导员最需要进行教育的20个主题。其次,将20个主题集合,为不同类型的主题制定课程和实施大纲。集结辅导员力量和智慧,集中备课,打造精品课程,编制辅导员课程化教材,即时分享给全体辅导员学习,以提高辅导员的工作能力和水平,提高辅导员工作课程化的教育效果。

表9-1 辅导员工作课程化专题调查结果统计表

序号	主题内容	认同率 学生	认同率 老师	序号	主题内容	认同率 学生	认同率 老师
1	安全教育与自救知识	52.2%	92.0%	16	身心健康活动	33.5%	40.0%
2	创业指导	37.5%	48.0%	17	生命教育	35.3%	64.0%
3	感恩励志教育	25.2%	72.0%	18	时间管理	43.3%	84.0%
4	简历制作	39.7%	48.0%	19	时事政治教育	15.2%	44.0%
5	就业职业观	33.7%	32.0%	20	网络安全防诈骗	37.5%	64.0%
6	就业指导	51.0%	60.0%	21	网络文明教育	28.6%	64.0%
7	劳动实践	24.4%	32.0%	22	文明礼仪修养教育	51.7%	84.0%
8	恋爱情感教育	47.5%	76.0%	23	心理健康教育	49.3%	84.0%
9	面试技巧	42.7%	32.0%	24	学生手册与行为导引	11.8%	52.0%
10	企业文化认知	21.1%	24.0%	25	学业指导	27.5%	24.0%
11	情绪管理	52.4%	64.0%	26	职业生涯规划	56.7%	68.0%
12	人际关系交往	70.7%	88.0%	27	志愿服务	28.9%	28.0%
13	入党程序介绍	20.1%	64.0%	28	专业导入学习	31.3%	48.0%
14	入学适应教育	24.6%	68.0%	29	自我认知与定位	40.5%	64.0%
15	社会实践指导	29.4%	32.0%	30	自我心理调适方法	35.0%	72.0%

（二）辅导员工作课程化建设体系

无锡南洋职业技术学院以职业素养为指导，坚持一体化育人。坚持以学生为本的理念，注重学生素养和能力培养的全过程，通过对教育教学质量的评价，检验辅导员课程建设的实施效果。在综合教育的背景下，遵循课程建设的多样性、相关性、有效性和促进原则，将思想政治理论与综合素养教育相结合，把辅导员思想政治工作分为引领、浸润、深化、拓展等四大功能；把辅导员工作课程分为形势与政策、理想信念、科学思维和方法、职业素养教育等四大体系（表9-2）。让学生在不同的课程体验中加深对人才培养的理解和整合，提高他们的应用技能和专业水平。

表 9-2　辅导员工作课程化建设体系

课程类别	功能定位	建设重点
形势与政策	引领	政教相关课程
理想信念	浸润	通识教育课程
科学思维和方法	深化	意识形态实践教育
职业素养	拓展	习惯养成准职业人

（三）辅导员工作课程化建设特色

1. 创新第一课堂和第二课堂，协调人才，有利于人才培养的质量提升

第一课堂是教育和教学的主要渠道。第二课堂是指在第一课堂外进行的一系列公开活动，以丰富的资源和宽阔的空间为载体，它是高校个性化发展和学生综合素质提升的重要平台。两大课堂构成了高校的教育教学体系。第一课堂和第二课堂都以协同育人理念为指导，围绕教育人的基本任务进行。第二课堂的教育理念和"学习"教育理念直接反映了目标的一致性。辅导员是大学生第二课堂的重要参与者。协同育人效应强调系统内驱力，即在外力的推动下子系统产生协同作用，实现从无序到有序的稳定转变。对于第一堂课与第二课堂协同育人而言，正确的理念便是协同外力，要求学生将理论知识与实践

相结合，把专业知识学习和职业素养养成有机结合起来，把技术技能的传授与职业道德的培养有机统一，推动高校教育、管理、服务等一体化育人工作，提高教育工作者的工作效率和效益，提高高校人才培养质量。

2. 创新高校辅导员的工作模式和政教路径，有利于提高政教质量

首先，辅导员在高校中具有教师和学生管理者双重身份，但事实上，辅导员往往偏向于学生管理者，在教育教学方面，辅导员的教师身份在很大程度上被削弱了。通过辅导员工作课程化建设，辅导员教师的作用得到了加强。其次，高校现状是大多数辅导员在学生管理工作中疲于奔命，每天应付着学生管理各项口子布置的任务，没有一个规范的职业化发展平台给予支持。通过规范和整合辅导员工作内容，具体化辅导员课程化内容，为辅导员梳理工作内容和流程，发掘辅导员的个性特长和专业爱好，引导辅导员往一个专业领域不断提升，为辅导员提供专业的咨询发展平台。

四、辅导员工作课程化的路径

（一）树立思想政治育人新理念

思想是行动的先行者。首先，辅导员工作课程化是从教学的角度衡量辅导员的工作，并以教学的形式为辅导员的日常工作开辟一条新的途径，它极大地增强并有效地落实了辅导员的工作标准和责任。其次，辅导员工作课程化可以帮助辅导员整合和优化工作，帮助辅导员在专业方面的发展。最后，随着教育改革的不断深入，面对当前经济、社会和学生的新发展，推进辅导员工作课程化，加强辅导员队伍建设，有利于提高大学生政教实效。

（二）构建政教课程新体系

思政教育是宏观和微观相互结合的，它既系统又复杂。要坚持以立德树人为中心，在教育教学的全过程中实施"三全育人"。辅导员工作课程化的实施有助于构建全面的职业教育政教体系。在过去的政

教工作中，教育和教学脱节，辅导员很难有时间更新和丰富他们的政教观念和经验，导致辅导员缺乏全面的政教知识，这对其政教的质量造成了不良影响。课程模式的实施不仅将辅导员的工作作为一门课程，知识体系的建立也使辅导员的思想工作得以在强有力的监督和指导下进行，对于学生的政教可以说更为有效。

（三）搭建辅导员工作课程化的新载体

为辅导员创造新的工作方式可以提高高校政教的有效性。过去，这是繁忙的琐碎工作，导致辅导员不仅没有时间也没有额外的精力去做学生的思想教育工作，这对学生政教的效果影响很大。探索辅导员工作课程化，有利于辅导员工作创新和辅导员思想政治工作标准、内容和目标的建立，有利于促进辅导员政教工作能力的提高，为高校政教工作提供了有力的教师保障。

（四）丰富辅导员工作课程化的新内涵

辅导员工作内容要统筹规划，并且要充分考虑社会需求和学生成长需要。

首先，可以对学生日常的思想和行为引导工作进行系统的整合，整合后再进行分类，可以根据学生的年级、专业群、教育教学进行分类，使学生在大学期间的每个阶段，在获取理论和技术知识的同时，在思想、道德和综合素质方面也有所提高。其次，大学期间是人成熟和发展的重要阶段，大学生逐渐学习社会生活经验，增强自我认识能力，丰富个人情感意识。在这个时期，学生形成良好的道德和情感意识，对未来的工作和生活具有重要的指导作用。

（五）彰显思想政治工作育人新高度

面对新时代立德树人新格局，从之前研究成果来看，目前高校对"辅导员工作课程化"的研究仍处于前期发展阶段，尽管现有的研究在一定程度上为本科高校"辅导员工作课程化"奠定了理论基础，但大部分学者注重从政教的角度和辅导员队伍能力及课程体系方面进行全面分析和研究。针对新时期、新经济、新产业、新业态对高职院校技术技能人才培养提出的要求，学院就教育教学一体化育人背景下辅导员工作课程化进行了深入细致的研究，经过近两年的探索实践，编制了20个辅导员工作课程化主题，取得了一定的实践成果，也逐步探索出了一条解决教育教学过程中人才培养"两张皮"问题的道路。我们坚持把立德树人作为中心环节，把新时期新思想政治工作贯穿教育教学全过程，从一体化育人视角入手，构建了一体化育人背景下辅导员工作课程化新型体系。

第四节 "三创一做"学风建设，在博学固本中激活成长动力

一、民办高职院校学风建设现状与问题

第一，学生学习动力不足。民办高职院校的学生对"民办"两字很敏感，同本科批次的独立学院甚至是公办高职院校的学生相比，他们自信心不足。在这种情况下，大部分学生虽然能够正视现实，努力向上，但也有部分学生不能正确处理学习与成才的关系，学习缺乏动力。

第二，学生学习态度不端正。部分学生缺乏理想和目标，认为接受学校的教育是为了"混"张文凭"装点门面"，对于学习成绩听之任之，出现经常逃课、沉迷游戏现象。

第三，学生学习纪律松懈，作风疲沓。民办高职院校学生学习纪律松懈，主要表现在部分学生上课迟到、早退，自习缺席，无故旷课，上课睡觉的现象比较严重；有的抄袭作业，考试时抱着侥幸心理，作弊现象时有发生，严重影响和破坏了校园学习风气。

二、民办高职院校学风建设的必要性与紧迫性

一是加强和改进大学生思想政治教育的需要。《关于进一步加强和改进大学生思想政治教育的意见》指出，加强和改进大学生思想政治教育的主要任务之一是："以大学生全面发展为目标，深入进行素质教育，促进大学生思想道德素质、科学文化素质和健康素质协调发展，引导大学生勤于学习、善于创造、甘于奉献，成为有理想、有

道德、有文化、有纪律的社会主义新人。"加强学风建设是学生思想政治教育的一个重要切入点,只要抓住学风建设这个关键不放,思想政治教育就一定会取得成效。

二是民办高职院校生存和发展的需要。高等学校的生存和发展,主要取决于高校的社会声誉和社会地位,而高校社会声誉和社会地位的取得有多方面的因素,人才培养的质量是其中相当重要的一个标志。学风建设作为高校自身建设的一个很重要的方面,直接影响到学生的知识文化素质和思想道德素质,影响到学校所培养的人才质量,最终将影响到学校在市场经济中的竞争能力。民办高职院校作为我国高等教育改革发展过程中的新生事物,更要把抓好教学质量作为自身可持续发展的重点。

三是促进学生成长成才的需要。学风建设既是学校育人的需要,也是学生成才的需要。一名大学生,自觉养成良好的学习习惯,无论是对当前的学习,还是对今后的成长与发展都是至关重要的。民办高职院校的学生毕业后能否顺利就业,能否在激烈的就业竞争中争取主动,关键要看其是否真正掌握了现代科学知识及其实践运用能力。大学阶段是一个人养成科学的思维方式、全面提高综合素质和能力的主要时期,也是一个人形成正确的世界观、人生观、价值观,树立远大理想的关键时期,而所有这些个人品德才能的培养,都贯穿于良好的学风之中。

在这方面,无锡南洋职业技术学院的学风环境建设可以被当作典型案例进行分析。

三、"三创一做"学风建设的主要做法

(一)实施"优良学风示范班"工程,创优良学习风气

根据《无锡南洋职业技术学院关于加强学风建设的指导意见》,学院以优良学风班创建为引领,旨在加强基层班级建设,发挥班级在学风建设中的堡垒和纽带作用。从2017年10月开始,通过宣传申报、创建实施、总结展示3个阶段,至2019年6月,全院6个二级

学院78个班级通过班级自评、院系测评、学院复核，最终56个班级被评为"优良学风班"，其中16个班级被学院授予"优良学风示范班"称号。可以说，"优良学风班"的创建评选工作，大大促进了学院的学风建设工作，为学院学风建设长效机制打下了坚实的基础。

（二）实施"文明宿舍"工程，创文明健康环境

健全学生公寓管理体系，丰富学生公寓文化活动，开展学生"四自管理"，学生思想政治工作延伸至学生公寓。通过党员工作站建设，宿舍文化活动，文明宿舍创建，寝室长培训，内务比拼，叠被子大赛，以及推动无烟宿舍示范点、红色公寓、星级宿舍建设等活动，全面提升宿舍文化内涵，推动宿舍精神文明建设，提高学生文明修养，涵养学生以寝为家的情怀，丰富校园文化生活，促进管理育人、服务育人、文化育人、环境育人的学生工作落细落实。

（三）实施"校园文化品牌活动"工程，创多彩第二课堂

以学院品牌社团和特色活动为载体，广泛开展校园文化活动，注重一般活动的常态化、特色活动的个性化，并注重第二课堂建设及专业实践能力和人文素质综合提高。利用主题节日契机推动大型活动，在植树节之际组织学生参加滨湖区绿色环保植树活动，在清明节组织学生到无锡市烈士陵园进行祭扫。在五四青年节之际开展十字青春"红五月"系列活动，通过舞蹈大赛、健美操大赛、传统文化进校园、职业风采大赛、毕业嘉年华、校园徒步大赛、朗读经典、心理健康活动、青年大学习、社团评选、"亮团旗团徽，做优秀团员"主题活动、"一二•九"革命歌曲大合唱等活动进一步丰富和提升校园文化氛围。

（四）实施"基础文明建设"工程，做文明有礼南洋人

坚持以立德树人为根本任务，在贯彻职业素养过程中，更关注学生职业素养中的核心素养，在关注学生能力和品格的同时，更关注学生的"态度"。规范文明礼仪，制定"课堂两规范一禁令""三大纪律五项要求"。通过学生宿舍"四自管理"、宿舍内务卫生专项、校

园卫生专项、学生文明督察专项、退伍军人义务安全员专项等项目的有序开展，充分发挥教育管理服务和文化活动育人功能，深化文明校园建设。

四、"三创一做"学风建设的实践情况

（一）抓基层，强基础，扎实推进学生基层组织建设

学院学生基层组织建设包括以下几个方面：第一，加强制度建设，保证了学生基层组织建设。第二，加强思想政治教育，引领了学生基层组织建设。第三，加强学生学风建设，促进了学生基层组织建设。第四，加强学生日常行为管理，规范了学生基层组织建设。第五，加强学生骨干队伍建设，激发了学生基层组织活力。

（二）创特色，重实效，努力实现学生工作创新发展

首先，形成了具有无锡南洋学院一体化育人特色的学生基层组织建设机制，二级学院建立健全了具有自身特色的班级基层管理机制。

其次，绝大多数学生都能逐步养成自我学习、自我管理、自我服务的良好习惯；无故迟到、旷课现象逐步减少，到课率提高；逐步减少宿舍卫生、安全不合格现象，优秀率提高；学生逐步养成良好纪律意识和文明习惯，基本素养逐步提升。

最后，涌现出了一大批品德修养、文明礼仪良好，以及在校园文化组织、就业创业等职业素养方面获得极大发展的学生骨干。

（三）创新主题教育，彰显校园文化特色，提升文化育人成效

凝练校园文化主线，弘扬主旋律，弘扬正能量，营造寓教于乐的校园文化氛围。精心设计和组织开展内容丰富、形式新颖、吸引力强的思想政治、专业科技、文娱体育、志愿服务等方面的校园文化活动，形成具有南洋特色的校园文化成果和主题教育。各类主题教育近121项，主题覆盖面广，参与率高，成效明显。

五、"三创一做"学风建设的成果成效

当前以"95后""00后"为主体的学生群体的特点发生了很大变化，他们在思想认识、道德选择、价值取向等方面的独立性、多样

性、复杂性、差异性日益增强，这对大学生思想政治教育和学生管理工作形成了严峻的挑战。职业教育作为经济社会发展的重要基础，肩负着为社会和企业培养高素质、高技能、创新型人才的重任。

学院长期以来把学生职业素质培养摆在人才培养的重要位置，坚持以立德树人为根本任务，不断探索职业素质教育新路径。《高校思想政治工作质量提升工程实施纲要》提出，要以全面提高人才培养能力为关键，强化基础、突出重点、建立规范、落实责任，一体化构建内容完善、标准健全、运行科学、保障有力、成效显著的高校思想政治工作质量体系，形成全员全过程全方位育人格局。学院结合实际，对学生思想政治教育进行了思考，加大建设力度，明确提出了"三创一做"举措，明确了"教育教学一体化"工作思路，大力开展"职业素养铸造工程"，通过搭建多样的培养平台，大力提高立德树人能力，全面引导学生健康成长成才。将优良学风班建设、宿舍管理、校园文化活动概括为"三创一做"，即"创建优良学风班、创建文明宿舍、创建特色校园文化活动，做文明有礼南洋人"，覆盖面广、参与度高、影响力强。

经过长期建设，大力推行"三创一做"促进了学院"三全育人"能力的全面提升，育人成效显著。学生公寓党员工作站，获得江苏省教育系统基层党建"书记项目"立项，职业素养教育工作经验获中国民办教育协会专题报道，"12256"职业素养项目获评无锡市职业素养提升创新项目，"一体化育人"项目获评无锡市职业素养提升创新项目。近年来，学院获国家级创新创业奖3项，省级4项；在无锡市大中专院校创业能力大赛中获得一等奖5项，二等奖8项，三等奖11项；在第二届"闪亮的日子——青春该有的模样"大学生就业创业人物事迹征集活动中，学院杰出校友张宇同学的就业事迹获江苏省一等奖并入选教育部就业创业典型事迹。学习强国、《新华日报》、中国青年网、今日头条等媒体先后深度报道了学院学生工作。

第五节 "四季育心"健康教育,在成长成才中增强心理品质

一、"四季育心"健康教育的内涵特点

(一)特色背景

心理健康教育作为培养大学生良好心理品质的重要途径,应以培养和提高学生适应社会需求的能力为目标,以注重潜能开发、关注积极品质为理念,内容包括情绪调节、意志锻炼,以及乐观开朗、勇敢创造、理性平和、阳光自信等积极心理品质的培养等。

当前,高校中多为"95后""00后"的学生,其在适应社会和用人单位的过程中存在以下一些问题:适应能力较差、自我意识较强、意志力不足,以及耐挫能力有待提升等。这就需要高职院校重点培养心理品质良好的高素养职业人才。

无锡南洋职业技术学院的心理健康教育工作近年来围绕学生心理品质的养成开展,遵循学生身心发展规律,结合学生在不同时期、不同季节可能存在的普遍性问题,构建了"四季育心"的系统化心理健康教育体系,有效促进了学生良好心理品质的养成。

(二)特色思路

学院以"四季育心"为核心,科学设计"十大主题"教育内容,并将其列入人才培养方案,实施学分考核;以"五大载体"为依托,开展丰富多彩的"四季育心"文化活动;构建"四大平台"对接机制,共育心理品质良好的职业人才;做到"五方融合",发挥心理健康教育团队的聚力作用。

(三)特色成效

1. 弥补了目前高职院校心理健康教育的不足之处,提升了"育心"工作的时效性

我国大学生心理健康教育工作起步比较晚,在理论体系、教育内容和方式等方面与学生心理发展的需要脱节,缺乏系统性、针对性和实效性。无锡南洋学院心理健康教育构建的"四季育心"体系,有

效弥补了以上不足，不仅重点关注部分心理困难大学生的心理健康状态，同时开展了面向全体大学生的以提升学生心理品质为主，以支持型、发展型和应用型为特色的普及性、持续性心理健康教育。

2. 学生心理素质逐渐增强，职业素养逐步提升，形成了良好的"育心"氛围

全员全过程全方位的心理健康教育，营造了良好的"育心"氛围，教育活动内容丰富，集教育性与趣味性于一体，学生参与度高、互动性强。做到周周有活动，班班有活动；做到心理健康教育进企业、进广场、进班级、进公寓、进餐厅，有效提升了学生的环境适应能力、团队协作能力、时间管理能力等，促进了高职学生职业素养养成。

3. 注重总结研究，形成基于心理品质培养的"育心"读本和活动指导手册

无锡南洋学院不断完善基于心理品质培养的心理健康教育教材。由南京大学出版社出版的《高职学生心理健康教育读本》，集案例解读、知识传授、心理体验和行为训练于一体。另外，学院将心理健康教育活动方案汇编成指导手册，有利于全员育人，保证心理健康教育的全覆盖，切实提升学生心理素质，促进全面发展。

4. 人才培养质量逐年提升，深受家长和用人单位的好评

多年来，基于心理品质培养的心理健康教育已让团结协作、自信阳光、勇于创新等职业素养渗透到学生学习生活的方方面面。"育心"是一个潜移默化的过程，经调查，学生家长反馈学生的时间观念增强，解决问题的能力提升，文明礼仪基本素养养成，情绪管理能力提高等；用人单位反馈学生勇于创新、善于沟通、团队协作能力强等，对学院毕业生综合评价及满意率逐年提升。

二、"四季育心"健康教育的实施路径

（一）以"四季育心"为核心，构建科学的系统化"育心"体系

近年来，无锡南洋学院把心理健康教育列为必修课，在日常工作

中遵循学生心理困惑与季节对应的规律，在春、夏、秋、冬 4 个时段，以学生心理发展为主线，做到预防干预和发展教育并举，形成了以"四季育心"为核心的系统化"育心"体系。

秋季以"适应教育"为核心，开展"心理适应——良好的心理适应能力与培养"、"心'网'安全——健康的网络心理与培养"和"心灵归属——我在我班，我爱我班"团体心理辅导活动，提高学生的适应能力、表达能力、团队协作能力及创新意识等。

冬季以"生命教育"为核心，开展"心理距离——良好的人际交往能力与培养""心路护航——生命教育及自杀预防"活动，提升学生的沟通能力和交往能力，帮助学生建立正确的生命观、价值观等。

春季以"互助教育"为核心，开展"心理解密——完善的自我意识与培养""'心'职体验——健康的职业规划心理与培养"活动，培养学生感恩意识、自我意识，提升自我管理能力及时间管理能力等。

夏季以"成长教育"为核心，开展"心海波动——良好的情绪与管理""心心相悦——健康的性心理、恋爱与培养""心晴环保——健康的挫折心理与培养"活动，培养学生情绪表达和调节能力、耐挫能力及解决问题的能力等。

（二）以"五大载体"为依托，开展丰富多彩的校园"育心"文化活动

近年来，学院围绕"四季育心"，以"互助"和"自助"为主要途径，构建了"教材""活动""实践""竞赛""网络"五大载体。第一，以"教材"为载体，编制适合学生成长的教材，发放《心理健康知识学习手册》，摒弃重理论知识传授的特点，以学生心理特征为切入点，着重引导学生积极应对和解决问题，注重能力的培养。第二，以"活动"为载体，一月一主题，开展了"9.20 就爱您""12.5 要爱我""3.20 咱爱您""5.25 我爱我"等特色主题活

动,营造了"育心"活动进企业、进班级、进宿舍、进广场、进餐厅等全方位的"育心"氛围。第三,以"实践"为载体,提出每位学生每月必须参与一次"育心"活动,寒暑假必须参与社会实践活动,以促进学生行为上的训练和改变。第四,以"竞赛"为载体,开展了"宿舍心理嘉年华""心理趣味运动会""心理健康知识大比拼""心理主题班会大赛""团体心理辅导技能大赛"等。第五,以"网络"为载体,充分发挥互联网功能,通过学习通、公众号、微信群、QQ群等传达了适应能力、沟通能力、责任意识等个性品质特征,旨在引导学生自我教育。

(三)构建"四大平台"对接机制,共育心理素质高的职业人才

学院心理健康教育围绕"四季育心",构建"四大平台"对接机制,共同指向学生良好心理品质的养成。首先,心理健康教育中心负责规章制度建设,工作目标、理念、团队建设与管理、科学研究等,提升"育心"工作的实效性。其次,心理健康教育教研室负责课程的开发、完善以及授课,促进学生心理品质的发展。再次,心理咨询室负责完善咨询服务,提供案例研究,解决学生心理问题和完善学生个性品质。最后,企业心理工作辅导站,通过三师制,负责工学交替,以及实习期间对学弟学妹的心理建设、心理帮扶、心理调适等引导和帮扶,每年开展两期"工学归来话成长"的交流帮扶活动。

(四)做到"五方融合",发挥心理健康教育团队的聚力作用

近年来,学院心理健康教育围绕"四季育心",以培育良好心理素质为基点,充分发挥"教师、辅导员、家长、班级心理信息员、寝室长"的作用,做到五方融合,形成合力,分别在课堂上、学习上、生活中、班级里、宿舍内给予学生全方位的关心、关爱和帮扶,从不同层面发挥聚力作用,各司其职,帮助和促进学生良好心理品质的形成。

(五)打造朋辈品牌,注重寓教于乐,促进互助成长

学院大学生朋辈互助工程,以覆盖全体、人人受益、互助成长为

宗旨，通过朋辈互助、共同发展的模式，打造学生心理素质成长教育的品牌。

进企业、进班级、进寝室，朋辈互助队伍深入学生群体。学院设立了"心理信息部（6个）—班级心理委员（306名）—宿舍心理信息员（756名）"三级构架的朋辈互助队伍，心理健康教育工作的触角借助大学生朋辈互助队伍深入学生群体之中。

有团队、有培训、有发展，朋辈互助模式激励学生成长。大学生互助队伍由学院心理健康教育中心负责，纳入职业素质培养体系课程，每年有序开展10期30课时相关培训，坚持"先成长才能互助，在互助中继续成长"的管理理念，积极搭建发展平台。

三、"四季育心"健康教育的价值意蕴

第一，理念是方向。心理健康教育是潜移默化的过程，心理健康教育的宗旨是培养理性自信、阳光平和的大学生，四季模块，每月主题都要围绕学生成长成才服务体系，实施过程中，要不断地深化教育理念，保证心理健康教育的共同方向。

第二，考核是动力。为了促进比、学、赶、帮、超的工作，心理健康教育工作既要有理念的灌输，也要充分发挥考核的重要作用，保证工作的积极性，保障各项活动的水平和质量。

第三，队伍是润滑剂。在实施该项目的过程中，先理顺心理健康教育的队伍体系，形成了心理健康中心—各二级学院—各班级—各宿舍的工作条线，建立了"心理健康教育中心老师—各二级学院心理专员—各心理信息部干事—班级心理信息员—宿舍心理信息员"的工作队伍，使各项活动能够有序开展，同时确保心理健康教育活动的覆盖面。

学院心理健康教育立足民办高校实际，创新实践，长期积累形成了一定的工作特色，构建了"四季育心"的系统化心理健康教育体系，是学院立德树人和校园文化建设成果的集中体现：设计了具有生命力的"十大主题"教育内容，开发了具有感染力的"四季育心"

教育体系，构建了具有凝聚力的"四大平台"对接机制，建设了具有创造力的"五方融合"育人团队，具有独创性、时代性、开放性、实效性。

第六节 "六个融合"就业创业服务，在人才培养中实现优质就业

无锡南洋职业技术学院作为苏南地区第一所民办高职院校，在25年的办学实践中，坚守办好人民满意的教育底线，恪守"学成致用"的校训和"天道酬勤"的校风，以职业素养教育为核心，以教育教学一体化育人为平台，致力于培养敬业的职业人。学院在毕业生就业创业工作中，坚持立德树人，服务区域经济发展，强化职业素养引领，将就业创业教育融入学生思想政治教育和人才培养全过程，全力推进育训融合、"三线"融合、双证融合、政行企校融合、思创融合、赛创融合的"六个融合"就业创业服务模式建设，增强就业育人工作成效，促进毕业生充分就业和高质量就业。

一、"六个融合"就业创业服务模式

（一）育训融合，人才培养模式改革不断深化

守教育之初心，促职业人发展。为有效解决人才培养中学生职业品质和企业文化匹配的问题，学院致力于敬业职业人培养，聚焦学生"职业态度""职业规范""职业道德""敬业精神"，充分发挥职业素养对提振职业技能的内涵发展作用，发挥职业技能训练对职业素养培养的实力拓展作用，构建育训融合的"职业素养+职业能力"的双螺旋培养体系。与行业企业开展人才培养深度合作，深化专业集群建设，创新"现代学徒制""1+X"教育，实行"定向订单班""冠名班"人才培养，实现"双主体"合作育人。优化课程改革，完善"平台+模块"课程体系，在人才培养方案中专设职业素养教育模块和基本素养平台、专业素养平台、一体化育人平台。

(二)"三线"融合,人才培养质量不断提升

学院遵循人才社会需求规律和职业素养教育发展规律,整合教学工作、学生管理工作、行政管理工作三条战线的力量,解决教书与育人"两张皮"的问题,建立了教育教学一体化育人的平台。强化第一、第二、第三课堂融合度,深化第一课堂"德技并修"意识,大力落实第二课堂"以文化人"作用,积极推进第三课堂"工匠精神"宣传。使教学工作和学生管理工作相融合,实施教师、师傅、辅导员"三导师"联合机制,共同培育学生,形成开放协作育人新格局。加强"三方协同",做好教学工作、学生管理工作、行政管理工作的有机融合,教师教书育人、辅导员管理育人、行政人员服务育人有机融合,推动全员全过程全方位教育,把教育教学一体化育人落实落细。

(三)双证融合,提升毕业生就业核心竞争力

学院注重创新多元评价,标准引领,在人才培养体系里设计了学业学分和职业素养学分双考核制度,加强职业素质培养管理内容体系化建设,突出敬业职业人培养,提升就业核心竞争力。制定《无锡南洋职业技术学院职业素养教育学分管理办法》,探索学生德育、智育量化考核机制,注重过程管理;制定《无锡南洋职业技术学院职业素养教育专项活动实施计划及评价方案》,重点突出学生技能积累和职业素养提升,提升毕业生综合就业能力。毕业证和职业素养证书同时获得,旨在培养学生过硬的专业技术能力,同时还注重培养他们良好的道德品质、工匠精神和职业忠诚度,使毕业生更符合企业的需求。致力于使毕业生能够下得去、留得着、用得上、有职业素养、有敬业精神。

(四)政行企校融合,不断增强服务发展能力

为深入贯彻无锡市委市政府创新驱动发展核心战略和产业强市主导战略,学院与无锡市人力资源集团合作创建"才聚名企"校园服务平台,围绕专业集群,搭建政行企校合作平台,行业企业深度参与,针对性开展职业技能培训,提高学院毕业生就业能力并拓展就业

广度。学院采取"走出去、迎进来、强联合"的市场开拓模式，巩固原有就业市场，加强就业交流，拓宽就业渠道。定期举办具有一定规模的校园招聘会、专场招聘会及网络招聘会，努力拓宽毕业生就业渠道，扎实做好毕业生就业指导服务。

（五）思创融合，夯实立德树人根基

基于思政教育与就业创业教育协同，将社会主义核心价值观贯穿于双创教育。学院就业创业工作作为学院"一把手工程"，充分发挥党建引领作用。坚持社会主义核心价值观导向，构建工匠精神纳入机制，将工匠精神纳入人才培养体系中、学生价值观培养体系中，以及创新创业大赛平台建设中。强化职业素养教育，打造以学生为中心的"第二课堂"，重点推进"辅导员工作课程化"，开展"工匠精神报告会""社会实践"等，较好地将新时代工匠精神与就业创业素养培育融合。在"工学交替""新型学徒制"主题实践中，校企共塑学生就业创业素养，并在潜移默化中涵养其工匠精神。

（六）赛创融合，激发大学生创新创业热情

学院高度重视学生的就业创业教育，全面普及大学生职业规划知识，将就业、创业教育融入思政教育活动中，组织学生进行职业生涯规划大赛、简历制作大赛、创新创业大赛等，营造了校园良好的创新创业氛围。深入实施创业引领计划，通过创业大赛，拓展新业态就业空间，支持鼓励毕业生实现多元化就业，引导毕业生主动适应新业态、新用工方式。学院创业指导站孵化校内创业项目，"车工坊汽车养护中心""尚美礼仪队""电商营销""新文化传媒工作室"等，为学生提供了创业实践的机会。构建并完善"12345"就业创业工作模式，形成实践育人就业创业教育的新样板，毕业生自主创业比例上升65%。

二、"六个融合"就业创业效度评估

据江苏省教育厅印发的《省教育厅关于2022年全省高校毕业生就业工作量化督导情况的通报》，学院被评为2022年全省高校毕业生就业工作量化考核 A 等高校,并获通报表扬。这是学院自江苏省开展就业工作量化考核以来连续第三年获此殊荣。据统计,全省民办高职院校中仅 3 所被连续 3 年评为 A 等,学院是其中之一。

近年来,学院学生就业工作始终坚持以立德树人为根本,以服务区域经济发展为导向,以强化职业素养引领为标准,将学生就业指导工作融入学生思想政治教育和人才培养全过程,以全力提升毕业生就业工作质量。

(一)凝心聚力,形成协同推进的就业工作格局

通过年度目标考核机制,贯彻落实毕业生就业工作"一把手工程"。成立校院两级就业工作小组,专设学生就业指导中心,健全就创业工作组织机构,为就业工作顺利开展提供了组织保障。设立毕业生就业工作"提质增优"项目,完善就业工作评优机制,调动二级学院就业工作的积极性。

(二)整合资源,建立多样化的职业指导体系

学院高度重视学生的就业创业教育,将就业指导、创业教育、职业规划等纳入人才培养方案。出版《大学生职业发展与就业指导》校本教材;举办简历制作大赛,指导学生制作个人简历;开展模拟面试活动,讲授面试技巧,提高学生面试成功率;开设"企业讲堂",邀请企业与政府部门负责人来校开设讲座。此外,定期开展指导教师师资培训。目前,学院已有国家级职业指导师、"SYB 创业实训项目"指导教师、大学生职业规划指导教师等 50 余人。

(三)多管齐下,拓展多层次的毕业就业渠道

学院采取"走出去、迎进来、强联合"的市场开拓模式,巩固原有就业市场,加强就业交流,拓宽就业渠道。鼓励二级学院基于专业建设,开发校企合作项目。借力"江苏省 91job 智慧就业"搭建信息互通平台。大力开展线上、线下招聘会,为毕业生提供了 5000 多个就业岗位。

(四)职业素养,提升多维度的职业能力竞争力

创新标准,多元评价,注重引领,职业素质培养管理体系化,提

升就业核心竞争力。制定《无锡南洋职业技术学院职业素养教育学分管理办法》，探索学生德育、智育量化考核机制，注重过程管理；制定《无锡南洋职业技术学院职业素养教育专项活动实施计划及评价方案》，重点突出学生职业技能和素养提升，提升毕业生综合就业能力。对接用人单位，制定用人标准，实现校企协同育人。毕业生对学校就业创业服务工作整体满意度始终保持在98%左右。

第七节 "343"网格化宿舍管理，在校园文明中夯实安全底线

为进一步建立健全学院学生宿舍管理机制，加强校园安全管控，改善学生生活和学习环境，促进校园和谐发展，无锡南洋职业技术学院遵照省、市文件精神，结合学校制度，建立了"343"网格化宿舍管理体系。通过"343"网格化宿舍管理加强学生对生活环境的自我管理，及时了解和掌握学生思想状态和生活状况，促进学生养成良好的生活习惯，树立积极向上的学习和生活作风，发挥学生骨干的带头作用，培养学生的责任意识，打造文明有序的校园生活环境。

一、"343"网格化宿舍管理的理念

"343"网格化宿舍管理要坚持以人为本的指导思想和科学化、规范化的管理制度，为学生创造安全可靠的生活和学习环境，拓展学生意见建议的反馈渠道，落实管理队伍的责任义务，真正提升学校在学生生活和学习方面的管理水平。同时，加强学生思想政治管理，改善学生精神面貌，树立学生文明有序的自我管理意识，促进新一代大学生全面发展。

二、"343"网格化宿舍管理的目标

通过"343"网格化宿舍管理，建立"垂直管理、横向协作、细致入微、权责明确、责任到人、实时反馈、定期研讨、动态把控"的学生宿舍管理体系。一是要做到实时把控，区域责任人要实时了解各区、各楼层及宿舍的管理状况，同级责任人定期通过研讨相互学习促进，不断为改善管理制度提出可行性建议。二是要做到责任到人，

明确各个网格负责人的管理制度及管理办法，提升责任人勇于担当的服务意识，通过长期有效落实制度，真正将学生宿舍管理工作做到精细入微，为学生创造文明有序的生活环境。三是动态反馈，建立学生与管理者以及各个网格负责人之间畅通的反馈渠道，以便负责人及时了解和掌握学生生活方面及管理体系上存在的问题，定期开展研讨会议，不断完善网格化管理制度。

三、"343"网格化宿舍管理的具体措施

第一，做好日常管理。制定生活管理标准，设立网格各层级监督责任人员。了解学生在宿舍的生活状况，及时整理反馈学生意见和建议等信息；定期检查宿舍和楼层的相关设施，做好各种生活服务设施的检查、记录、报修、反馈工作。

第二，做好卫生管理工作。管控宿舍及宿舍周围的卫生环境状况，建立网格各层级值日排期表，做到每周三一次大扫除。同时为防控突发状况，提前做好预案，及时响应上级指示，保证卫生防控信息传达渠道通畅，为学生提供安全卫生的生活环境。

第三，做好安全管理。每日检查消防、安防设施，定期组织宣传消防、安防知识，协同学校相关管理部门定期组织防火、防灾、防盗演练，遇到突发状况要做到多种防备、有法可依、有序执行，每日检查各种安全隐患，充分保障学生的安全。

第四，建立健全各项宿舍规章和管理制度，责任到人，明确网格各层级负责人的职责义务，主动反馈存在的问题。积极宣传宿舍管理制度，鼓励学生通过网格化管理办法形成自我管理、自我教育、自我服务、自我监督的自治组织。

第五，以党员为核心纽带，积极做好思想政治宣传工作，及时传达上级相关指示精神。定期做好党建党史宣传工作，通过协同预备党员网格化管理，考察预备党员的各项素质，学生党员要在宿舍管理中起到有责任、有担当的带头作用。

第六，树立学生宿舍文明新风，做好宿舍文化建设，打造有文

化、有特色、有底蕴、有创意的文明品牌宿舍楼，通过定期组织相关活动，丰富学生课余生活，提升学生生活质量，充分发挥学生的创造才能。

四、"343"网格化宿舍管理的路径

"343"网格化宿舍管理体系由学工队伍、宿舍管理员、学生干部三支管理队伍，区长、楼长、层长、宿舍长四级管理制度组成，明确每日"三查"（查安全、查卫生、查秩序）的工作内容。

宿舍是网格化管理的最小单位，也是网格化管理的最基础部分，要通过知识普及和制度宣传，让宿舍管理员充分了解和掌握网格化管理制度，带动学生积极落实制度，及时反馈学生意见和建议，与层长、楼长和区长建立沟通反馈渠道，相互协调配合完成宿舍管理工作。

学校成立网格化管理小组，指导网格化管理制度的实施，监督网格化管理成员的执行情况，及时解决反馈的相关问题，配合网格化管理队伍的相关活动。区长是由学务部社管中心考核选拔产生的学院级学生干部。楼长是由各楼宇、各二级学院推荐，经学务部、社管中心考核产生的学院级学生干部。层长是由各楼宇楼管员和楼长推荐，报学务部、社管中心备案并经其考核产生的学生干部。宿舍长是由宿舍成员推荐，报二级学院、楼管员、社管中心备案并经其考核产生的学生骨干队伍。

区长负责片区的住宿学生的数据采集、汇总工作，协助社管中心做好数据更新工作；协助社管中心老师核查与汇总每周卫生分数；组织片区楼宇的活动、楼长培训，协助文明楼宇创建活动的开展；协助社管中心做好宿舍区各项活动的组织、宣传、微信推送工作；统筹、协调、跟进、督促服务片区内楼长的工作，及时汇报各楼宇工作开展情况和存在的问题，发挥桥梁纽带作用。

楼长协助楼宇楼管员做好本楼宇学生思想教育和日常管理工作，发挥好上情下达、下情上传桥梁纽带作用；关心学生的学习、生活，

反映学生的正当要求和困难，对学生公寓管理工作中存在的问题提出合理意见和建议；积极开展各类有益活动，促进宿舍间融洽关系的形成。对突发事件及时报告，并协助调查处理；积极配合、协助楼管员开展文明楼宇、文明寝室、先进个人的创建和评比工作；协助楼管对本楼宇的卫生、安全，以及学生晚归、夜不归宿等事项进行检查、上报。

层长负责统筹、协调、安排、检查、监督本楼层各个宿舍的日常工作开展情况；收集汇总所负责楼层的住宿信息、学生意见、反馈信息，做好上传下达的沟通工作；配合楼长开展文明楼宇、文明宿舍创建工作；统筹、带领本楼层宿舍长开展各项工作；做好日常卫生检查评比、安全巡查、夜间抽查工作。

宿舍长负责收集学生意见，发现学生问题，组织学生开展活动，协助各楼宇楼管员和楼长进行管理。宿舍长队伍是最广泛的学生骨干队伍，也是二级学院辅导员的信息员，在学务部社管中心和二级学院双重指导下开展工作。

五、价值呈现："他律"变"自律"

网格化宿舍管理是寄望于学生骨干充分发挥好"四员"作用，即当好"学生思想动态信息员"、"社会主义核心价值观宣传员"、宿舍文化建设的"组织员"、热心帮助学生的"服务员"。充分发挥学生自制自管能力，将安全、卫生、有序的制度转化为学生生活自理的习惯，通过推广网格化管理，提升学生骨干的管理能力和协调能力，并促使其熟练运用科学的管理方式系统化地管理学生生活。通过生活的自治自理可以有效提升学生的文明意识，改变被动管理的疲惫应付状态，积极改善学生的生活习惯，主动提升其安全防患的意识，为学生步入社会奠定良好的行为习惯基础。

网格化宿舍管理能帮助学生形成良好的自我管理意识，推进党建工作向学生生活社区、学生干部、学生宿舍"三延伸"，以学生党员和干部为纽带，以网格化管理为手段，落实学生党建宣传工作，发挥学生党员和学生干部的先锋带头作用，提升其服务意识。通过网格化管理，加强学生与学校党支部的沟通。以学校党支部为中心，以网格化管理队伍为节点，让学生随时可以找到党组织，扩大党的影响力和覆盖面；引导学生主动参与组织党建活动，牢固树立社会主义核心价值观，培养大局意识；让学生通过自我学习和自我管理，形成勤于思考、勇于创新、踏实肯干的生活作风，从而培养出有担当、有能力、有智慧、有坚持的学生榜样。

通过网格化宿舍管理，培养学生自我管理的能力。以舍、层、楼、区为单位，自查自省，做到卫生、安全、有秩序；及时了解学生生活及学习中遇到的问题，改善学生生活习惯，提升学生的责任意识和文明意识，促进学生党建宣传工作的开展，培养学生勇于担当的精神。"343"网格化宿舍管理是科学可持续的管理手段，鼓励学生通过自我监督、自我努力改善学习和生活环境，养成良好的生活习惯和文明意识；将学生生活的社区打造成文明社区的典范，这有助于提升学生的安全感、幸福感，营造安全、温馨、和谐的宿舍环境。

第八节 "四个结合"军训改革，在国防教育中推动科学发展

学院坚持用习近平新时代中国特色社会主义思想凝心铸魂，围绕为党育人、为国育才，发挥思想政治工作优势，紧扣立德树人根本任务，强化国防教育在大学生思想政治教育方面的育人内涵，积极探索新形势下大学生国防教育的新理念、新思路、新方法，不断提升学生国防综合素质，提升国防育人实效，努力培养担当民族复兴大任的时代新人。

一、学生军训自训的可行性

2017 年，针对军训教官短缺的难题，无锡南洋职业技术学院酝酿进行"学校自训、学生承训"的军训教育教学改革。2018 年实施全方位的军训教学改革，运用"思想引导、技能训练、职业素养"3个载体，坚持"四个结合"，实现学生教官和新生两个层面育人功

效，业已完成12000余名学生的军训教学任务。

二、学生军训自训的科学性

（一）坚持国防教育与入学教育相结合

学院紧扣建党百年和党的二十大召开的时代背景，以理想信念、国际形势、党史学习教育、军事理论为主要内容举办系列专题报告。结合时事热点，学院党政领导组团深入军训新生群体，以"经济社会发展形势与政策""习近平新时代中国特色社会主义思想""职教强国 从我做起"等为主题开展主题教育，引导南洋"萌新"扣好大学"第一粒扣子"，厚植家国情怀，在军训实践中磨炼意志、锤炼本领，勇担时代使命。学院不断探索教育创新路径，帮助新生坚定理想信念、培育担当精神、激发战斗精神，逐步形成了"一点多面"的育人模式。

（二）坚持素养提升与人才培养相结合

学院紧紧围绕立德树人根本任务和强军目标根本要求，按照《中华人民共和国兵役法》和《普通高等学校军事课教学大纲》规定要求，不断优化调整军事训练内容，设置条令教育、队列动作训练、模拟射击、战术基础、格斗基础、疏散演练、战地救护、战术旗语、心理行为训练等特色科目，构建了"条令条例教育+战术基础训练+实战化科目训练"三位一体的军训实践育人体系。科目设计更加丰富，训练内容更加充实，军魂铸人导向更加突出，极大地拓展了军事训练的广度和深度；全面提高学生军训质量效益，充分发挥学生军训综合育人功能，涵养青年一代的家国情怀。

（三）坚持全员育人和朋辈引领相结合

自2018年起，学院新生军训由承训部队"他训"转变为学校"自训"，依托"山水先锋营"等学生组织，建立起以退役大学生士兵为主体的军训骨干队伍，开创了学生军训"自训"模式，将学生军训教官打造为"入学导师"，使其以教官兼学长的双重身份站在新生中间，发挥榜样引领作用，使思想政治教育功能得以优化。通过举办军训教官聘任仪式、退役复学欢迎会、应征入伍新兵欢送仪式、征兵宣传进校园招聘活动等，激励退役复学学生发挥示范引领作用，影响和带动身边更多优秀青年献身祖国国防事业。三年来，学院先后有298名优秀学子毅然携笔从戎，参军报国。

（四）坚持社团成长和特色发展相结合

学务部（人武部）联合二级学院、学生组织常年联动开展国防教育活动，重点打造"国旗护卫队""迷彩先锋社""山水先锋营"等社团。推动国防教育工作向纵深发展，积极发挥退役复学大学生在校作用，"山水先锋营"社团为学院大学生思政和国防教育、军事训练、校园准军事化管理等工作创造骄人成绩作出了贡献。该社团被无锡市教育局、共青团无锡市委员会授予"先进学生集体"称号。社团负责人、杰出校友张宇同学获江苏省大学生就业创业人物一等奖，其就业创业事迹入选教育部就业创业工作典型案例。

大学生军训作为全民国防教育的重要组成部分，意义非凡，要切实提高军训实效，加强军训育人价值，体现军民一体的国防理念，实现育人的良性循环。新时代高校军训育人方案的创新不是高校军训改革的结束，要推动军训工作迈向新的起点，为早日实现中国梦、强军梦努力前行，开拓创新。

第九节 "四个体系"优化管理，在笃行致远中促进知行合一

无锡南洋职业技术学院长期以来把学生职业素质培养摆在人才培养的重要位置，坚持以立德树人为根本，不断探索职业素质教育新路径。特别是《高校思想政治工作质量提升工程实施纲要》提出以全面提高人才培养能力为关键，强化基础、突出重点、建立规范、落实责任，一体化构建内容完善、标准健全、运行科学、保障有力、成效显著的高校思想政治工作质量体系，形成全员全过程全方位育人格局。

一、组织体系：架构稳健，制度规范

在学生管理方面，全面实行二级管理，管理重心下移，以二级学院为主体，实行年级组长（专职辅导员）统筹，班主任（专任教师）管理为主，副班主任（学生助理）配合的学生管理工作新模式，确保学生管理工作的稳定和各项工作的开展。学务部统筹协调全院学生管理工作；党总支书记负责统筹协调本二级学院学生工作；年级组长负责统筹协调本年级学生管理工作；班主任、副班主任负责做好所带班级的学生管理工作。

根据教育部第43号令，学院多次进行学生管理队伍的改革创新，完善绩效考核机制，充分调动辅导员队伍工作的积极性，显著提高学生管理工作质量。管理制度完善，学院结合实际先后制定并完善了学院《学生管理工作改革方案》《年级组长（辅导员）、班主任工作职责》《年级组长（辅导员）工作考核办法》《学生思想政治教师专业技术职务评聘工作条例（试行）》等系列制度，为学院学生队伍建设起到了有力的制度保证。实行月绩效考核制度，充分调动年级组长的工作积极性，发挥年级组长在学生管理改革中的主力作用，针对年级组长、班主任月考核，实行院系两级绩效考核。

二、治理体系：一体协同，精细精准

进一步优化学情治理体系。围绕高素质、高技能人才培养总要求，逐步提升"五维素养"育人成效，充分发挥教育教学一体化育人价值，引导学生参与不同阶段的养成行动计划，以实际行动践行社会主义核心价值观，并外化于行，持续激励学生全面提升综合素养，使之形成良好的职业态度、职业规范、职业道德、职业精神。持续开展"三创一做"，坚持教育教学一体化与班级、宿舍、文化等基础建设紧密结合。积极运用科学有效的管理手段，执行《班级量化监测办法》，全面推进"辅导猫"（为高校辅导员提供的协同管理服务平台）精细学生管理，建设良好的基层班级集体，实现一体化育人培养目标，真正落实立德树人根本任务。

(一) 安全教育：学生成长成才的前提与基础

高校的根本职能和落脚点在于培养人才，而安全是大学生成长成才最重要的前提与基础。当前，学院着力转变校园安全管理的被动局面，将安全教育作为思想政治教育的重要内容，突出安全教育的先导作用，大力构筑全员参与的校园安全管理体系。积极营造健康、文明、向上的校园文化，将学生培养成阳光开朗、知感恩、敢创新的新时代青年。积极开展关于平安校园及文明校园的宣传教育。坚持常态教育和专题教育相结合，积极拓展安全教育的内容与载体。完善学院心理健康教育体系，注重学生的心理健康与生命观教育。积极推动学生社团开展正面的安全知识学习与宣传。加大校园普法宣传力度，提升学生法制理念与精神。积极开展防诈等安全教育培训，提高师生的安全防范意识。唯有全员参与、齐抓共管，方可为学生的成长成才营造健康有序的良好环境。

(二) 一站式社区建设："五站五岗"，立体化思政育人

近年来，学院在学生社区推行"343"网格化宿舍管理体系和"一线三排"工作法，坚持以习近平新时代中国特色社会主义思想为指导，以党建为引领，以社区为中心，强化大学生思想政治教育和日常行为管理，依托"五站五岗"，构建新力量、新平台、新机制"一站式"立体化学生社区，提升治理成效，开拓育人格局。学院通过探索"一站式"立体化学生社区综合管理模式，打造集思想政治教育、师生交流、文化活动、生活服务于一体的教育生活园地，贴近学生实际的生活园区，重视学生参与，以服务学生为价值导向，以学生发展为终极目标，以更优、更精、更稳、更实的方式推进立德树人工作的开展，推动形成全员全过程全方位的育人社区化模式，真正实现"三全育人"新格局。

(三) 学风治理："三创一做"

开展"三创一做"主题活动，凝练了基层班级建设主题，将优良学风班建设、宿舍管理、校园文化活动概括为"三创一做"，即

"创建优良学风示范班、创建文明宿舍、创建特色校园文化活动，做文明有礼南洋人"，覆盖面广、参与度高、影响力强。坚持教育教学一体化育人工作常态化、制度化，通过"创建优良学风班，争做示范；创建文明宿舍，争当标杆；创建特色校园文化活动，争成品牌；做文明有礼大学生"活动实施，将教育教学一体化育人工作融入日常、抓在经常，突出创建活动的引领作用。以"三创一做"活动为抓手，坚持教育教学一体化育人工作常抓不懈，持续用力、久久为功，防止和克服紧一阵松一阵、表面化、形式化，以及教育教学一体化与班级、宿舍、文化等基础建设相脱节等不良倾向。

（四）基层治理：班级学风量化管理

运用科学有效的管理手段，建设良好的班级集体，实现一体化育人培养目标，真正落实立德树人根本任务，是学院学生管理的重要内容。学务部根据学院一体化育人要求，结合学生工作实际，于2019年3月开始在一、二年级试行《班级量化监测管理办法》，对学院班级集体建设进行了量化管理的探索与实践，经过半年的实践，取得了一定的成效。班级量化管理通过对班主任工作方法、班级管理学生认可度、宿舍卫生、课堂规范、学生参与社团组织、安全管理、奖惩等信息的统计与分析，得到班级管理指数、学生健康指数，最后综合得出班级健康指数，旨在依据量化分析原则，准确地评估各班学生工作状况，夯实基层基础建设，激励和引导班级集体发展，从而引导班级集体朝学院人才培养目标方向健康发展。

（五）学生干部培养："青马班"

青年马克思主义干部学校重点培养对象是学生骨干、共青团干部和入党积极分子。实施学生青年马克思主义干部培训，就是坚持不懈地用马克思主义中国化的最新理论成果武装青年，通过教育培训和实践锻炼等行之有效的方式，不断提高学生骨干、团干部、学生入党积极分子的思想政治素质、政策理论水平、创新能力、实践能力和组织协调能力，使他们进一步坚定跟党走中国特色社会主义道路的信念，成长为中国特色社会主义事业的合格建设者和可靠接班人。

三、工作体系:"四自管理",他律自律

(一)学生自律管理体系

学院经过不断探索创新,逐步使学生工作回归教育的原点——"生活即教育",还原学生自主自我管理的主体地位,提升学生构建自己与自己、自己与社会、自己与自然和谐共处的能力。加强正面教育和自我教育,充分发挥广大同学的主观能动性,使其真正从思想上认识职业素养的重要性,从行动上提高增强文明素养的自觉性,发挥学生党员、学生干部的先锋模范和示范带动作用,建立了宿舍自治体系(宿舍长—层长—楼长—区长)、学生干部助理岗、校园文明督察岗等一批自律管理体系。通过对学生服务思维和管理行为的训练,培养学生的思考、管理、协调能力,使其逐步养成自我管理、自我教育、自我服务、自我监督的习惯。

(二)自我管理:学风自治模式

良好的学风是人才培养质量的保障,是学生工作取得进步的关键。在基层班级学生工作方面实行年级组长(专职辅导员)—班主任(专任教师)—副班主任(学生助理)的三级联动机制,发挥年级组长的引导作用、班主任的导向作用和副班主任的示范作用。班风正则学风浓,把"抓班风促学风"作为学院学生工作的核心,开展"三创一做"活动,培养成员的集体荣誉感和班级凝聚力;加强对学生学习过程的管理和监督,规范早晚课及考勤制度,制定并实行学院《班级量化监测管理办法》,完善学生综合素质测评制度等学习机制,在潜移默化中培养学生自觉的学习习惯和良好的行为规范,使学生的学习由他律转化为自律。

(三)自我教育:学生公寓党员工作站

学生公寓党员工作站是学务部领导下的一个基于党建延伸和思政延伸至学生公寓的学生自治组织。随着学院学生党建工作的逐步深入,学生党员无论从数量还是质量上都取得了新的突破;加上各个二

级学院积极开展党建创新工作，学生党员工作站都已建立并已初具规模。学生党员工作站是学院在学生党建工作上的一个创新点，它的成立为学院职业素养教育提供了必要条件、环境和氛围。在职业素养教育中发挥学生党员的主体作用、先锋作用，同朋管理，做好服务、沟通、协调等工作。

（四）自我服务：学生助理机制

学生助理机制是为学院与学生畅通沟通而构建的联络机制，是学院学生干部队伍培养的创新之举，同时是贯彻学院"全员育人"工作方针的重要举措。在学生干部中选拔一批责任心强、能力突出的学生干部到学院各行政部门岗位担任工作助理，用校本资源、职场氛围锻造学生综合能力，使学生在步入社会之前有更多的机会锻炼自己，提高自己的实践能力。同时，让学生参与学院的建设与管理，可以提高学生综合素质和管理能力，增强学生就业竞争力。学生助理机制在高校现代化治理体系中越来越重要，有助于培养具有时代感、责任感、归属感的学生。

（五）自我监督：校园文明督察队

校园文明督察队是一支以学生为主体的管理监督队伍，有助于充分发挥学生自我管理、自我监督的作用。督察队工作以"教育教学一体化"协同育人的管理理念为引领，以"职业素养"教育理念为宗旨，按照《大学生日常行为规范》的要求，结合《无锡南洋职业技术学院学生手册》，对学生在校行为规范等情况进行检查督促。根据"教育教学一体化"协同育人的要求，由学务部牵头团委组织各二级学院在原有的校园督察队的基础上进行细化和加强，着重针对校园内抽烟现象及其他不文明行为进行督察。

四、保障体系：集聚资源，筑牢根基

学生工作坚持党的全面领导，围绕落实立德树人根本任务，遵循新时代思想政治工作规律、教书育人规律与学生成长规律，全面把握新时代民办高职学生的时代特征，不断创新组织体系，优化管理机制,着力构建"五位一体"学生工作体系,厘清民办高职院校育人体系中教书与育人的逻辑关系,强化教育和教学两支队伍的深度融合,推动全员全过程全方位育人新格局形成。

(一)坚持理念一体,强化政治引领,不断完善思政领导体系

构建党委领导下的民办高职院校思想政治工作协同机制。优化领导机制,通过教育教学一体化育人机制,确保思想政治工作与学院其他工作一体部署、一体落实,奠定"三全育人"理念基础。一是决策层面实行理事会领导下的院长负责制,坚持公益性办学。省教工委派的专职党委书记,确保了党组织发挥政治核心和监督保障作用。二是执行层面坚持党政联席的"院务会",负责学校日常工作的决策运行,确保党委在政治上的领导权和集体议事民主,坚持党政一体、党政协同的民办高职院校组织生态;坚持育人资源有效统筹,主动适应职业教育发展改革,坚持立德树人,把人才培养作为第一价值取向,创新人才评价体系,以一体化系统思维指导思想政治工作。

(二)坚持机制一体,聚焦育人功能,织密建强基层组织体系

微观层面,构建大思政格局,成立教育教学一体化育人机构。在学校层面牢固树立学生工作"一盘棋"的思想,奠定"三全育人"机制基础。完善校、院、班级、宿舍四级学生管理工作体系,以及科学规范的管理制度体系、考评体系和学生组织自我管理体系。中观层面,全面深化推进"三全育人"工作。二级学院推出具备各自特色的一体化育人项目和思政项目,建设"一院一品一景",充分发挥全体教师主人翁的精神,积极建设共建、共治、共享的育人格局,形成教育育人、管理育人、服务育人的良好氛围和工作格局。宏观层面,学校有机整合来自学校、家庭、社会的大学生思想政治教育合力。

(三)坚持制度一体,强化建章立制,着力完善工作制度体系

建立党委统一领导、各部门协力共管的"大思政"格局,从机构设置、制度保证和政策支持等多方面规范落实人才培养机制、管理服务、校园文化建设等,奠定"三全育人"制度基础。制定学校层

面的《教育教学一体化育人工作诊改评估方案》和二级学院层面的《教育教学一体化育人实施方案》，按照高职院校学生成长特点及规律，结合学校人才培养方案，推进"职业素养+职业技能""双螺旋"人才培养。坚持因材施教、学成致用的培养理念，将课堂专业理论教学、早晚课活动和基地技能实训有机结合，构建教育教学一体化育人体系，实施职业素养教育，致力于创新"三融入、四融合、五设计"的人才培养机制。

（四）坚持队伍一体，突出责能并重，有力夯实工作队伍体系

明确各部门及全体教职工的育人职责和使命，充分调动各部门和专业教师的积极性，优化学生管理队伍建设的资源配置，完善思想政治教育工作队伍建设。实行"五位一体"学生管理模式。学生管理干部层面，实行交叉任职，党总支书记兼任二级学院副院长，专职辅导员兼任年级组长，专任教师兼任班主任，有效统筹、协调二级学院教学、管理、服务等工作，完善二级学院全员育人工作体系建设。基层组织学生层面，成立一批由学生党员和退伍军人组成的自治组织，进一步提升学生参与学校管理的意识，增强学生自我教育、自我管理的能力。

（五）坚持"风控"一体，强化管理协同，健全基层治理体系

为维护学校师生生命财产安全，预防和减少突发事件的发生及造成的危害，学院致力于健全基层治理体系。一是建立健全精细化、精准化基层治理机制。构建"343"网格化宿舍管理体系，组织三支队伍，实行四级管理，明确每日"三查"，确保学生宿舍管理工作做到"垂直管理、横向协作、细致入微、权责明确、责任到人、实时反馈、定期研讨、动态把控"。建立心理危机预防与干预体系，形成宿舍心理信息员—班级心理信息员—院系辅导员—校级心理咨询师—学校心理健康指导小组"五级防护"机制，充分发挥心理健康教育队伍的合力作用。二是建立健全风险监测排查机制。学工条线坚持"一线三排"风险监测排查整治机制，将学生工作重点下沉一线，切

实做到关爱学生在一线、服务学生在一线、问题解决在一线，克服学生工作难点，了解学生需求，排除学生安全隐患。三是建立健全突发事件的应急响应机制。一旦发生突发事件，学务部、二级学院书记、辅导员要在第一时间赶到现场，深入一线掌握情况，预判突发事件等级，按照突发事件等级响应机制，第一时间启动应急预案，加强联动，切实做到快速响应、精准应对、果断处置，共同做好事件应急处理工作。

民办院校学生管理是一项集方向性、理论性、政策性、专业性、实践性于一体的育人工作。因此，构建"五位一体"高质量学生工作体系在坚持社会主义办学方向、全面落实党的教育方针、保障民办高职院校良性发展中是重中之重。民办院校学生管理要因事而化、因时而进、因势而新，既在传承中发展，又在守正中创新，为培养高素养高技能人才提供坚实保障。

师资篇

随着民办高职院校纷纷崛起以及大力发展建设,各学院在激烈的角逐中从以招生数量取胜过渡到以办学质量求生存的阶段。无锡南洋职业技术学院在师资队伍建设过程中,就人事管理工作,引入人力资源管理的理论,应用战略性人力资源管理思路,通过科学规划人力资源管理方式,开拓出师资队伍建设的新思路,师资队伍建设由应急性发展走向平稳性发展,由注重师资队伍的数量走向强调提质增能,一步步行稳致远。

25 年栉风沐雨,25 年春华秋实。25 年来,在各级领导的关心支持下,全院上下凝心聚力,开拓创新,构建了教师发展的良好生态,为教师成长厚植了良田沃土。

第十章

筑根基——尚精简、重高效

第一节 背景阐述

20世纪90年代，我国改革开放迎来高潮。1992年，在邓小平同志视察南方并发表一系列重要谈话后，国家颁布了《有限责任公司暂行管理条例》和《股份有限公司暂行条例》两个文件，标志着现代企业制度在中国正式启航。同年，党的十四大胜利召开，确定建立社会主义市场经济体制。在大力推进改革开放的政策支持下，诸多政府机关人员、科研院所知识分子和其他企事业单位工作人员放弃体制内的职位，转而开始创业经商，谋求发展，激发出我国新兴产业的活力，也正是凭借这个政策红利，新兴的民办院校汇聚了一批优秀人才。

为了满足市场经济快速发展的需要，教育也进入了体制改革与结构调整时期。教育各领域陆续对社会开放，不少社会资金进入民办高等教育领域，民办高职教育获得了快速发展。1993年，国家教育委员会颁布了《民办高校设置暂行规定》，明确指出，民办高等学校及教师和学生享有与国家举办的高等学校及其教师和学生平等的法律地位，为规范民办高校发展提供了新的依据。1998年，对全国高职教育来讲，是具有特殊意义的一年，教育部提出"三教统筹"的管理思路；对江苏省高职教育而言，也是意义不凡的一年，江苏省的民办高职院校迎来第一波发展；对无锡南洋职业技术学院而言，更是开天辟地的一年，学院乘政策东风，扶摇而起。

1999年8月，教育部印发《关于新时期加强高等学校教师队伍建设的意见》，该文件为高等学校教师队伍建设提供了政策指导，它指出当前和"十五"时期高等学校教师队伍建设的总体目标是要"建设一支结构优化、素质良好、富有活力的高水平的教师队伍"。此时还没有高职院校教师队伍建设的指导意见。对高职院校而言，在高等学校教师队伍建设目标的基础上，"会教学、懂技术"可作为更精准的要求。

第二节 建设思路与实践

根据《民办高等学校设置暂行规定》，除国家机关及国有企事业单位以外的组织和个人皆可创办民办高等学校，但在筹集办学资金的时候国家不提供财政拨款，只能由办学主体自筹。如果说，民办高职院校在创办之初主要是投资资金的竞争、获取优惠政策的竞争、招收学生的竞争，那么，能否达到较高的办学水平和教育质量，则取决于是否拥有一支优秀的师资队伍。

无锡南洋职业技术学院始终视师资队伍为最重要的财富，是学院发展和改革的主力军。学院提倡用事业、感情和待遇吸引人，平等对待、尊重人才。依据人力资源管理中的人事管理阶段，以"事"为中心，围绕合规办"事"，开展行政事务管理。

一、精简机构，节约人事成本

学院坚持按章治校，依据精简、高效的管理原则，建校之初设置了3个行政部门，即院办（兼管人事、财务和宣传）、教务处、学生处，明确各机构的职责范围，并任命了行政主管。学院不设总务部门，由专门成立的后勤公司提供各项服务，学院提出具体要求并实行监督。学院充分发挥了体制机制灵活的特点，队伍精干、分工明确、责任分明，避免了相互推诿、互相扯皮现象的发生，办事效率较高，也有效节约了人事成本。

二、重视专职队伍建设，为学院发展提供可靠的人员保障

大多数民办院校在创办初期使用大量兼职人员的现象相当普遍，因而缺少专职队伍。与此不同，无锡南洋职业技术学院始终把建设一支自己的专职教师队伍作为办学的根本，专职教师的比例始终保持在70%以上。专职教师中有刚退休的资深老教师，大都来自无锡轻工大学、江南大学、南京航空航天大学、702所、渔业研究中心等单位，他们具有深厚的专业知识、高度的敬业精神、丰富的教学经验，有发挥余热的热情，具有良好的职业操守和较高的业务水平，成为教学和管理的骨干力量。此外，由于经济体制改革的红利，学院吸引了一批企业的技术骨干，并招聘了一批优秀的中青年骨干教师，为"会教学、懂技术"的师资队伍建设奠定了基础。年轻教师具有创造力、创新意识和开拓进取精神，通过培养、实践锻炼，他们可成长为学院的合格教师，为学院教师梯队建设做准备。

到2001年，学院院、系、处主管均已配齐。学院拥有专任教师78人，其中副高以上教师18人，占学院专职教师人数的23.1%。2006年，专任教师为138人，其中高级职称教师为32人，占专任教师人数的23.2%；研究生占比为13%；"双师型"教师占比为61%；师生比为17.7∶1。

三、重视"选、用、留"制度建设

师资队伍建设是典型的以"事"为中心的"静态"管理。学院按照国家人事政策和上级主管部门发布的规章制度对教职工进行管理，主要集中在人事档案、工资等具体事务上。制度上大部分沿用公办高校的制度规定，达到了规范要求，与公办高职院校相比，学院可以充分发挥民办高校体制灵活的特点，自主招聘教师，并根据学院的实际需要进行优化配置，促进办学效益的提高。

规范教师聘用制度。按照平等自愿、协商一致以及互惠互利的原则，形成双向选择、各具相应权责的合同法律关系。凡经学院同意聘

用的受聘者，学院与劳动者本人签订劳动合同，明确双方的权利和义务，保证学院工作的有序开展。同时，加强与教育主管部门和社会保障部门的协调与沟通，建立与完善社会化的民办职业院校教师的住房、养老、医疗和失业等保险制度，稳定骨干教师队伍。

推行有效可行的教师考核办法和指标体系。推行《无锡南洋学院岗位职责与考核办法（试行）》，对学院各岗位职责、任职条件进行了明确规定。制定各岗位考核办法，严格考核内容和标准，考核集中在工作态度、工作实绩、工作能力三方面，考核的重点是"师德"和"实绩"，采用领导考核与个人自我考核相结合、定性考核和定量考核相结合、平时考核与学期考核相结合的办法，结果分为优秀、合格、基本合格、不合格4个等级，并作为奖金发放、职称评定、职务晋升、评优评先的依据。

实行高薪酬待遇。学院注意提高教师的薪酬水平，在工资、待遇、福利分配等方面让教师感受到"从事民办高校的教书育人事业是光荣的，是值得为之奋斗终生的"。通过低职高聘等方式，用高薪酬的优厚待遇吸引人、留住人。同时，建立较为公平的分配制度，保障个人的付出与努力和所得的报酬基本相符，既发展"效益"，又兼顾"公平"，提高教师的工作满意度。

营造浓厚的老带新氛围。学院有诸多退休返聘老教师，他们对教师职业具有深深的认同感，具备浓厚的教育情怀。学院注意发挥老教师教育"信仰"的榜样作用，引导教师之间团结合作，通过传、帮、带青年教师，为教职工营造团结互助的工作氛围，引导青年教师崇尚与向往教师职业。"校长是学校的灵魂"，作为学院的掌舵人，学院院长发挥在号召力、凝聚力、感染力等方面的影响，利用个人品格魅力、学识魅力、才能魅力和情感魅力，在学院内起到感染作用与聚合作用。程志翔，学院首任院长，1960年毕业于北京大学，取得研究生学历，是一位参加过核工业部"两弹"研究、担任江南大学校长达13年的老教育家，立志把自己的余生献给无锡南洋职业技术学院，献给国家民办教育事业，赢得了教职工的尊重与敬佩，稳定了教师队伍，增强了学院内部凝聚力。

第三节　阶段性回顾总结

1998年建校初期，学院在人事管理方面以劳动人事管理为基础，重于"事"而轻于"人"。人事机构并未形成独立的部门，其人事管理职责范围较小，主要职责是办理常规事务性手续，"主要包括程序化的文件处理以及人员招聘、遴选、培训、工资发放、职称晋升、考核、人事档案保管等方面的具体制度建立和事务性管理"。在组织架构上，人事管理采取由上而下的树形结构式管理。

在此阶段，因特定的背景，学院汇聚了一批高水平教师，以规范建设适应学院初创时期的办学需要，使师资队伍数量和质量得到基本支撑，基本符合了国家提出的队伍建设要求，也助力学院确立了苏南第一所全日制民办普通高校的地位。

经过一段时间，学院发现师资队伍建设停留在人事管理阶段，弊端不断出现，管理中以"事"为中心，较少考虑"人"，在激励及培养方面考虑不足，存在论资排辈现象，不利于发挥教师们的主观能动性，可持续发展后劲不足。

2006年"高职高专院校人才培养工作水平评估"过后，学院提出"稳定、提高、优化、调整"的原则加强和改进师资队伍建设工作。

第十一章

创新局——四大体系构建

第一节 背景阐述

21世纪以来,我国社会主义现代化建设的步伐加快。经济发展模式逐步转型,工业现代化建设进程稳步推进,城乡一体化建设逐步落实,现代制造业与服务行业快速发展,各个行业集聚高精尖人才的能力不断提升,职业教育的重要地位日益突出。随着我国加入WTO,从外部环境看,2004年后国家的宏观人口结构变化,即18—22岁的人口数量增加,经济加速发展,上大学需求增多,伴随着国家大力推行教育体制创新与改革,高职教育也迈入了一个崭新的多元发展阶段。资料显示,截至2008年年底,我国高职院校学生已突破880万人大关,并呈继续增长趋势,且院校也达1168所。不仅如此,高职院校每年的招生人数仍不断增长,2008年全国招生299万人,超过10年前招生人数的6倍。教育市场逐步国际化,国外的先进教育、丰富的教学资源和崭新的教学观念不可避免地加剧了职业教育市场竞争,各所院校为提升社会竞争力,使自身能在未来十年的生源大战中胜出,都在做提升质量建设的相关工作。生源竞争、学术竞争等归根到底还是取决于人才的竞争,而学校的人力资源开发与管理水平显著影响着人才的选择与归属。胡锦涛同志在十七大报告中提出:"优先发展教育,建设人力资源强国。"建设人力资源强国已经上升为一种国家意志。从内部环境看，随着学院办学声誉的提高、办学条件和招生工作的改善，学院在校生规模不断扩大。但是与公办院校不同，没有政府的财政性投资，学院需要走一条"自力更生、自我发展"的道路，从维持学院运转到给教职工发放工资奖金都要依靠学费的收入。在高等教育大众化进程加快和办学格局多元化、市场化、国际化的背景下，学院所面临的生源争夺战更加激烈，不仅有来自公办院校不断扩大规模的竞争压力，还有来自中外合作办学、其他民办高职院校的竞争压力。与此同时，与其他公办高职院校相比，学院还存在一定差距，尤其在人力资源管理方面存在很多问题有待改善，如退休的老教授断档，教师结构不够合理，"双师型"教师所占比重不足，专业带头人缺乏，教师培训工作薄弱等，需要进一步提高教师水平、改善教师结构、激发教师活力。

2004年，国家颁布实施了《中华人民共和国民办教育促进法实施条例》，标志着中国民办教育走上了法制化的轨道。民办高职院校经过多年的发展，也开启了由数量扩增到质量提升的重要转型。高质量、高水平的职业化教师队伍建设成为提高技能型人才培养质量、完善现代职业教育体系的关键所在，日益引起国家的重视。政府不断加大对师资队伍建设方面的政策供给力度，师资队伍建设的配套政策体系逐步完善，为我国职业教育教师队伍建设提供了有力的政策支撑，在扩大职业教育教师队伍规模、提升职业教育教师素质、调整职业教育教师队伍结构方面发挥了有力的推动作用。2012年8月《国务院关于加强教师队伍建设的意见》提出，加强教师队伍建设的总体目标是："到2020年，形成一支师德高尚、业务精湛、结构合理、充满活力的高素质专业化教师队伍。"

面对激烈的竞争、严峻复杂的内外部环境，以及建设高素质专业化教师队伍的艰巨任务，学院深刻认识到人力资源的重要性，开始正视自身的人力资源开发和管理，运用现代人力资源管理理论，通过提升人力资源管理水平来吸引人才、留住人才、培养人才。

第二节　建设思路与实践

美国著名的社会心理学家、人本主义心理学之父亚伯拉罕·马斯洛（Abraham H. Maslow）于 1943 年在《人类激励理论》一文中提出了需求层次理论，指出人的需求由 5 个层级构成金字塔结构，由底部向上依次为生理需求—安全需求—社交需求—尊重需求—自我实现需求，前 3 个需求主要借助外在条件的改善来获得满足，后 2 个需求主要靠内在驱动才能得到有限满足。

学院认真学习研究需求层次理论，围绕调整"生产要素"，即支配权、人员聘用和管理、收入分配的内涵式发展，构建师资队伍的岗位体系、评价体系、激励体系、发展体系四大体系，健全机制，创新体制。

一、岗位体系——人岗匹配、责权明晰

基于差异心理学和个性心理学的人职匹配理论认为，每个人的个性结构是不同的，只有从事与自己个性匹配的职业才能发挥潜能，实现人的全面发展。

学院从建校开始就实行了合同管理聘用制，在此基础上保留合同管理的方式，完善了岗位设置。核定部门编制和确定岗位职责的指导思想是合理确定教职工岗位，理顺教职工岗位管理体制，以教学和管理工作需要为基础，科学核定岗位。合理配置教职工，优化教职工结构，突出教职工主体地位。根据各工作岗位的不同职能、任务和性质，实行不同的教职工管理办法。按照"总量控制、规范合理、精简高效"的原则，实行统一领导，归口管理。

第一，科学界定岗位设置，实现由身份管理向岗位管理的转变。确立以学科建设为龙头，以市场配置为手段的岗位管理概念和方法，依照"按需设岗"原则，根据学校的整体发展目标，结合教育事业和专业发展，以及教学科研实际情况，制定了《岗位设置与管理办法》，随后又几次进行了修订。该文件明确了总岗位定编标准，将岗

位划分为专业技术岗、管理岗及工勤岗，充分论证了各岗位结构比例，对专业技术岗中的教师比例，以理工类、文科类及学生规模等为依据进行确定，管理岗位的设置按照规模配备。明确专业技术岗位、管理岗位人员编制办法，合理配置了人力资源，优化人员结构。在定编定岗的基础上，根据学科建设和教学、科研、教辅及管理工作的任务，在2013年全面完成各岗位职责编制。对从事教学的专任教师、校内兼课教师、外聘教师，出台《教学规范与教师职责》《无锡南洋职业技术学院外聘教师管理办法》，明确任职条件及工作职责，实行院级聘任制，对教学水平、教学能力、专业知识以及工作业绩进行评价和考核。外聘教师管理逐步走向规范化、制度化。在强化岗位设置与管理基础上，围绕"定编、定岗、定责"，在教师中全面实施基于任务业绩要求的岗位竞聘。

第二，引入"二级管理"概念，建立调节补贴制度。建立健全二级管理体制，实行校、院两级管理。实施《健全二级院（系）管理体制和运行机制的意见》，从科学界定职能部门和二级院系各项事权入手，将教育教学、人事管理、财务管理等管理工作的重心适度下移至二级学院，全面实施了以激发二级院系办学活力为目标，以"管理扁平化、流程明晰化、任务岗位化"为主要内容的两级管理体制改革。校级层面主要通过制定总体规划、发展目标、内部政策，筹措与分配办学经费、监督评估和提供服务等手段对学院实施管理，二级学院在学校的宏观调控下承担明确的责任和义务，享有相应的权利和利益。二级院系管理模式由既管事又干事的"垂直事务型"转变为管规范、管服务、管考核的"扁平效率型"，使二级院系由被动执行的"教学单位"转变为服从于总体发展、具有自主性和创新性、权责统一的"办学单位"。

实行调节补贴制度。出台《教学工作调节补贴分配办法》，学院根据当年经费具体运作情况，划拨调节补贴，分配到各二级学院。教学工作调节补贴采取"学院总量控制，二级学院自主使用，超支自负，节约归己"的新机制，二级学院可自主分配调节补贴，用于支付教师教学工作报酬、奖励等。各部门主动对本单位教职工的专业结构等进行系统的分析和预测，本着优化结构、提高能力水平的原则，制定调整补充方案，保证正常教育教学秩序和持续发展，此举也极大地调动了二级部门的主动性，同时员工积极性也调动起来。

第三，实行学生管理工作改革。根据《学生管理工作改革方案》，从辅导员专职管理转变为年级组长统筹，辅导员、班主任管理为主的学生管理工作新模式；明确班主任的职责和任务，提高班主任的待遇；充分发挥学生干部的作用，完善副班主任制度，搭建全新的工作平台。在新的学生管理架构下，逐步实现学生管理从单一的专职人员到全员育人的过渡。另外，改变2009年之前学生管理与党建工作分开设置的工作模式，将二级学院学工组及党支部（或总支）进行整合，成立二级学院党总支，党总支书记负责学生管理、党群工团及师德作风建设等工作，参与学院建设及重要决策，实现思想工作方面党政合一，这为之后"五位一体"的学生管理模式奠定了基础。在学生管理经费方面，二级学院享有经费核算权，优劳优酬，多劳多酬，考核采取量化与目标相结合的方式。

二、评价体系——科学评价、效能优化

教师队伍建设离不开目标导向和指引，评价就是有力的指挥棒和改革落地工具。构建科学全面的考核评价体系，是学院师资队伍建设的有力保障，能够具有很好的激励导向功能。从人力资源管理的角度来讲，评价可以为人力资源管理的各项主要系统提供确切的基础信息，是人员任用、调配、培训、奖惩分配及高校工作的最重要的依据，建立有效的评价系统，是人力资源管理的重中之重。学院秉持"以人为本""激发活力"的宗旨，构建科学评价、效能优化的考核评价体系，努力营造风清气正的考评环境，确保考评工作公平公正。

建校之初，学院实行月考核模式，考核频繁且指标不清晰，定性较多、定量较少，评价结果运用和评价反馈机制不健全。在实践过程

中，学院建立起了评价模型（图11-1），采用学年考核的方式，增加了聘期考核，实施个人、团队、单位多层级效能评价，评价形式、评价内容、评价反馈、评价运用进一步完善。

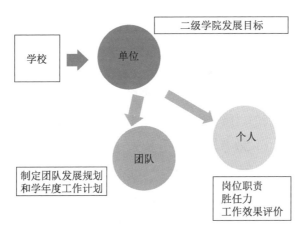

图 11-1　无锡南洋学院教师评价模型

第一，目标任务制。对二级学院实行学年目标管理，学校将目标分为共性目标和个性目标两大类，共性目标包括规模数量、教学管理、学生管理、师资建设、领导班子协作情况等，分值占85%；个性目标则针对各二级学院发展的不同，提出不同的建设要求，分值占15%。另外增加了一个开放性的得分项，命名为"创新附加分"，旨在考核各学院一学年在教学、育人等方面取得的突破或者标志性成果，由二级学院自主申报，共有2个分值。每学年，学校与各二级学院签订"学年工作目标责任书"，年末，学校根据考核结果，召开专门会议，各二级学院领导班子逐一反馈目标实现情况，通过目标任务制达到有序管理和有效管理。

美国学者斯塔弗尔比姆（L. D. Stufflebeam）曾说："评价最重要的意图不是为了证明，而是为了改进。"考核反馈是评价考核的最后一个环节，目标考核的直接目的是找出工作中存在的不足和长处，加以改进和提高，从而不断提高教学质量，最终目的是人才的培养，从而更好地服务于学校发展。为此，学校搭建过程反馈平台，实施考核结果反馈制度，建立渠道畅通的信息反馈机制，并正确使用考核结果，充分发挥其激励功能，使各部门、二级学院形成合理竞争局面，在竞争中实现资源的优化配置，从而提高学校的办学水平，使教职工和学校共同发展。

第二，绩效清单管理。绩效考核的实质是学校顶层通过绩效管理，以理性化的制度来规范教师的行为，并调动教师的工作积极性，谋求管理的人性化和制度化之间的平衡。绩效考核，本着精简、效能原则和转变职能的思路，避免人浮于事、相互牵制，影响效率。2012年，学院出台《绩效考核办法》，依据《绩效考核办法》，建立了绩效立体考核体系，实现预算总控。无论是行政部门还是二级学院，其集体的绩效考核及奖金发放由学院负责。学院根据考核情况，将用于绩效考核的奖金按照考核情况下发至各部门、二级学院，各部门、二级学院再按内部员工个人绩效清单进行二次分配。个人清单内容根据教职工岗位要求的内容而有所不同，以教师为例，在具体考核中，综合考虑其教学工作量、教学建设、科研工作和日常教学管理等，计算个人绩效奖金，公式为：个人绩效奖金＝系全体教师绩效奖金总和×教师个人绩效分/系全体教师绩效总分。

绩效清单使得民办院校在治理和管理运作中，教育教学工作更有计划性。工作计划对有序开展工作十分重要。绩效清单管理让二级学院的计划细化，为二级学院定下了规矩，画出了方圆。通过绩效清单管理立规矩、定边界、画红线，明确哪些是权利和义务，并通过进一步健全宏观管理、监督和检查机制，把教师工作管理程序纳入学校管理、监督和检查过程中。岗位任务清单管理，强化岗位、淡化身份，效率优先，兼顾公平，责酬一致，绩效工资与绩效考核体系相融合。

通过绩效清单实施绩效考核，实现"负责人清正、组织机构清廉、人人办事清明"的管理状态，营造良好的人才培养工作环境。绩效清单作为绩效考核的执行依据，是绩效管理的重要内容。

第三，非课堂教学工作任务。为强化教师在课堂之外的育人工作，学校出台《专任教师非课堂教学工作任务管理办法》，引导教师积极参与专业和课程建设、指导技能竞赛和学生社团活动、开展社会技术服务等非课堂教学工作，应对学院发展之必需，提高教师业务水平及综合素质。在考核方法上，对非课堂教学工作进行量化考核，提出量化考核细则及标准，将非课堂教学工作量作为教师清单中的内容纳入考核体系，教师课堂教学工作量、非课堂教学工作量按 7∶3 划分。

第四，全方位评价。在考核维度上，采取立体考评模式，设置多元化的考核参与主体，在部门自评、述职的基础上，各部门考核分由各部门互评、服务对象评议、院领导评价三类评议加权组成。对各二级学院主要从目标管理、教学科研工作、思想政治工作、行政管理工作等方面进行考核。通过建立立体考核体系，强化了学院政策导向，发展与共、目标同担；突出了部门服务功能，主动服务、积极参与；突出二级学院实体作用，主动参与、积极进取；完善了员工激励机制，优质优酬、优胜劣汰。

在评议方式上，发挥教职工无记名评议的功能，自 2007 年开始在各部门全面引入民主评议，贯彻学院提出的"管理与服务并重"的理念，所有人员都要接受民意测评。各管理部门和服务部门接受全体教师和其他部门服务对象的无记名评议，体现服务对象的意志，并在考核总分中占有较大的权重；评议结果与考核的综合结果对照，增加了考核的透明度和客观性，为奖励、评优、岗位晋级提供了可信的依据。

在参评对象上，重视学生在评议教师中的重要作用。学生既是受教育者也是被服务对象，对于教师的教学、育人工作有直接发言权。从 2004 年开始，学院让每个学生直接参与考评教师，考评结果和岗位聘任考核挂钩，学生对所有任课老师进行无记名评议。

三、激励体系——公平和谐、活力迸发

人力资源管理的核心是激励。激励是指组织根据员工的需要动

机、目的和行为,选择与争取适当的方式,激发其实施组织所希望的行为的积极性,从而更好地实现组织目标的过程。学院意识到,有效的竞争激励机制能吸引、留住人才,促进教职工之间形成很强的凝聚力,并增强其工作热情,最大化调动教职工工作积极性。因此,学院人事部门致力于构建公平和谐、活力迸发的激励体系,形成良性循环提升学院整体教学质量,促进学院发展。

美国管理学家弗雷德里克·赫茨伯格(Fredrick Herzberg)曾提出"激励—保健因素理论"(即"双因素"理论):组织的政策、管理与监督、人际关系、工作条件、工资等因素处理好,只能消除人的不满,使人安于工作,但不能激发人的积极性,提高工作效率,正如讲究卫生能防止却不能医治疾病一样,他将这些因素称为"保健因素"。而诸如工作富有成就感、工作得到认可、工作本身具有挑战性、在职业上能得到发展等,则能激发职工的积极性,他把这些因素称为"激励因素"。运用到学院师资队伍激励方面,针对高知识阶层的教职工,则要在激励内容上将物质激励与精神激励相结合,一手抓薪酬分配等物质激励,一手抓荣誉奖励等精神激励。

第一,以能力为基础,设计薪酬分配体系。一直以来,薪酬体系改革是教育改革的一个重点领域,学院充分发挥民办高职院校的用人与分配机制的优势,建立了年薪制、绩效工资制、协议工资制等灵活多样的薪酬分配模式。通过引入竞争机制,建立以岗定薪、按劳取酬、优劳优酬的院内分配制度,真正体现重岗位、重实绩、重贡献,充分发挥绩效管理的激励作用和导向作用,建立向优秀专门人才和高级教学人才倾斜的分配激励机制。在薪酬体系建设过程中,学院紧紧围绕岗位职责、绩效评估,在收入分配方面,考虑内部公平、外部公平和个人公平,坚持向教学一线倾斜、向专任教师倾斜,适当拉开教师与行政管理人员间、不同职称教师间的收入差距,使薪酬体系达到"外有竞争力,内有公平性"的良好状态。

第二,建立完全意义上的全员聘用制。实行以岗位聘任为核心的人员聘用制度，岗变薪变。从 2003 年开始，学院实施岗位竞聘，通过制定适合实际情况的标准，出台并修订《教职工岗位竞聘实施办法》，明确了三大类 40 个岗位的晋升标准，体现高职教育的特色，在教学质量、教书育人、教学科研论文、企业实践经历等方面提出了具体要求。实行全员竞聘上岗，不同岗位设置相应的薪资，以岗定薪、岗变薪变。岗位竞聘注重岗位能力、知识水平、岗位业绩，淡化职称和学历档次，做到评聘分离，既可低职高聘，又可高职低聘。通过岗位竞聘，一大批业务能力强、教学效果好的年轻教师脱颖而出，成为教学骨干，起到了充分调动教师工作积极性的良好作用，又有利于学院不拘一格地选拔优秀人才。实行院聘副教授岗位任务考核制，明确聘期专业课程建设、教改、科研任务，进行聘期考核。对聘期内学年考核合格者继续聘任本岗位，不合格者降级或解聘，符合高一级岗位条件可参加高一级岗位竞聘。如此建立起岗位聘用能上能下、待遇能高能低、人员能进能出的人才能力资源合理配置，真正落实考核竞争激励机制。

第三，以业绩为重点，完善荣誉激励体系。荣誉激励是一种终极的激励手段，它主要是把工作成绩与晋级、提升、选模范、评先进联系起来，以一定的形式或名义标定下来，主要的方法是表扬、奖励、经验介绍等。荣誉可以成为不断鞭策荣誉获得者保持和发扬成绩的力量，还可以对其他人产生感召力，激发比、学、赶、超的动力，从而产生较好的激励效果。在师资队伍建设过程中，学院注重建立多层次、多形式的荣誉激励体系，满足教职工的精神需要，达到群体激励效果。

实行校级年度荣誉激励。评选集团"先进工作者"，学院"先进工作者""突出贡献奖"等各种奖项。出台《各类优秀评选推荐工作的意见》，对评选"优秀园丁""优秀管理工作者""优秀学生工作者""优秀员工""先进集体"等荣誉称号的参评条件作出规定。制定《突出贡献奖评选办法》，一次性奖励在教学科研工作、管理工作、招生工作中成绩突出，或所取得成绩获得明显经济效益，或在社会上为学校争得荣誉的团队或教职工。具体奖励数额由学院根据所作贡献对学院发展的影响程度及先进事迹的社会影响程度确定。

此外，为增强教职工的主人翁意识，激发教职工的工作积极性和创造性，学院发布《教职工奖惩暂行条例》，实行奖惩制度，对教职工的奖励分为授予荣誉称号、晋级、升职等，在给予上述精神奖励同时，一次性发给一定数额奖金。对违反院规院纪的教职工，坚持以思想教育为主、惩处为辅的原则。在此基础上，鼓励各单位实施年度荣誉激励措施，由各单位设定规范实施评定细则；鼓励各单位进行日常荣誉激励，由单位领导以适当方式对教职工日常优良表现给予及时奖励和认可。

弘扬正气，产生榜样，树立榜样。学院充分运用荣誉激励这个"指挥棒"，在"校级+院级""年度+日常"等多重荣誉激励下，营造了广大教职工爱校爱岗、敬业奉献、团结协作、争创一流的文化氛围。

第四，以多元化为导向，落实激励措施。学院注重激励形式多元化，除薪酬、荣誉之外，创建差异化的激励计划，为教职工工作生活保驾护航。

实行特殊津贴制度。制定《特殊津贴条例》，激励在学院教育事业中勇于改革创新、业绩突出的教职工。特殊津贴是指根据学院发展情况和特殊津贴发放条件，学院发放的工资收入以外的奖励性津贴，分为教师类、管理类、招生类三大类评选，每一类分两级标准进行评比。特殊津贴制度的设置，打破了原有"倾斜工资"以身份为条件的终身制模式，转变为以能力业绩为条件的考核制，充分体现人才价值、激发人才活力，并且重点向教师岗位倾斜，享受特殊津贴的人员中，专任教师占比超过60%。

实行住房、租房补贴及伙食补贴制度。以制度吸引人才，出台《关于教职工享受住房货币补贴的规定》，为正式人事关系在学院并工作满一年的教职工发放住房补贴，很大程度上解决了教师关心的住房问题；出台《对新引进人才租房补贴的管理规定》，对需安排住宿的新引进人才，按照职称和学历，参照无锡市相关规定给予租房补贴。制定《关于调整伙食补贴发放的具体办法》，减轻教职工在生活上的负担，稳步提高教职工的福利待遇水平，提升其安全感与幸福感。

建立企业年金制度。研究企业年金制度并制定学院"企业年金方案"，为教职工建立企业年金账户，缴纳年金。从制度层面保障教师们退休后的待遇，缩小与公办院校的待遇差距，稳定了教职工队伍。

高级职称补贴激励制度。拥有高级职称的青年教师很容易成为公办院校的"收割物"，为了稳定学院的这部分群体，学院实行高级职称教职工奖励政策，列出专项经费，给予培养，同时明确权责利。

四、发展体系——人尽其才、理想成真

进入 21 世纪以来，快速发展的职业教育对高职教师队伍的数量和质量都提出了更高的要求。在各方的长期努力之下，职教教师总体数量不足问题得到了有效解决，教师数量已不再是民办高职院校发展的主要阻碍。随着经济结构调整和产业转型升级，教师专业能力结构与产业结构调整的要求之间的差距日益加大，教师专业能力不足成为制约职业教育质量提升的根本性问题。

2011 年 11 月，教育部、财政部开始全面实施《职业院校教师素质提高计划》，以提升教师专业素质、优化教师队伍结构、完善教师培养培训体系为主要内容，为职业教育科学发展提供强有力的人才保障。2012 年 8 月，《国务院关于加强教师队伍建设的意见》提出，加强教师队伍建设的总体目标是到 2020 年"形成一支师德高尚、业务精湛、结构合理、充满活力的高素质专业化教师队伍"。如果说，人事阶段师资队伍建设主要依靠人才引进，那么，人力资源管理阶段则更加坚持培育优先。在国家政策的鼓励推动下，学院紧盯提高全体教

职工素质与专业的目标任务，在总体设计上注重三全，即全员、全过程、全方位培育。在教师成长方面一手抓教师专业发展支撑体系，成立教师发展中心，进行职业发展评估、职业发展指导；一手抓职业院校教师培训体系，建立职业发展平台，进行计划性、针对性培训，力求实现人尽其才、理想成真，促进学院的健康发展。

第一，成立教师发展中心，促进教师专业发展支撑体系建设。2014年6月，为深入贯彻落实《国务院关于加强教师队伍建设的意见》，搭建教师专业成长的平台，为教师提供个别化、专业化的资源和服务，学院成立了教师发展中心。其主要工作职责为开展教师培训，组织研究交流，提供教育技术服务，提供教学咨询服务，指导和支持各院（部）开展促进教师专业发展的特色活动并协助教师进行职业生涯规划，为教师职业发展服务。

在教师发展中心的各项功能中，学院特别强调职业发展评估与指导功能，包括在线心理测试、在线技能评测、个人性格测试、个人生涯咨询等。人事部门做好相关信息、建议和协调服务工作，以个人评估为基础，建立有关参与人相互配合的职业生涯规划与开发组织构架，营造了支持职业生涯规划与开发的组织文化氛围，增进了教职工对组织战略的理解，提高了教职工的工作积极性，进而提升了组织的绩效。教师发展中心的建立，为教职工进行职业发展评估及职业发展指导提供了有效平台，提高了教师教学能力和专业实践能力，促进了师资队伍素质的全面提升。

第二，建立职业发展平台，促进职业院校教师培训体系建设。针对不同类型教师和教师不同成长阶段所面临的问题，学院构建了分级分类培训体系——青年教师三阶段六平台体系（图11-2）。青年教师三阶段六平台体系将教师成长划分为三阶段，即职前培训阶段、入职培养阶段和职后发展阶段，分别对应培养适应型教师、熟练型教师、胜任型教师的阶段目标，并且提出了"六平台"的实践途径：岗前培训和助讲训练平台、进修访学和职称晋升平台、实践锻炼和基层调研平台、科学研究和学术交流平台、质量监控和咨询服务平台、考核评价和评优评先平台。同时划分了各平台对应的责任部门。

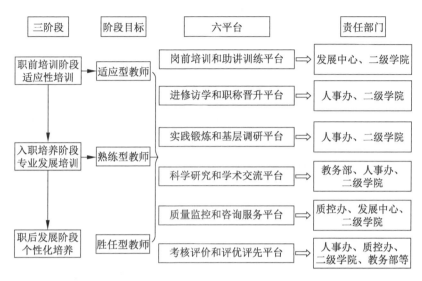

图 11-2 青年教师三阶段六平台体系图

学院依据六平台建设，开展了全员全过程全方位培训，以及进修、企业实践活动。一是进行有计划、有针对性培训。在西方，教师培训被称为"在职教师教育与培养"，意为"通过提供完整的、连续的学习经验和活动来促进教师专业的、学术的和人格的发展"。针对适应型教师，学院制定了《关于实行青年教师导师制的规定》，对新进教师、新调到教学岗位的教师实行导师制，即通过老教师、骨干教师的"传、帮、带"，帮助青年教师尽快适应教学工作，提高教学水平。在为期 2—4 个学期的指导期内，在导师指导下，青年教师需完成上课、听课任务及课后辅导、答疑、批改作业、监考、阅卷、习题课、讨论课、指导课程实验（上机）和实习等教学环节，并参与教育教学研究和科学技术研究。同时，加强对青年教师的考核，采取日常考察与期满考核并重的方式，促使青年教师尽快掌握最基本的教学方法、技能，积累教学经验。针对适应型教师，学院还实行新教师入职培训制度。通过师德师风教育、法律法规和学院各项规章制度学习等,帮助青年教师明确民办高职院校教师的工作职责、教育对象和教学特点,学习、掌握教学工作的基本规律和方法。针对熟练型教师和胜任型教师,学院克服"重使用、轻培养"的倾向,树立"终身教育"观念,积极提供形式多样的教育培训机会。通过教师基本素养培训、骨干教师教学能力提升培训、高职热点培训等系列培训拓展其知识面,每学期安排专项主题,开展全校性的培训,丰富教师专业知识架构,促使其不断学习、更新教学方法和手段,迅速提高教学和研究能力,满足组织发展的需要和人才成长需求。二是鼓励引导各类进修、企业实践。鼓励中青年教师进行学历、学位进修,以提高自身的学历层次、知识素质和学术涵养,促进学院师资队伍结构的优化。鼓励专业学科类的专任教师参加企业挂职锻炼,参加省级企业实践、国家级企业实践,提高实践能力,积极考取各种职业资格、技能等级证,推动"双师型"教师队伍发展,提高实践教学质量。鼓励各类教师参加国内外业务进修、"双师素质"培训,以及与专业技术职务(技术等级)相关的培训等短期进修与培训。

在制度支持上,学院出台了《关于教职工继续教育的管理规定》,鼓励教师在职攻读硕士(博士)学位,到企业挂职或进行短期进修与培训,不断提升业务能力与管理水平,以适应高等职业教育发展需要。又出台了《教师实践锻炼管理办法》,对专业课教师和公共基础课教师提出实践锻炼任务,并做好实践锻炼管理与考核工作,提高教师的实践技能,拓宽教师多元化多渠道培养途径。在资金支持上,学院每年配套投入资金,用作教师在科研、进修学习、企业实践、学术交流、出国留学等方面的资金资助。

第三节 阶段性回顾总结

在人力资源管理阶段,学院意识到作为一所民办高职院校,其兼具高校与企业的双重属性;作为拥有大量知识型人才的组织机构,其需要考虑管理效率和运营成本,需要像企业一样招聘员工、发展员工、激励员工，实现院校的发展目标，提高办学效益，赢得社会支持和社会声誉。这些与企业的生产经营过程有着共通之处，因而可将企业人力资源管理理论运用到民办高职院校的实践中。

伴随国内市场经济迅速发展以及高职院校人才竞争日趋激烈，学院深知只有抓住教师这个主体人力资源，才能提高学院的办学效益和效率，进而提升学院实力。在师资建设中，积极适应人力资源管理要素，有利于学院师资人员的定岗、考核、奖励，对学院师资管理大有裨益。

在此阶段，学院人事部门以四大体系建设为引领，进行了支配权、人员聘用和管理、薪酬体系三要素调整，并通过制度体系建设，基本达到了建立一支"高素质专业化"教师队伍的要求，实现了师资队伍结构优化、质量提高、实力增强的目标，师资队伍由基本支撑向高质量支撑迈进。

但是，在具体实践过程中，师资队伍建设仍存在一些问题，如对人的可持续发展的关注还有所欠缺，缺乏一些战略层面的规划；学校教师队伍年龄结构总体偏年轻，年龄梯队结构有待优化；教学团队的实力有待进一步提升，团队之间的力量不平衡；专业带头人、骨干教师数量偏少，行业企业的专业双带头人队伍建设尚需加强，高水平领军人才相对匮乏。

经历2014年的"高等职业院校人才培养工作评估"，学院完善了师资队伍发展规划，加强师德师风、教学能力、实践能力建设，注重教师培养与引进相结合、岗位聘任与考核相结合，多措并举，为学院健康、可持续发展提供强有力的人力资源支撑。

第十二章

谱华章——和谐环境营造

第一节 背景阐述

经过长期努力，中国特色社会主义进入了新时代，我国经济已由高速增长阶段转向高质量发展阶段，正处在转变发展方式、优化经济结构、转换增长动力的攻关期。我国经济结构不断优化，制造业走向高端，数字经济等新兴产业蓬勃发展，面对经济发展进入新常态等一系列深刻变化，作为对经济社会发展感受最直接、最强烈的一类教育，职业教育势必与经济社会发展同步谋划。经济社会迎来的新局面迫切需要建设知识型、技能型、创新型劳动者大军，这也为职业教育提供了发展机遇和拓展空间。人社部、工信部发布的《制造业人才发展规划指南》显示：中国制造业十大重点领域2020年的人才缺口超过1900万人，2025年这个数字将接近3000万人，缺口率高达48%。而且，随着企业自动化程度不断提升，对技能人才的要求也越来越高，职业院校迎来可持续发展的重要机遇期和挑战期。

进入中国特色社会主义新时代，职业教育被赋予了前所未有的光荣使命。党的二十大报告提出："统筹职业教育、高等教育、继续教育协同创新，推进职普融通、产教融合、科教融汇，优化职业教育类型定位"，"健全终身职业技能培训制度，推动解决结构性就业矛盾"。这些都对职业教育提出了更高的要求，给予了更高的期待。这就要求职业教育战线要坚决扛起党的二十大赋予的新使命、新任务，一步一个脚印把习近平总书记对职业教育"大有可为"的殷切期待转化为"大有作为"的生动实践。

党的十八大以来，以习近平同志为核心的党中央高瞻远瞩、审时度势，把教师工作提到了前所未有的政治高度，把教师队伍建设摆在极端重要的战略地位。习近平总书记围绕教师队伍建设作出了一系列重要指示和重大部署。2018年1月，中共中央、国务院印发《关于全面深化新时代教师队伍建设改革的意见》，这是新中国成立以来党中央出台的第一个专门面向教师队伍建设的里程碑式政策文件。文件指出，"造就党和人民满意的高素质专业化创新型教师队伍，落实立德树人根本任务"，研究出台一系列配套文件和政策举措，推动各地结合自身实际出台实施意见，构建中央统领、地方支撑、无缝对接、全面覆盖的制度体系，可以说打通了新时代教师队伍建设改革的"最先一公里"。从1999年提出的建设"高水平"教师队伍，到2012年的"高素质专业化"教师队伍，再到2018年的"高素质专业化创新型"教师队伍，在国家层面从师德和师智再到师能等方面，对师资队伍建设的内涵进行深化，也对提升师资整体素质的渠道进行了拓展。

国务院2019年颁布《国家职业教育改革实施方案》，从文件中可以明确看出，无论是职业技能实训基地建设、校企合作，还是"1+X"证书试点等政策，背后都离不开"人"，即师资队伍建设这一重中之重。也就是说，师资队伍建设是职业教育改革的保障性、内生性需要。在新的发展阶段，学院意识到，高职院校师资队伍建设要以稳中求进为主基调，坚持高质量发展。对民办院校而言，最大的忌讳莫过于视教师如雇员，导致过大的流动性，以致人才、质量沦为空谈。学院围绕着职业教育师资队伍建设的几个关键因素开展建设，在横向扩展上，从重视教师理论实践知识、基础教学能力以及实践教学能力建设，逐渐演变为兼顾师德与专业理念、专业发展能力；从重视在职师资的培养培训，逐渐扩展到在职教师准入标准的完善及校企合作。在纵向扩展上，对教师队伍结构、"双师型"教师等相关概念的认识也逐步深化和深入。

第二节　建设思路与实践

运用战略性人力资源管理的理论，塑造学院与员工共担3种重要角色：战略伙伴、发展支持者、变革推动者。突出"合作"导向，关注文化环境，推动"书面契约"转变为建立"心理契约"。心理契约理论是员工与组织之间存在的一种隐性契约，其核心是组织管理人员让下层工作人员意识到双方目标的一致性，并且其更应当注重二者之间的和谐关系。应用心理契约理论对教师进行人文关怀式的激励，能够使每位教师在动态的状况下保持和学校的和谐关系，从而将自身的才能充分体现在教育教学工作之中。将学校的发展与教师个人的发展期待作为全新的激励手段，能够逐渐打造出一支活力无限、潜力巨大的组织团队。

在建设策略上利用"稳""进"的人文环境建设，以自身发展带动教师发展，以不断满足教师日益增长的物质文化需求和努力实现教师的全面发展为各项工作的出发点和落脚点，以自身创新激励教师创新，激发师资队伍内生动力，使教师对学院产生归属感，将组织的目标与个人目标很好地统一起来，完成建设高素质专业化创新型教师队伍的新任务。

在师资管理工作过程中，学院进行科学合理的情感管理，坚持"情"字固本、用心用情，当好"服务员"，着眼于教师这个有思想、有情感、有尊严、有需求的"人"，突出关爱、尊重、人文的功能，增强学院与教师之间的情感联系和思想沟通，调动方方面面的主动性和积极性，凝聚方方面面的智慧和力量，用实实在在的行动维系好教师的满腔热情，增强学院的向心力和凝聚力。

一、"稳"环境：守幸福常量

（一）优化待遇保障机制

为应对物价水平的上涨，切实提高教职工待遇，制定全员加薪方案，提高基础薪酬标准，加薪后人事成本约占学院收入的49%。提高伙食补贴和就餐补贴标准，减轻教职工负担。建立与完善社会化的民办高职院校教职工的住房、养老、医疗和失业等保险制度，稳定师资队伍。企业年金范围从骨干扩大到在校工作满一定年限的普通教职工，实现70%覆盖率。制定了员工福利计划，保障范围为门急诊医疗、住院医疗等，减少教师因病因意外支出的医疗费用。为改善教师工作和生活条件，出台《教师宿舍管理办法》。为方便教师通勤，调整班车线路，合理有效利用学院班车资源，方便教职工。

（二）创造民主管理的工作环境

学院作为承担社会责任的特别社会组织，其管理是复杂和民主的。对待教师，我们除了要为他们提供体面的生活保障，不让他们为五斗米折腰外，在学术管理上，必须摒弃官僚体制和行政化，因为官僚体制可以要求教师必须教书，但无法要求他们充满热情；可以要求教师必须研究学术，但无法改变他们的学术兴趣。学院致力于建立良好的制度环境和政治生态，营造和谐共赢的氛围，坚决杜绝急功近利、损人利己、钩心斗角、弄虚作假的不良行为现象。

从大部分民办高校目前的权力分配模式可以看出，行政权力是高于学术权力的，学术人员参与管理是有限的，那么这就要求对二者之间的关系进行有效平衡，将行政权力合法化，并且将行政权力合理化。学院坚持民主集中制原则，制定二级学院党政干部议事规则。将管理重心下移，为教职工提供更多参与学院管理的机会，通过开展各种形式的教师座谈会，每学期院领导带领职能部门领导赴二级学院进行调研等，让教职工更多地参与学院日常事务管理，制定学院的整体发展战略，激发教职工的主人翁意识，增强管理的透明度和公正性。建立有效的沟通机制，广泛听取教职工对学院工作的各项建议，通过

"深度会谈"实现行政管理部门与教职工的沟通，消除教职工个体之间的"习惯性防卫"等心理障碍，明确各成员在团队中的角色和作用，形成合理的分工协作关系。提高科学治校、民主治校和依法治校的水平，通过教代会、工作研讨会、民主评议会、教学委员会、学术委员会等多种渠道，使教职工当家作主成为现实。2017年年底，随着英语生源萎缩及学院公共课程改革，外语教师面临着无课可上的困境。学院没有放弃每一位老师，在充分考虑到每位教师的个人职业发展需求后，积极帮助教师寻求职业转换后的新方向，成就教师职业新梦想，让他们感受到"大家庭"的温暖。

在工作条件和环境、人际关系、决策参与机会、学校设施与资源的使用上不断满足教职工需求。优化教职工工作环境，努力为教职工创造一个良好的教学场所；加大设备投入，努力完善学科发展与科学研究的设施条件。为教职工搭建教学支持和辅助体系、科研支持和辅助体系、行政支撑和辅助体系等。树立行政管理人员是民办高职院校服务者的观念，为学院的运行提供完善的服务，以确保各环节顺利开展。

在学院管理制度的制定、修改、废除和执行中，特别是在涉及教职工责、权、利等制度的制订、修改时，做到上下沟通，让教职工共同参与，充分尊重他们的主人翁地位。通过信箱、邮件等各种形式收集教师提出的建议和意见。对教师提出的建议和意见高度重视，能解决和采纳的及时解决和采纳，不能采纳的及时反馈，作出合情合理使人心悦诚服的解释。在与教职工互动沟通的过程中，鼓励教师更主动地参与管理，更多地提出自己的想法，提高教师的主人翁意识，从而把学院的规划目标转化为教职工的自觉行为，同时也能为学术研究创造一种积极公平的环境。此外，落实教职工民主监督权利，做到制度内容公开，执行程序公开，校务毫无保留地公开，让教职工享有知情权，拥有真正的监督权。

（三）发挥工会"娘家人"作用，让教师有归属感、幸福感

从人力资源管理理论来看，人力资源投资是一种特殊的投资形

式，它是由学校和教职工共同投资形成的合作投资形式。人力资源投资合同，最多能规定受投资者必须履行在学院中继续服务的期限，却不能控制其在服务期间的效率。因此，人力资源作用的发挥，不能仅靠合同、契约和经费投入的约束，更需要有情感的投入，需要营造具有浓厚人情味的人际关系环境，用有形的劳动契约和无形的心理契约双重纽带把教职工与学院紧密地联系成一个不可分割的整体，共创民办教育事业和员工个人的美好明天。为此，工会紧紧围绕立德树人根本任务，突出工会主责主业，推进工会工作的改革创新，用务实的举措，牢固树立全心全意为教职工服务的观念，不断提高服务质量，团结动员教职工踔厉奋发、勇毅前行，做好教职工信赖的"娘家人"。

增强教代会运行质效。健全以教代会为基本形式的民主管理制度，进一步推进教代会规范化、制度化建设，构建和谐劳动（人事）关系。2013年学院设立劳动争议调解委员组织，明确了委员与调解员工作职能。在充分信任、相互理解的基础上，学院没有发生纠纷问题。学院重视教师话语权，尊重教师的知情权、参与权。学院管理者遵照《中华人民共和国教师法》《中华人民共和国民办教育促进法》等相关法律法规，充分重视教师的作用，建立和健全教职工代表大会制度和工会组织，通过教职工代表大会等多种方式、多种渠道，让教师参与学院发展的各项工作决策。

关爱教职工身心健康，努力构建多元、互动、创新、开放的校园文化氛围。学院工会时刻以教职工为中心，积极倾听教职工心声，从教职工最关心、最直接、最现实的问题入手，树立"家"文化建设理念，不断提升教职工幸福指数。组织开展教职工趣味运动会、球类联谊赛、教职工合唱比赛、书香"三八"读书活动，以及徒步毅行、百人云跑、烘焙、插花等多种形式的阳光体育和文艺活动，通过丰富多彩的文化体育活动和职工思想引领特殊项目活动，激发广大教职工在本职岗位和各项任务中"争当表率、争做示范、走在前列"的使命担当。深入开展送温暖活动，新冠疫情期间第一时间慰问抗疫一线教职工，教师们倍感温暖。做好精准帮扶服务，发挥分工会组织的作用，针对困难职工、女职工等特殊群体，不断完善常态化的联系机制、关怀机制、帮扶机制。不断调整工会福利政策，学院针对重阳节、妇女节、教职工生日等设有节日慰问金、旅游费、生日贺金等福利补贴。在大家越来越重视健康的当下，学院从2017年起把原两年一次的体检改为一年一次，体检费用更是提高了2倍；设置"健康角"，每年开展健康、心理辅导讲座，处处体现了学院对教职工的关爱。修订《考勤与假期管理规定》，在加强教职工的劳动纪律观念，规范考勤、加班、请假等行为的同时，根据国家政策及时调整规定，保障教职工休假制度的落实。学院工会还提供服装经费，定期为教职工制作款式新颖、设计合理、品质优良的"校服"，并且为了确保"校服"制作精良，合人心意，开展广泛调研征求教职工的建议，对衣服的面料、颜色、款式层层筛选，并让教职工全程参与，最终达到"因人而衣"的最佳定制效果，切实提升教职工的穿着舒适度和满意度。2021年学院在校内空地尝试建立小型农场，种植绿色蔬菜，饲养生态鸡等，以不高于市场的价格提供给教职工，得到了教职工的一片称赞，教职工感受到学院在努力为他们办实事、办好事。

（四）党建引领，传播好声音正能量，用实践阐释发展理念，立体式展现形象

以党建工作引领教师队伍建设。以全面提升政治判断力、政治领悟力、政治执行力为重点，增强"新时代新思想新宣讲"的鲜活性，通过选树先进典型，筑牢广大教职工奋进新时代的思想基础，以社会主义核心价值观为引领，大力弘扬革命文化、中华优秀传统文化，讲好红色革命故事、个人先进故事、身边人的鲜活故事，彰显"南洋人"作为、展示"南洋人"形象，传递好声音，聚集正能量，积极打造健康文明、昂扬向上的教职工文化。"学习强国"学习平台的参与度和人均分都排在市属同类院校首位，广大教职工自觉参与学习。构建党政双向协同机制，实施教师党支部书记"双带头人"培育工

程；充分发挥党支部的战斗堡垒作用和党员教师的先锋模范作用，引导广大教师党员在教育教学管理中把党员身份亮出来、先进标尺立起来、先锋形象树起来。"校地共建"区域党建共同体工作有序推进。与大浮社区党委等15家党组织结成党史学习教育联盟；"庆祝建党100周年暨新党员宣誓老党员重温入党誓词"隆重热烈、鼓舞人心；"同学辉煌党史 共咏百年赞歌——歌声中学党史"教职工演唱比赛，90%以上的教职工参与演出，他们既是党史学习者，又是党史演绎者，以赛促学，党史学习教育更加生动。以党建工作带动师资队伍建设，推动党建和业务深度融合，业务与思想齐抓，师德与师能并重，教与学共进，师资队伍建设取得了实实在在的成效。全校上下形成了"苦干、实干、拼命干，务实、求实、抓落实"的浓厚氛围和"想干、会干、能干"的良好局面，通过以党建工作创新为先导，努力造就一支政治素质过硬、教育情怀深厚、业务水平精湛、师表形象良好的新时代教师队伍。

和谐校园为教职工提供更高的发展期许、具有挑战性的工作安排、更有激励性质的荣誉制度以及良好的人文环境。加强人文关怀，强调团队协作，积极创造互助、合作、团结向上的文化氛围，营造一个政策宽松、学风优良、尊重知识、重视人才、科研条件优越、人事关系和谐的"软环境"，不断激发人才的主观能动性、工作积极性和创造性，推动学院教育事业向前发展，为教职工提供一个潜心研究、实现自我价值的良好工作条件。在"个人愿景"的基础上建立组织成员之间"我愿"中有你，"你愿"中有我的"共同愿景"，即基于社会主义核心价值观和组织使命确立一个大家普遍认可，共同创设的未来景象。

二、"进"环境：队伍发展新生态

（一）实施大部制改革，建构网状管理结构

大部制改革是学院深化内涵建设、合理配置资源、提高工作效率的有效手段。学院经反复征求基层部门和教职工意见，形成了《无锡南洋职业技术学院大部制改革方案》，实行"全院三大板块、行政四个大部、运行三层交互"。在组织架构上，将全院分为党群组织、行政部门、教学单位三大板块。在运行流程上，新的管理可分为3个层面，即决策层、执行层、监督层。在行政部门设置上，将学院原有16个处（办、室、中心）调整重组，新设了4部1办，共5个部门：校务部、教务部、学务部、后勤部、招生办。其中校务部包含人事管理职能，即劳资管理、人事、组织管理、师资管理、教师发展等。在管理服务上，根据新的部门和岗位职责重新制定工作流程，进一步优化工作路径，提升工作效率，特别是强化行政部门从"管理"向"服务"的职能转变。

为进一步深化学院大部制改革，提升学院管理水平，不断提高机关工作效率，2020年学院调整行政部门机构设置，成立组织人事部，整合校务部党务、质量监控、人事管理职能。整合后，组织人事部内设党务办、人事办、质控办，组织人事部人事办下设教师发展中心。学院实施大部制改革已初见成效：一方面，大部制改革后，减少工作条线壁垒，变成大部内的条线分工协作，提高了管理效率；另一方面，在大部制模式下，逐步加强业务流程的顶层设计和整体规划，加强业务监管和分析，高关联度的工作内容相互融合，激发了多项创新，提升了管理水平。

经过大部制改革，各部门由"小散弱"变为"大而强"，打破边界，实现融通，通过专项工作引领职能部门间横向协作，以及职能部门与二级学院条线工作的纵向协作，建构信息畅通、反馈机制健全的网状管理结构，实现组织人事工作的统筹、引导和杠杆作用，为学院发展提供人才支持和人力保障。在不同部门间工作配合、不同工作条线衔接、关联工作融合的过程中，组织人事部主动与其他行政部门、教学团队对接，充分整合各学科人力资源，发挥优秀人才的团队效应和马太效应，以"平台、基地、团队、项目"为依托，致力于组织大任务、建设大平台、组建大团队，加快培育团队，让服务更到位、管理更精细、职能再拓展。在团队建设上，根据学院的总体规划，紧密结合学科专业建设，优先支持品牌特色专业，注重培养和引进高层次人才，组建优秀教学团队与科技创新团队。在人才建设上，注重将相同、相近学科专业的师资进行整合，形成合力，以形成师资队伍建设的特色与优势，增强学院的核心竞争力；在突出重点的同时，全面考虑各学科专业师资队伍建设的实际与需要，保证教师数量，兼顾各学科专业的平衡发展。

(二) 注重联盟式发展，健全协同联动机制

积极推进政府、学院、教师、企业"四位一体"的协同机制，致力于构建"政校行企社"职业教育实践共同体，突破民办高职院校师资队伍建设工作困境。在借力企业参与方面，2019年2月，国务院正式印发《国家职业教育改革实施方案》，提出要"深化产教融合、校企合作，育训结合，健全多元化办学格局，推动企业深度参与协同育人，扶持鼓励企业和社会力量参与举办各类职业教育"。企业参与民办高等职业教育，既符合国家的政策要求，也有助于提升民办高职院校教育教学水平，实现三方共赢。学院建立校企人员双向流动、相互兼职常态运行机制，探索多种校企合作模式，根据民办高职院校自身特点和人才培养需要，主动与具备条件的企业在人才培养、技术创新、就业创业、社会服务、人才交流等方面开展合作，推动学院和行业、企业形成命运共同体。一方面借力产教融合、校企合作，选派专业课教师以多种形式参与企业实践或基地实训，加强教师下企业的实践目标管理和实践成果考核，提升教师技能；另一方面重点引进企业的技术骨干和高精尖专业人才到学院兼职任教，对兼职教师聘用、考核实行二级管理，促进兼职教师与校内教师沟通合作，打造高素质"双师型"教师队伍。

职业院校之间分别拥有独立的异质性教育资源，从资源整合视角来看，校际合作将有助于实现优质职业教育资源的集聚。探索实施"人才共享计划"，充分利用社会资源，千方百计融聚校外优秀人才，

发挥校外优秀教师在教学、科研上的示范和引领作用，组建较高水平的学术团队，共同制定人才培养方案、课程标准，开展授课、科研、筹建实验室、指导青年教师等工作，畅通校内外人才共享通道，不求所有，但为所用。2020年"江苏省民办高等职业院校联盟"成立，该联盟隶属江苏省高等教育学会高职教育研究委员会，作为智库为政府制定和出台民办高职院校师资支持政策提出建议，学院凭借多年规范办学的积累，负责联盟日常工作。而后，学院成立民办高等职业教育研究中心，隶属江苏现代职业教育研究院，承担民办高等职业教育改革与发展专题调研、理论和实践研究。近期经过充分调研提出了设立民办高校发展专项资金，构建民办高职院校整体性评估、逐步规范和差异性发展的支持策略等建议。相信借助政府管理、规范和支持民办高职教育的智能平台，这些政策很快会被政府关注，从而使更多高质量发展政策能够出台，促进民办高职院校的发展。

拓展一体化育人，提升教师职业素养。在无锡南洋职业技术学院有一个高频词："职业素养教育"。为了切实推行好职业素养教育，学院设计了一系列的教育活动，并且把职业素养教育纳入了人才培养方案，这是无锡南洋学院职业教育的大改革。6个二级学院凝练了各自的职业素养教育宗旨，汽车学院"修德精技，卓悦服务"、建艺学院"抱诚守真，尚美筑艺"、航旅学院"技艺融通，秀外慧中"、幼教学院"励学乐教，以爱育人"、商学院"重诚守信，修技养德"、智信学院"善思求精，工整协同"。学院所开展的职业素养教育活动，得到了教育专家的肯定。通过启动教育教学一体化育人工程，用好第一、第二、第三课堂，学院建立了"党委统领导，学院全面负责，上下联动，以院（系）为主，各院（系）党总支书记是学生工作第一责任人"的育人工作机制，形成了"教学育人、服务育人、管理育人"的良好工作氛围。积极推行学生工作站进驻公寓制度，全面落实辅导员岗位目标责任制，并将学生工作纳入学院目标管理考核体系，一体化育人"驶上"快车道。自学院开展职业素养教育、实施教育教学一体化育人以来，教学、学工、行政发挥积极作用，形成了可持续的职业素养教育良好生态，教师的专业教学、学工人员的思想政治教育、行政人员的服务与监督融入一体化育人，构建了教育教学一体化育人的平台。通过转变专任教师、教学管理干部、思政干部、行政干部观念，创新工作方式方法，加强师德素养培育和考核，实现教学、管理、服务与思想政治教育的融合，从而进一步增强教师提升职业素养的自觉性。各岗位人员的职业素养在此过程中得以同步提升，"育人"成效显著，"育己"成果丰厚。

(三) 创新评价方式，破解人才评价难题

运用创新理念、创新举措紧抓人才评价改革、教师素质提高等关键变量，提升人才创新潜力、活力，化"关键变量"为"最大增量"。

开展教师教学测评、行政职员综合测评，出台《教师教学测评实施方案》，学院结合日常教学管理和教学质量控制工作，开展以"教学能力"、"教学投入"和"教学效果"为主要观测点的教师教学测评活动。通过该方案的实施，结合各项教学建设工作，促使教师把先进的教育理念贯彻到教学中去，提高教师职业教育教学能力，推动教师积极投入教学；依据测评结果，详细分析数据，使每位教师都知道自己所在阶段；通过测评，对教师进行评价分级管理，优化教学团队，夯实师资队伍建设基础，促进学院内涵建设再上新台阶。针对行政职员综合测评，综合测评内容主要包括职业素养、能力水平、履行职责及工作业绩等，采用笔试（20%）、业绩考核（50%）及民主评议（30%）3种方式进行，通过以考促进、以评促培，正向引导并培养，全面提升行政职员管理水平，形成具有南洋特色的管理队伍。出台《关于公推公选中青年后备干部的实施意见》，通过测评也为学院中层干部的选拔提供依据，进一步拓宽选人用人视野，健全完善后备干部培养选拔工作机制，培养德才兼备的管理人才。

实行以"双师型"为基础的教师认定标准改革，实施"双师素质及双师结构"建设计划，推进以"双师素质"为导向的新教师准入制度改革，为职业教育培养"工匠之师"。在教师引进时向"双师型"教师倾斜，确定引入目标和条件，重点引进在专业、行业领域具有较高知名度、影响力的学者、专家，树立学术权威，遴选培养青年骨干科研人才，构筑专业建设和职业教学研究人才高地；加强对校内教师"双师素质"的政策引导与督促，将"双师素质"作为教师职称评聘的重要依据，将"双师型"教师工作履职情况纳入个人年度考核；加强"双师型"教师的动态管理，建立教师下企业实践的业务档案，依托深度校企合作单位，通过挂职锻炼、企业顶岗以及企业培训等形式，锻炼提升教师的实践能力，对挂职实践或顶岗锻炼效果与质量进行严格考核，努力提高教师下企业实践效果与质量；注重兼职教师的队伍建设，聘用行业企业专家或能工巧匠担任学校专业建设带头人，建立学科专业建设双带头人制度，学校各学科专业与行业企业的兼职教师共同组建"双师"结构团队。

2022年10月，教育部印发了以《职业教育"双师型"教师基本标准》为主要内容的《关于做好职业教育"双师型"教师认定工作的通知》，该文件是规范职业院校开展"双师型"教师认定工作的指导性文件，开启了我国职业教育教师队伍建设的新纪元，从根本上解决了"双师型"教师认定无标准、程序不规范、工作难开展的问题。在新的政策文件指导下，学院修订《"双师型"教师认定办法及认定条件》，每年进行"双师型"教师认定，启动全新"双师型"教师认定工作。学院"双师型"教师评定注重教师弘扬师德、铸炼师魂，践行社会主义核心价值观；产教融合、立德树人，培养高素质技术技能人才；理实一体、潜心教学，融通信息化技术教书育人；与时俱进、寓教于产，促进校企文化技术双融合，并且明确了认定范围，制定了认定标准，规范了认定流程，实施了分级分类，确保教师"对号入座""有标可循""公平公正""科学合理"。

（四）创新培育模式，突破人才"造血"困境

自2006年以来，教育部、财政部已联合实施了三轮"职业院校

教师素质提高计划"。自2015年以来，在国家素质提高计划的政策背景下，学院教师素质提高计划的实施空间环境发生了很大变化，从最初的学校单一培训主体，发展为现在的校企等多主体；从注重补知识和技能短板的生存性培训，发展为注重个性化能力提升的发展性培训；从提升教师整体素质的综合性培训，发展为满足个人专业发展的专项培训；从注重个人职业素养的提升，发展为注重训后培训成果转化。基于此，在学院教师培养模式上，学院构建了"四全"工作机制，进行全覆盖育人，服务对象扩大至全体教师；进行全方位育人，服务范围扩展到教学、科研、服务社会、身心健康等方面；进行全过程育人，将服务贯穿于教师职业生涯的全程；进行全协同育人，支持单位扩展为学院各部门和各二级学院。

一是升级学院人才计划。制定"南洋菁英"人才计划实施办法，分类培养教学团队、管理团队的领军人物和核心力量。项目设置包括教师专项和管理专项两大类。教师专项重点培养专业带头人、教学名师、骨干教师和骨干辅导员，加快教师梯队核心力量建设，推进校优秀教学团队建设，培养一支高素质专业化创新型教师队伍；管理专项通过选拔培养"管理团队带头人"和"管理骨干"，打造一支业务创新能力强、有优良作风、真抓实干的管理干部队伍。通过发挥"南洋菁英"人才的传、帮、带作用，形成教师队伍的团队合力与整体优势，提高师资队伍整体建设水平，全面推动校企合作、人才培养模式与课程体系改革创新和提高实习实训基地建设水平，为进一步提高学院专业建设水平和人才培养质量奠定坚实基础。在此基础上，整合学院原有特殊津贴、精英人才项目津贴，纳入人才专项经费，用于人才项目入选者的岗位津贴发放。

二是健全师徒结对机制。在青年教师培养上，深化青年教师导师制，发挥青蓝工程示范引领作用。按照青年教师成长计划，在现有"师徒结对"基础上打造"青蓝工程"，聘请经验丰富的来自不同部门、不同学校、不同行业的老师担任青年教师的指导老师，指导老师传帮带、手把手地传授青年教师教学技能、教学艺术及实践经验。通过跨部门、跨学院、跨行业的专业培训、学习观摩、企业顶岗实践等措施，帮助青年教师实现一年牵着手（入门）、两年跟着走（过关）、三年四年放开手（基本成熟或成熟），造就一支基本功扎实、教学能力强的高素质的青年教师队伍。在后备干部培养上，重视后备干部培养及管理，培养方式采用在岗培养及挂职锻炼两种形式。对于在岗培养的干部，根据需要适时任命相应管理干部职务，履行岗位职责，享受相应职务待遇，按管理干部岗位目标任务进行考核；对于挂职锻炼的干部，根据定向培养要求，任命相应管理干部职务助理，与学院签订挂职锻炼年度目标任务书，对挂职助理采用"师徒结对"方式，使其在相应管理岗位上得到锻炼，协助"师傅"开展工作。

三是深化混合式培养培训。培训是民办高职院校教师自我发展、提高教学和科研质量的必备手段。学院以满足教师专业发展个性化需求为工作目标，注重为教师培训体系注入更多的人性化因素，做好培训的计划和组织工作，真正从教师的实际需要出发构建教师培训体系。继续高质量打造集教学能力培训、教学咨询服务、教学改革研究、教学质量评估、示范辐射引领于一体的教师发展中心，加强对教师的职业发展指导工作，开展教师职业发展咨询，帮助教师突破职业发展瓶颈，畅通人才"服务"桥梁。以全程培养为核心，创新培训模式，完善教职工培训体系和管理平台，利用超星线上教师发展培训课程平台，引入优质的线上培训课程，探索线上、线下混合式教师培训；落实全员培训制度，实行固定周五培训计划，每周五下午为专任教师固定坐班日，积极开展校、院二级校本培训，校级培训以教师通用能力培训为主，二级学院以专业能力培训为主，建立主题研讨与专项实践相结合的院校二级校本培训体系；充分利用国培省培资源，多形式组织教师业务培训，不断提升教师在专业建设、教科研、混合式教学、课程思政等方面的能力。以会代培，通过不同的会议、活动，强调教师的责任感、精益求精的工作精神、发展意识等专业素质；以课代培，通过教师谈话交流、跟踪听课、集中议课、督导反馈、主题教研活动等方式进行针对性辅导，指导教师教学业务能力提升，引导教师树立职业理想、加强职业发展规划。

（五）数字化赋能人事管理，促进智慧校园建设

开展人事管理信息化建设既是学院主动融入信息化社会，采用先进的信息技术手段提升人事工作效益的主动之举，也是破解学院人事管理难题，推动人事管理工作由"管理型"向"服务型"转变，开辟学院人事管理新局面的必然之策。同时，作为学院智慧校园建设体系的重要组成部分，人事管理系统将为其他业务系统提供重要的数据支撑。为此，2022年学院人事部门以"数据、服务、决策"三大中心为信息化业务发展建设方向，积极与项目单位对接，搭建学院统一的人事基础数据平台，建设高质量的人事数据中心；建设以人事管理业务为主线的完整的生命周期管理平台，打造教师信息服务中心；支撑学院人事管理发展战略，提升人事管理信息化决策支持能力，建立人事数据决策分析平台。通过人事管理信息化建设，提高了人事工作效率，为学院决策提供了一定依据，也为教职工带来了极大便利，同时有利于促进各职能部门之间的团结与协作，实现信息资源高度共享与信息资源利用的最大化。在大数据时代融入信息化建设大潮，努力"融"出更大发展空间。

第三节　阶段性总结回顾

战略性人力资源管理的核心任务就是通过整合，使学院发展战略和教师资源战略保持一致。如果说企业员工可以通过股权或高额报酬分享企业成果，以实现个人人生价值和目标的话，那么，对民办高职院校教师而言，其成果分享更多的则体现在满足高层次需要上，特别是工作需求、职业生涯规划及其实现。这时需要学院提供个性化的人力资源服务和产品，从有形的合同管理向隐形的心理契约管理转变，帮助、支持教师取得成功，使教师在学院工作过程中提高工作和生活

质量，实现教师价值和学院价值在更高水平上的和谐统一。有足够的发展机会和空间，其重要性往往超过金钱。沟通、共识、信任、承诺、尊重、自主、服务、支持、创新、学习、合作与支援，同样是民办高职院校人力资源管理的新准则。

在战略性人力资源管理阶段，尤其是学院大部制改革后，组织人事部成为独立大部，由学院战略的被动接受者转变为战略制定的参与者和战略推行者。在师资队伍建设工作中，坚持"稳"字当先、稳定规模质量，坚持"创"字贯穿、放大关键变量，坚持"融"字为要、扩大空间容量，坚持"情"字固本、守好幸福常量。通过"稳中求进"的环境建设，培养了一批"高素质专业化创新型"教师，努力使合作伙伴关系显现，实现教师个人发展目标与学院目标相匹配。

第十三章

民办高职院校师资育成果，人才发展显成效

学院在 25 年的办学历程中，始终将师资队伍建设作为立校之基、兴校之源、强校之本，采取积极措施，创新推进教师队伍建设和改革，在师资队伍建设方面取得了显著成效。

学院以 2006 年的"高职高专院校人才培养工作水平评估"及 2014 年的"高等职业院校人才培养工作评估"为契机，以评促建、以评促改、以评促管、评建结合，狠抓学院内涵建设，进一步统筹谋划教师队伍发展前景思路，最大限度发挥人才队伍效能，做到主动汇聚人才、持续培育人才、用心留住人才，使学院师资队伍建设工作登上了一个又一个新的台阶。

第一节　筑巢引凤栖，花开蝶自来

人才引进是师资队伍发展战略的重要环节。在人才引进和培养的进程中，学院意识到教师年龄结构、学历层次、学缘结构和师资队伍内部结构要保持合理化，按照"立足培养、加强引进、注重结构、提升素质"的方针，注重人才引进的计划性、针对性、适配性，科学谋划、突出重点，汇集了一支数量充足、素质优良、结构合理的人才队伍，实现了学院师资队伍规模稳步增长，教师结构持续优化。

从年龄结构来看，合理的年龄结构是人才资源结构优化的重要方

面，只有年龄结构合理，才能避免出现新的"年龄断层"。从学历层次来看，提高教师的学历层次是提高整体素质和业务水平的重要措施，也是人才队伍建设的重要方面。从学缘结构来看，要建立高水平的教师队伍，必须多元化、多渠道从不同院校、从国内外引进不同学历、不同经历的高级人才。从师资队伍内部结构来看，要大力充实教学科研人员，精减非教学科研人员，改变人员结构失衡、人力资源利用效率不高的困境。

在师资队伍建设进程中，学院现有教师培养积蓄内生动力。将人才队伍建设纳入各二级学院目标考核项目，作为各二级学院发展规划及学年度工作计划，并加强对各项人才培养项目的日常管理考核及经费保障，发挥好引领和辐射作用。同时，加大对高级职称人员的培养支持力度，督促院聘高级职称培育对象进一步明确聘期目标，紧密结合学院实际开展工作，形成职称梯队建设的浓厚氛围，促进教师能力素质提升。截至2023年2月，学院专任教师中拥有硕士及以上学位者占比为44.4%，拥有高级职称者占比为24.4%，拥有中级职称者占比为45.2%，"双师型"教师占比为61.2%。师资队伍的学历和职称结构进一步优化，师资队伍整体水平进一步提高。在学缘结构上，学院在教师选用方面通过公开择优招聘的方式，引进外源教师，特别是高层次人才，同时积极落实教师继续教育方针，促进受培训教师学缘向多元化发展。据统计，截至2023年2月，学院专任教师中985、211院校毕业人数占比为47.4%。

在干部梯队建设上，学院始终坚持"外引内培"相结合、以"内培"为主的原则，秉持德才兼备、以德为先的用人标准，着力打造"广开渠道选人才、诚心实意引人才、一心一意育人才、不拘一格用人才"的干部引进培养链，完善干部聘任及定期轮岗制度，推动干部跨部门交流。加强教职工队伍建设，坚持人岗匹配原则，优化管理团队建设，推动建设基层好班子、好团队；注重年轻干部培养，敢于压担子、培养好苗子，通过多岗位历练，加速其成长，使之早日脱颖而出，独当一面。学院干部队伍培养成效显著，内部人才培养比例达86%。

目前，学院专业带头人基本到位，骨干教师队伍安心稳定，一批青年教师站稳讲台，教师学历学位不断提升，中高级职称拥有者比例明显提高，引进一批具有企业背景的工程师、经济师改善了"双师"结构，师生比达到合理的要求。师资结构不断优化，人才强校的基础被不断夯实。

第二节　筑巢引凤来，巢暖凤自栖

在招才聚才基础上，学院还紧紧抓住人才培养与使用环节，以创新激励机制为手段，大力实施"师德工程"，优化师德师风；注重提升"双师素质"，优化"双师"结构；实施"青蓝工程"，培养青年教师，优化梯队结构，培育优秀团队。通过完善教师培养培训制度、教师赴企业挂职锻炼制度，提升了教师实践教学能力，逐步实现了教师队伍的转型；通过实施岗位竞聘稳定了教师队伍，确立了教师在学院教育事业发展中的主导地位；通过实施绩效考核制度，激发了教师工作的积极性与创造性，教师队伍整体实力得到提升。

教师培训进修方面，注重政策上激励、经费上保障、管理上加强、形式上创新，因人而异、因地制宜，根据教师发展和教学需要，学院每年会选派50人以上参加业务知识与技能培训，有计划地安排教师带着任务下企业挂职锻炼。人才项目方面，每年入选省高校"青蓝工程"1—2人；在"省高职院校青年教师企业实践培训项目"、省人才评审专家库、江苏省产业教授（兼职）、省企业兼职教师奖补项目上也都有人入选。在江苏省教育厅首批立项建设的"双师型"名师工作室（高职）中，学院的"教育数字建筑创意'双师型'名师工作室"成功获批。在全省50个获得首批立项建设的"双师型"名师工作室（高职）中，仅有两所民办高职院校入选，学院为其中之一。此外，学院连续两年获得民办高校发展奖补金。学院涌现出一批教书育人典型，教师们在各类大赛中屡获大奖，取得了无锡市"优秀教育工作者"、无锡市教育系统"优秀党务工作者"、无锡市"教书育人优秀共产党员"、无锡市"优秀班主任"、无锡市"岗位学雷锋标兵"、江苏高校思想政治教育工作先进个人等诸多荣誉。这些都与学院多年重视育人环节分不开，学院师资队伍素质全面提升，为学院专业建设、人才培养和事业发展注入了人才动力。

现代管理学认为，一个单位应当保持合理的人员流动，人员长期不流动会成为一潭死水，缺乏活力；但人员流动比例过大则又会影响队伍的稳定和事业的发展。离职率是企业用以衡量企业内部人力资源流动状况的一个重要指标，通过对离职率的考察，可以了解企业对员工的吸引和满意情况。同理，学院教师的离职率也是衡量教师队伍稳定和组织认同的重要标志，关乎学院的发展与未来。

一直以来，受限于缺乏国家和地方财政支持，民办高职院校教师在福利保障方面与公办院校存在较大的差距，许多保障制度和措施仍未得到健全与普及，教师离职率普遍较高。根据统计数据来看，学院在建校初期，教师流失相对较多，2009—2010 学年度离职率达到 16.99%，2010—2011 学年达到 17.45%。随着学院制度不断健全，搭建匹配学院需求的招聘流程，完善教师沟通与参与机制，不断优化教师激励机制，加强人文关怀管理，提高薪资福利待遇和教师身份认同，教师离职率已呈快速下降趋势。2021—2022 学年学院教师离职率仅为 2%，人才流失"止血"有效（表 13-1）。

表 13-1　2008—2022 学年度学院离职率

学年度	离职率/%
2008—2009	2.05
2009—2010	16.99
2010—2011	17.45
2011—2012	10.61
2012—2013	9.88

续表

学年度	离职率/%
2013—2014	5.58
2014—2015	9.24
2015—2016	8.39
2016—2017	10.76
2017—2018	13.09
2018—2019	6.50
2019—2020	4.00
2020—2021	3.20
2021—2022	2.00

在市场经济的大环境下，教师的流动和流失不可避免。学院离职教师部分流向了公办或其他民办院校，部分流向了机关事业单位，部分流向了企业或自由职业。学院人事部门注意做好离职教师的关系管理，进行离职面谈、信息收集、积极联系，诚挚邀请离职教师常回"娘家"看看，倾听他们对学院工作的意见和建议。离职的教师也普遍表现出对学院较高的满意度，对于学院离职不离心，纷纷表达了对学院的感激之情。

教师工作满意度，可以说是诊断学院管理现状的"温度计"，是学院管理效能的一个重要指标。而离职教师对于学院的肯定态度，也映射出人事部门在师资引进、培育方面的努力与成效。从"筑巢引凤"到"暖巢养凤"再到"固巢留凤"，学院致力于建立稳定的人才保持机制，用心、用情、用力做好"选人""用人""留人"文章，千方百计把引进来的教师人才服务好、培育好，让人才稳得住、留得下，保持人力资源稳定而有活力。

从1998年走向2023年，25年来学院优先谋划教师工作，优先支持教师队伍建设，以人力资源管理的相关理论为工具和指引，围绕教师队伍建设的重点、难点、堵点，创新教师队伍建设体系和管理机制，多措并举提高教师教育、教学、教研能力和专业实践能力。在未来的发展规划中，学院将认真学习领会习近平总书记关于教育的重要论述，特别是关于教师工作的重要指示精神，全面落实立德树人根本任务，坚持把教师作为教育发展第一资源，培养教师做"四有"好老师、"四个引路人"，成为"经师"和"人师"统一的大先生，做学生为学、为事、为人的模范，坚持"四个相统一"，提高教书育人本领，为把学院建成国内知名、省内领先的民办高职强校和苏锡常都市圈职业教育改革创新的样板学校提供强有力的师资保障和人才支撑。

治理篇

2016年11月，《中华人民共和国民办教育促进法(2016修正)》颁布，标志着我国民办教育进入了新时代，民办学校开始全面实行营利性、非营利性分类管理。2019年11月，党的十九届四中全会通过《中共中央关于坚持和完善中国特色社会主义制度 推进国家治理体系和治理能力现代化若干重大问题的决定》，标志着我国进入了推进国家治理体系和治理能力现代化建设的新时期。在民办高等教育领域贯彻全面深化改革促进国家治理体系和治理能力现代化的要求，就应该加快更新治理理念，转变管理方式，深化管理改革，发挥各界积极性，共同推进民办高等教育事业的发展升级。优化治理体系、创新治理机制、提升治理能力，既是推进国家治理现代化的根本要求，也是提高民办高校高水平、内涵式发展必须解决的现实问题。

第十四章

优化内部治理机制，提升办学治校能力

第一节 完善内部治理结构的内涵、特征和意义

随着我国社会经济向纵深发展，占据我国高等教育"半壁江山"的民办高等教育，在良好的社会环境下获得了长足发展，教育成就显著，但是从现实与国际比较来看，其发展态势仍不尽如人意，究其原因，既有外部因素，也有民办高校内部存在的治理因素。2013年11月，十八届三中全会在《中共中央关于全面深化改革若干重大问题的决定》中，首次提出"推进国家治理体系和治理能力现代化"这一重大命题；2019年10月，十九届四中全会审议通过了《中共中央关于坚持和完善中国特色社会主义制度 推进国家治理体系和治理能力现代化若干重大问题》。民办高等教育是我国高等教育的重要组成部分，在民办教育新法新政密集出台的影响下，在推进国家治理体系和治理能力现代化建设的政治背景下，我们应该加快更新治理理念，优化治理体系，创新治理机制，提升治理能力。

一、内部治理结构的内涵

民办高校治理依据驱动力量的来源可分为内部治理和外部治理。内部治理由学校内部的力量驱动，涉及学校的举办者、管理者、教师、学生等内部各利益主体之间的权力配置模式和运作机制；外部治

理由学校外部力量驱动，涉及学校与其外部利益相关者之间的权力配置模式和运作机制，尊崇的是平等、共享、协商等价值理念。民办高校内部治理结构是治理主体的权力在运行过程中的微妙"平衡器"，集中反映了内部治理的科学化程度和水平。民办高校在治理过程中通过建立完善有效的内部治理结构，使组织内部的不同权力、价值取向、利益诉求和责任承担等达到博弈后的平衡协调状态，进而实现大学组织的使命与目标职能，保障其合法性和发展的生命力，发挥育人、科研、服务社会的功能。因此，民办高校治理结构被看作能帮助大学适应现代社会的复杂环境、提高大学治理水平和能力的"超组织结构运行机制"。它在运行和改善的过程中遵循大学的内在逻辑并与现代社会紧密契合，重建大学变化中的力量平衡。完善的治理结构是大学建立科学制度体系的重要基础，因而大学治理结构也被认为是"现代大学制度的基石，是推动和完善高校依法自主办学的重要配套工程"。通过审视和研究治理结构，可以窥见大学理想和现实功能的演变轨迹，有利于大学治理实现现代化。民办高校是以社会资本注入为特征的大学组织，与公办高校一样具有维护高等教育事业公益性的本质和目标，以及完成大学理想的使命和责任。与公办高校相比，民办高校内部治理中的权力主体更为多元，治理过程更为复杂，涉及治理理念、治理制度、治理质量、功能实现等多方面的综合变革。民办高校内部治理结构要在内部各个不同利益群体，包括董事会、党组织、投资者、校长、教师以及学生等群体之间建立有利于学校健康可持续发展的权力配置机制，形成科学合理的责任、权利、利益分配体系，使不同权力之间产生有效制衡，辅之以配套、健全的决策、执行、监督机制。在完善和优化内部治理结构的过程中，只有实施面向"分权多元""交流协作""资源共享"等现代治理理念和方式的治理转型，才能从根本上推进民办高校内部治理结构的科学化、制度化、规范化变革，保证民办高等教育事业的持续健康发展。当前，民办高校要紧跟新时代"双一流"建设的号角和步伐，实现由以规模效益为主的初级发展阶段到以质量内涵为主的规范化阶段的转变，而重中之重在于完善内部治理结构，以内部治理结构的"杠杆"效应推动民办高校内部治理现代化。

二、内部治理的变革特征

改革开放以来，我国民办高校从无到有、从小到大、从弱到强，其内部治理在国家政策法规的引导下，经过多年的实践探索，呈现出以下特征。

第一，从多样化到统一。拾遗补阙是我国民办高等教育复苏之初的生存样态，主要举办非学历类教育，如成人补习、自考助学等，然后才逐步形成、具备学历教育资质。1997年，国务院颁布《社会力量办学条例》，首次提出了社会力量办学机构"可以设立校董会"，且未作强制性的要求。民办教育自身的演变过程使其内部治理形式呈现出多样化态势。民办高校实行董事会领导下的校长负责制，而校长负责制又不尽相同，有校务委员会领导下的校长负责制、教职工代表大会基础上的校长负责制、主办企业领导下的校长负责制等。这些治理结构形式与名称各异，治理主体的职责和权力范围各不相同。这种状况一直延续到2002年《中华人民共和国民办教育促进法》及其实施条例颁布，之后民办高校才逐渐朝着建立董（理）事会领导下的校长负责制方向发展。2016年11月，《中华人民共和国民办教育促进法（2016修正）》通过，明确了实行民办学校非营利性、营利性分类管理的办法，民办高校法人治理结构统一采取董（理）事会领导下的校长负责制。

第二，从"任性"到理性。发展初期，民办教育在夹缝中求生存。为获取更多的资源，一些民办高校利用国家法规政策对学校内部治理规定尚不健全、相应规范制度缺乏的漏洞，在功利性的驱使下，忽视了内部治理的建设，"任性"办学。少数投资者单纯追求营利而忽视教育质量，违背了教育的公益性原则，造成了社会负面影响。2006年，《国务院办公厅关于加强民办高校规范管理 引导民办高等教育健康发展的通知》指出,"有些地方的民办高校相继发生因学籍、学历、收费等问题而导致的学生群体性事件""既是民办高校发展进程中出现的问题,也是民办高校深层次矛盾长期积累的结果,集中反映了一些民办高校办学指导思想不端正,内部管理体制不健全,法人财产权不落实,办学行为不规范,也反映了一些地方政府对民办高校疏于管理、监管不到位"。日益激烈的市场竞争也使民办高校暴露出其内部管理的短板,一批办学方向不明确、内部管理混乱的学校被淘汰。生存下来的民办高校充分认识到内部管理的重要性,积极按照法规制度的引导和要求,加强内部管理机制建设,更加注重理性办学。

  第三,从粗放到精细。初创时期,民办高校办学层次较低、办学条件较差、办学规模较小,使自身的组织形态、管理模式等带有一定的自发性,多采用家族化、亲情化或友情化明显的小企业管理模式。"夫妻店、父子兵、兄弟连、朋友帮"往往能够形成非常有效的工作团队,既能提高效率、节省成本,又便于统一思想,保证内部的团结一致,容易控制办学风险。在20世纪90年代初期,即民办教育大扩张、大发展的时期,民办高校大多将发展重点放在规模扩张上,学校领导主要忙于应对规模扩张所带来的基本建设和资源配备压力,无暇顾及内部治理机制建设,仍沿用成立之初的家族化、小企业管理模式或简单模仿公办学校的粗放式管理方式。随着民办教育规模扩张发展黄金期的消逝,以内部治理为核心的内涵式建设成为民办高校的建设重点,民办高校更加注重建立健全学校的各类制度,充分利用其体制机制优势,走精细化管理之路。

  第四,从管理到治理。2013年,党的十八届三中全会公报指出,"全面深化改革的总目标是完善和发展中国特色社会主义制度,推进国家治理体系和治理能力现代化"。这表明治理理念已上升到了国家高度,教育治理的现代化是其重要组成部分,提升民办教育的治理水平也是题中应有之义。随着教育综合改革的全面推进,民办高校内部管理也逐渐由注重管理走向强调治理，虽只一字之差，却是民办高校权力配置的深刻变革和主体行为方式的重大转变（表14-1）。相比较而言，治理的目标是实现学校内部利益相关者权、责、利的平衡，治理的主体是利益相关者，沟通方式是自上而下和自下而上相结合。当然，强调民办高校治理并非弱化管理，治理与管理是一种互补关系，两者缺一不可。从时间看，民办高校管理产生的时间早于治理，治理是民办高校发展到一定阶段的产物；从制度看，民办高校治理的基本前提是学校利益主体的多元化，以及所有权与管理权的分离；从规模看，当民办高校规模较小时，管理职能占主导地位，随着学校规模的逐步扩大，治理职能就显得越来越重要。

表14-1 治理与管理的区别

特征	治理	管理
目标	实现利益相关者利益平衡	保证教学科研等既定目标的实现
主体	多元（政府、学校、企业、教师、学生）	单一（学校）
运行机制	治理结构（董事会、校长、学术委员会、教代会、学生会）	内部组织结构（二级学院、系等）
实施基础	内外部显性、隐性契约和市场机制	行政权威、学术权威
实施手段	内外部治理机制、激励约束机制	计划、组织、指挥、协调、控制
权力运行	体系化、网络化	单向度
沟通方式	自上而下和自下而上	自上而下

三、内部治理的现实意义

完善内部治理结构，对于民办高校建立现代大学制度、提高治理现代化水平和能力，乃至实现整个高等教育体系的科学健康发展都具有十分重要的意义。

（一）彰显大学精神与传统

民办高校办学实践突破了计划经济体制下由政府包办高等教育的束缚，消解了政府对大学管理权和资源配置权的单一化控制，有利于完成对大学办学自主权的制度探寻,还原大学所独具的区别于政府、企业等社会组织的自由、民主、自主精神。完善内部治理结构可使民办高校不懈追求和坚持大学的理想和精神。30多年来,民办高校始终牢记大学使命,不断砥砺前行,在"独立之精神,自由之思想"的大学精神和"崇尚学术、发扬民主、科学求真、追求卓越"的大学传统熏陶下,逐渐形成了独具民办教育特色的大学精神和文化。时至今日,传承大学传统、彰显大学精神、追求大学理想依然是民办高校不懈探索的本质所在,也是民办高校内部治理的目标任务。完善内部治理结构,旨在建立科学合理的、符合高等教育办学规律的治理制度和模式,努力使民办高等教育更好地彰显大学精神、弘扬大学传统,由此帮助民办高校在日益激烈的高等教育竞争中寻得一席之地并立于不败境地。

(二)符合利益相关者的切身利益

大学区别于企业等社会组织的特点之一是"大学是一个由学者与学生组成的、致力于寻求真理之事业的共同体"。从这个意义上来说,大学是包括教师、学生等多个利益群体在内的综合性组织。不同群体的利益相关者为保障切身利益,都应参与大学治理。民办高校作为资源配置多元化的大学组织,其参与治理的权力主体具有广泛性,利益相关者种类也相对较多。学校的任何决策都事关董事会、党组织、投资者、校长、教师以及学生等不同群体的切身利益。建立基于利益相关者的"协商—合作"式治理结构,使所有利益相关者的利益最大化,更符合民办高校的治理实际,更能保护利益相关者的合法权益,也能在治理过程中充分调动各方面力量,形成办学合力,从而大大提高内部治理的科学化、制度化、教育化和民主化水平。有效的内部治理结构旨在通过对不同权力的制衡和约束,在制度设计和最终实施上维护利益相关者的利益,促进组织的健康可持续发展,进而实现利益最大化的实际治理效果。

(三)实现权力的多元化约束和监督

大学是多权力主体共同治理的综合社会组织,在实现使命和任务的过程中要依赖于各个权力主体各司其职、共同出力,并需充分尊重不同办学主体的合法地位和治理权利。民办高校治理实践更集中地体现了多重办学主体共同治理的现实诉求。突破单一化的集权控制、实现学术自由和民主治校是民办高校追寻大学本质并实现大学社会化功能的最佳途径。从这个意义上来说,民办高校内部权力制约和监督是现代社会组织治理的基本要求,也是民办高校尊重多元化权力主体并实现健康发展的现实需要。大学治理过程"具有复杂性、不可控性和不确定性,始终处于变化之中,更需要权力的制约"。由于民办高校组织内部权力体系具有董事会权力、政治权力、行政权力、学术权力、民主权力并行的特点,兼具人才培养和组织效益的双重目标,因而治理组织结构更为复杂,权力行使叠加交错。使不同权力部门各负其责并形成治理合力,是完善民办高校内部治理结构的关键。因此,办学基础相对薄弱的民办高校理应通过加强内部治理,协调各方关系,建立科学合理的权力制约和监督机制,激发各方参与治理的主动性和积极性,提高办学质量和效益。

(四)发挥民办高校服务社会的功能

随着许多普通本科大学向应用型高校转型,民办高校承担的服务社会的功能日益重要。充分发挥服务社会的大学功能,要求民办高校完善内部治理结构,使功能表现与社会需求保持一致。完善的内部治理结构就是要通过协调权力配置以帮助民办高等教育更充分地发挥服务社会的功能,更好地实现民办高等教育的社会效能,使民办高校的功能不断丰富并具备发展的生命力和创新力。随着办学规模的不断扩大,民办高校自身与地方、社会的联系越来越密切,这更有利于在新的社会环境下充分发挥民办高校服务社会的功能。

第二节 影响内部治理效率提升的主要因素

我国民办高校发展的历史不长,而且是在相关法律法规很不完善、相应制度设计很不健全的环境下起步和成长起来的。经过多年的发展，民办高校已经达到了一定规模，影响内部治理效率提升的主要因素有以下几个方面。

一、校董之间关系的融合度

民办高校有的由单个企业（个人）投资，有的由多个企业（个人）投资，通过成立董（理）事会选聘校长管理学校。但是，董（理）事会与校长之间的职责不清、分工不明、关系不顺等问题在很多民办高校中或多或少都有，主要表现在以下3个方面：一是董（理）事会结构不合理，家族化管理、裙带关系现象严重，董（理）事长权力过于集中，董（理）事会决策往往演变为董（理）事长决策。二是董（理）事会与校长之间的权力分布不均衡，"董事会领导"常有，"校长负责"难寻，校长有职无权。三是董（理）事长和校长之间冲突不断。董（理）事长看重数量，追求营利，遵从经济规律；校长看重质量，追求公益，遵从教育规律。两者初衷不同决定了他们在某些办学问题上往往难以达成一致意见，影响学校的正常发展。

二、职能部门设置的契合度

民办高校由于从经费、人员等方面考虑较多，职能部门设置过少，因此会让一个部门或岗位负责的事情过多过杂，每个员工承担过多工作，导致身心疲惫，疲于应付。但是，职能部门设置过多则职责不清，相互扯皮、推诿，导致谁也不承担责任。绝大多数民办高职院校沿袭了公办院校的科层制管理方式，致使组织机构臃肿，内部分工过细，本位主义严重，工作效率低下，助长了官僚习性。有些民办高职院校则一味迎合上级教育管理部门的组织构架设置内部管理组织机构，导致部门庞杂，职责界定模糊，工作协调不畅，管理成本加大，实际效益低下。

三、职责权限分配的关联度

近年来，民办高校办学规模不断扩大，在校生人数和教职工人数的不断增加、专业的细分致使职能部门的管理工作量与日俱增，校级管理层面也陷入繁杂的日常事务，缺乏足够的精力关注学校总体发展的重大问题。传统的一级管控管理跨度大、层级多，致使管理成本高、管理效率低下，迫切需要下移管理重心，下放管理权限，建立起校级负责宏观统筹、二级学院自主发展的二级管理体制。然而在实际运行过程中，有的学校只下放了事务，配套的人权、财权却舍不得放手，致使二级学院有事干无权抓，影响了二级学院的积极性、主动性、创造性。

四、待遇激励机制的重视度

民办高校被登记为"民办非企业单位"，无法享受和公办院校同等的工资待遇和工资增长机制，民办学校的工资发放标准只能依据办学效益；养老保险按照企业标准缴纳，为节约人力成本，社保都是以基本工资作为缴纳基数。因此，很多新入职的员工只是将其作为积累工作经验的中转站，待资历增加、业务熟练后就会寻找机会报考公办院校或是更高层次的民办高校，导致工作连续性大打折扣。

第三节 基于现代大学制度的内部治理优化路径

我国民办高校经过多年的发展，已经由规模扩张阶段逐渐转向提质增效阶段。当前，民办高校管理缺乏生机与动力，已经成为制约民办高校体制机制改革与创新的瓶颈和障碍，问题倒逼改革，现代大学制度的提出为民办高校提升管理效率提供了良好的契机。

一、构建现代大学制度的重要意义

第一，现代大学制度是构建民办高校治理结构的指导纲领。《国家中长期教育改革和发展规划纲要（2010—2020年）》在第十三章第四十条中明确提出，完善中国特色现代大学制度和完善治理结构。因此，构建现代大学制度是包括民办高校在内的高校改善治理结构，提升核心竞争力的必然要求。在现代大学制度建设的要求下，完善民办高校治理结构需要坚持遵循以下原则：一是方向原则，确保党在办学过程中起到政治核心作用；二是法治原则，善于运用法治思维、法律方式，解决学院改革和发展进程中所遇到的各种问题；三是制衡原则，坚持实现所有权、决策权、执行权、监督权相对分离，注重平衡学术权力与行政权力的关系；四是民主原则，充分调动各方利益相关者对学校管理和决策的参与；五是监督原则，坚持通过治理结构的完善，对负有管理权力和责任的部门和人员进行有效的监督。

第二，现代大学制度是提升民办高校治理效率的重要保证。当前，民办高校内部管理效率存在的主要问题是董（理）事会、校长、教师、行政管理人员在内部管理的过程中未能实现效率最大化，存在着种种不合常规、不合理性的现象。构建现代大学制度，应充分发挥董（理）事会投资决策与领导调控能力、校长管理服务能力、教师教书育人能力和行政管理人员服务能力，构建以大学章程为龙头的制度体系，完善董（理）事会领导下的校长负责制，完善学术委员会制度，完善教职工代表大会制度以及各种具体制度，充分发挥现代大学制度建设对于管理效率提升的保障作用，实现管理效率提升的科学化。

二、妥善处理利益相关者的关系

利益相关者理论最早源于企业管理。该理论认为，利益相关者是指与公司生产经营行为和后果具有利害关系的群体或个人。其核心思想是：企业的经营管理活动要为综合平衡各利益相关者的利益要求而展开，任何一个公司的发展都离不开各种利益相关者的投入或参与。民办高校利益相关者主要包括以下几类主体。

第一，举办者。民办高校主要投资方不但是决定方向的重要"舵手"，而且是重大事务的最高决策者，其办学理念与经营战略都关系学校的未来与发展。所以，作为举办者，对学校最强烈的诉求就是如何保证学校的高质量发展与可持续发展。正是这样的美好期许与利益诉求，决定了举办者的所有举措都将围绕提升学校办学水平与办学活力。

第二，管理者。在国内高校中，行政管理人员也是学术问题的主要决策者。民办高校普遍采用董（理）事会领导下的校长负责制，校长就是首席执行官；在民办高校科层结构的行政系统中，校长处于"金字塔"结构的顶端，是各项决策的执行者。校长是一个既能反映利益相关者要求，又能具体施策的执行人。因此，高级行政管理人员最强烈的诉求在于既可以按照自己的设想去经营与治理学校，又可以较少受到来自董（理）事会的干扰，还可以获得物质上与精神上的满足。行政管理人员为民办高校提供管理育人与服务育人功能，是学校发展方向的主导力量。

第三，师生群体。教师应该是民办高校学术治理的主体，即教师治学，教师应该发挥在学术问题上的决定性作用。民办高校的教职工直接参与民办高校的教学与管理活动。可以说，没有教师，就没有大学。在大学发展史上，教师在大学中的地位从来没有削弱过，他们一直都是高校中至关重要的利益相关者，其素质和能力在某种程度上决定着民办高校发展的水平与可持续性。教师最强烈的诉求在于通过自己的工作，满足自身物质上和精神上的要求。在办学实际中，教师常常兼任行政管理人员，参与学校行政决策与服务，民办高校的学术治理与行政治理难以有明确的边界。民办高校的学生（包括学生家长）是学校最重要、最密切的利益相关者，整个民办高校的生存与发展都与学生的数量和人才培养的质量密切相关。只有学生的存在，才能保证大学的存在。从这个层面上说，学生应该是大学所有利益相关者中的核心成员。在民办学校，学生、家长必须付出高昂的学费。在高昂的经济成本面前，学生最强烈的诉求就是获得受教育权，通过学习获取丰富的知识，发现更多未来发展的机会，并为将来就业奠定重要的基础。当然，学生还有其他一些非常重要的诉求，如在学校接受教育的过程中，获得正当的知情权、安全保护权、人格尊严权等。

三、选择合适的组织结构

组织结构是组织理论中的一个概念，是一个组织内各个组成部分之间所确立的关系的形式。民办高校由于师资力量薄弱，学生学习基础不牢，在组织结构上更加侧重教学与管理，科研与社会服务能力不强。这种特点反映在组织结构设计上，就是教学与管理机构设置、职能配置较为明显。各个职能处、室、中心和二级学院（系、部）等，都是为了解决教育教学工作任务的分工、分组和协调合作问题而设立的。

一般而言，我国民办高校普遍沿袭公办院校直线职能式组织结构，管理层级为院长—副院长—处长（主任）—副职—职员。一旦管理层级过多，就会陷入"管事人多，干事人少"的窘境。可见，沿袭公办高校直线职能式的组织结构形式已不能很好地适应新时代民办高校的发展，需要通过组织设计实现其内部机构的改革。

第四节 学院内部治理优化举措

2017年3月教育部等5个部门出台的《关于深化高等教育领域简政放权放管结合优化服务改革的若干意见》明确指出，"高校根据办学实际需要和精简、效能的原则，自主确定教学、科研、行政职能部门等内设机构的设置和人员配备。鼓励高校推进内设机构取消行政级别的试点，管理人员实行职员制"。高等教育的发展取消行政级别、职员制管理本质上是一种"扁平化管理"理念。扁平化管理是优化民办高校内部治理机制的重要途径，是一场创新性变革。优化民办高校治理机制，引进全新的治理结构，对于消除传统管理的弊端和局限，推动观念创新，激活管理机制，最大限度地重新焕发民办高校的体制机制优势，从而促进其转型走内涵式发展道路具有重要意义。

无锡南洋职业技术学院大力推进由外延式发展向内涵式发展的转变，实施以扁平化管理为特点的学院内部治理体制改革，大大地提高了管理的效能，提高了整个学院的办学实绩。

一、建章立制，推进治理方式制度化

《国家中长期教育改革和发展规划纲要（2010—2020年）》指出，完善中国特色现代大学制度，要加强章程建设，依照章程规定管

理学校。大学章程作为现代大学制度建设的核心，在完善学院内部治理结构、深化专家治校和建设民主参与制度中起着重要作用。以章程为统领的民办高校内部治理制度，是依"法"治校的载体，也是民办高校内部治理的基本依据。按章程办事，依制度管理，是推进民办高校治理法治化的重要方式。

二、校董和谐，推进治理主体多元化

根据利益相关者理论，治理主体应当具有开放性、多元性的特征。董（理）事会是学院重大决策的中枢，通过目标责任制、经费预决算制度及审计制等，对学院的各项工作进行宏观管理。校长是民办高校的经营管理者，上要对董（理）事会负责，下要维护师生权益，两者关系和谐是学院稳定发展的压舱石。2016年中共中央办公厅印发的《关于加强民办学校党的建设工作的意见（试行）》强调："要加大民办学校党组织组建力度，理顺党组织隶属关系，健全党组织参与决策和监督机制，充分发挥党组织政治核心作用。"要构建董（理）事会、校长及党委政通人和的议事决策机制，就要确保董（理）事会决策中心的地位、校长管理中心的权力以及党委政治核心的作用。让党委领导班子主要成员进入学院董（理）事会和行政管理机构，形成"双向进入、交叉任职"的领导管理体制。

三、简政放权，推进治理结构扁平化

民办高职院校是市场经济的产物，最大的优势就在于其高效灵活的体制机制及以教育市场化为导向的办学模式。当前，民办高职院校面临来自外部和内部的双重生存压力，内部管理体制改革是其战略转型与变革的重要保障，将政府机构大部制改革经验借鉴到民办高职院校，探索建立一个既符合学院发展规律又适合于现代大学制度要求的新的管理模式，能激发办学活力、提高办学效益、提升办学水平。

（一）大部制改革的动因与内涵

1. 改革的动因

第一，顺应政策形势，更新办学理念的需要。《国家中长期教育改革和发展规划纲要（2010—2020年）》提出，"随着国家事业单位分类改革推进，探索建立符合学校特点的管理制度和配套政策，克服行政化倾向，取消实际存在的行政级别和行政化管理模式"。《关于深化高等教育领域简政放权放管结合优化服务改革的若干意见》指出，"高校根据办学实际需要和精简、效能的原则，自主确定教学、科研、行政职能部门等内设机构的设置和人员配备。鼓励高校推进内设机构取消行政级别的试点，管理人员实行职员制"。民办高职是我国高职教育的重要组成部分，是教育事业发展的重要增长点和促进教育改革的重要力量，在紧跟国家改革与发展的过程中，更应该及时更新办学理念，优化治理体系，创新治理机制，提升治理能力。

第二，应对市场变化，提高办学效益的需要。江苏省高考生源从2009年的54.63万人减少到2018年的33.09万人，减少近21.54万人，民办高职院校招生录取处于高招最后一个批次，严峻的招生形势预示着"大洗牌"的到来，没有办学特色或灵活运行机制的院校将会被淘汰出局。面对激烈的市场竞争，建立一个适应市场经济的内部管理机构，就需要进行内部管理机构的大改革。民办高职院校的办学经费主要依靠收取学生的学费，生源充裕时经费就比较宽裕，生源不足时经费就比较紧张。从事管理和服务工作的职员增多，势必会挤压有限的教育经费。通过大部制改革，灵活调配资源，面向市场、面向社会办学，可以降低行政成本。

第三，面临管理压力，激发办学活力的需要。民办高职院校选聘的院（校）长绝大部分来自公办院校，管理经验大多沿袭公办模式，管理层级过多，机构设置臃肿，行政人员比例过大（图14-1），导致管理人员的工资待遇偏低。待遇跟不上，就很难吸引到优秀的管理人员，这就会形成两种局面：要么是管理者年龄偏大，学历和职称偏低；要么是管理者年纪尚轻，管理经验不足，在旧的管理模式下疲于应付日常的工作，以过时的管理者为模板来工作和管理，缺乏系统的管理理念和管理方法，在构建现代大学制度、推进民办高职院校治理体系和治理能力现代化进程中渐行渐远。通过大部制改革可以理顺管理架构、优化人员配置，向管理要效益，向市场要潜力，向机制要活力。

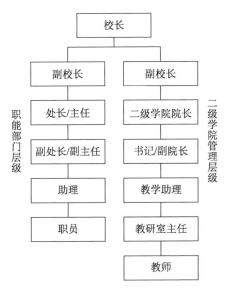

图 14-1　大部分院校职能部门、二级学院管理层级

2. 改革的内涵

大部制，全称为大部门体制，是现代西方发达国家普遍实行的一种政府管理模式。应用到高校管理改革中，是指在高校行政机构设置中，将那些职能相近的部门、业务范围趋同的事项集中由一个部门统一管理，减少和规范行政审批，简化办事手续和环节，提高决策执行力。大部制改革就是按扁平化的组织模式来设置机构，通过破除高校自上而下的"金字塔"结构，减少管理层次，增加管理幅度，明确岗位职责，缩短工作流程，以实现"大部门、大职能、大服务"的管理效果。民办高职院校职能部门大部制改革通过整合部门、权力下移等多种方式，减少行政部门数量，提高管理效能。

（二）大部制改革的路径与措施

改革大多是由问题倒逼而产生的，民办高职院校大部制改革是一项渐进、系统的工程，绝对不是一蹴而就的事情，它需要一个循序渐进的过程。这里不妨借鉴其他高校大部制改革的成功经验，基于无锡南洋职业技术学院案例分析，阐述民办高职院校大部制改革的时间表和路线图。

第一，下移管理重心。下移管理重心就是将人权、事权、物权下放给二级学院，由其自行管理，并对自身发展负责。这样一来职能部门就可以从烦琐的具体事务中解脱出来，把注意力转移到规划、协调、监督、评估上来，成为为各二级学院发展提供便利条件的服务者；而二级学院则要由原来单纯的教学单位转变为能够经受住市场考验的办学单位。授权机制上，在教学方面，二级学院可以依据市场需求在制定专业建设规划、人才培养方案、师资引进与培养计划、校企合作开发方案等方面享有充分的话语权；人事方面，二级学院可以在学院核定的编制总数和岗位数量的范围内提出教职工的聘任、续聘、解聘和考核的方案，加强外聘兼职教师的管理与考核；财务方面，二级学院可以享有预算内的行政办公经费使用权、学生管理经费核算权，以及创收核算后划拨的发展基金支配权。

第二，厘清岗位职责。管理重心下移后，各职能部门岗位职责必然会发生变化，一部分工作任务交给了二级学院，另外随着职能部门角色的转变也会增加一些新的职责。因此，在实现管理重心下移后和推行大部制改革前，有必要重新拟定岗位职责，明确任务分工，实现职责再造；根据新部门工作任务制定工作流程，明确工作程序，优化工作路径，将各种工作流程绘图上传至各部门网页，以便于阅读下载，实现流程再造；根据大部制改革需要，适时完善各种制度建设，出台配套制度，同时根据新的管理运行模式，对于原来的制度体系进行重新梳理，构建与大部制改革相适应的内部制度体系，实现制度再造。

第三，重组职能部门。按照岗位职责梳理后的清单，将行政职能部门重组，组建"宽职能"的大部门。根据校务管理、教务管理、学生管理、规模发展、后勤保障5个板块，将学院现有的党政办、财务处、人事处、教务处、学生处等 18 个部门整合重组成 5 大部，即校务部、教务部、学务部、发展部、后勤部。通过改革，职能部门行政人员由 80 人减少到 69 人，管理干部由原来的 34 人减少到 21 人。

校务部。定位为学院行政管理中心和监督中心，不仅要负责上级党政部门及学院重要决议的上传下达及协调落实，还要督查、催办各项工作完成情况（表 14-2）。

表 14-2 校务部改革前后职责对比表

大部制改革前职责							大部制改革后职责			
							校务部			
党政办	组织人事处（教师发展中心）	财务处	国际交流处	宣传处	质控办（督导室）	工会	党政事务	人事管理	财务管理	质量监控
制度建设	教职工管理	财务管理	中外合作	阵地建设	办学质量监控	教职工活动	党务行政	人才招聘	预算编制	教育教学质量监控
公文处理	人才招聘	出纳结算	校际交流	宣传报道	教学秩序督导	教职工福利	档案文书	薪资绩效	收费出纳	教学督导
档案管理	绩效管理	资金管理	—	—	—	建言献策	群团工作	教师发展	—	—
会议管理	人事服务	—	—	—	—	—	宣传交流	考核培训	—	—
公务接待	—	—	—	—	—	—	—	—	—	—
党务管理	—	—	—	—	—	—	—	—	—	—

教务部。定位为教学运行与支持中心。不仅要负责教学秩序、教科研管理，还要提供教学上的图文信息技术支持（表 14-3）。

表 14-3　教务部改革前后职责对比表

大部制改革前职责			大部制改革后职责	
教务处	现教中心	图书馆	教务部	
			教务管理	教学支持
教学运行	多媒体教室	图书采购	教学运行	图书期刊管理
教改科研	机房管理	图书借阅	教改科研	机房、多媒体教室管理
专业建设	会场设备管理	—	专业建设	网络安全
学籍管理	网络管理	—	学籍管理	—

学务部。定位为学生管理与服务中心。不仅要负责学生思想政治教育、校园安全管理,还要丰富校园文化活动(表14-4)。

表 14-4　学务部改革前后职责对比表

大部制改革前职责				大部制改革后职责	
学生处	保卫处	团委	宿管中心	学务部	
				学务管理	安保宿管
思想政治教育与管理	校园秩序	校园活动	宿舍管理	学生综合事务	综合治理
心理健康教育与咨询	综合治理	社团管理	—	思政队伍建设	宿舍管理
奖贷助勤补工作	车辆管理	党校培训	—	团学活动	—
创业就业指导	户籍管理	学生干部培养	—	—	—
思政工作队伍建设	—	—	—	—	—
国防教育	—	—	—	—	—

发展部。定位为对外协作与发展中心。不仅要负责稳定办学规模,还要提升办学效益(表14-5)。

表 14-5　发展部改革前后职责对比表

大部制改革前职责		大部制改革后职责	
招生办公室	继续教育学院	发展部	
		市场开发	运行管理
全日制招生	继续教育招生	全日制招生	录取
招生宣传队伍建设	创收	非全日制招生	成教学生学籍管理
计划投放	—	考证培训	—
各批次录取	—	多元化经营	—

后勤部。定位为后勤和保障中心。不仅要负责满足师生学习、生活需求，还要建设好美丽校园（表14-6）。

表 14-6　后勤部改革前后职责对比表

大部制改革前职责		大部制改革后职责
资产管理处	后勤服务中心	后勤部
		后勤服务
实训设备采购	工程维修	资产管理
资产管理	校园美化	招投标
—	食堂管理	工程维修
—	水电、通信、医疗	校园服务

（三）大部制改革的前提与保障

改革涉及各方面政策配套，牵涉多方利益调整，不谋全局不足谋一域，要想解决好改革中的突出矛盾和问题，就必须加强顶层设计、统筹协调。

第一，统一好思想认识。思想是行动的先导。每次改革必将触及一些人或部门的利益，因此做好思想工作，统一改革思想，有利于减少改革的阻力。管理重心下移后，职能部门工作任务总体上会减少，相应的工作人员数量也会减少，加上职能部门大部制改革后一些部门或消失或合并，这就会引起现有一些人的不满，通过各种手段来阻挠改革（如工作中推诿、散漫，散布不利于单位的谣言，盲目地增加工作任务）。在推行职能部门大部制改革前，要向利益相关者宣传改革的目的和意义，宣传学院为因推行改革而失去某些利益的员工所进行的考量和保障，尽量解除他们的顾虑，为推行职能部门大部制改革营造良好的氛围。

第二，发挥好智库作用。大部制改革后一个部门的负责人不可能事事精通，为了减少工作失误，提高工作质量，可以根据实际需要虚设一些领导小组、工作委员会，如校园综合治理领导小组、学术评价委员会、专业建设指导委员会等。只有建立这些职能不同又带有明显针对性的智库，才可以根据其专业性激发智库成员对专门领域高效管理的积极性，因为这些成员大多是该领域的专家或有一定专业基础，他们能不受过多行政干预，针对一件事集思广益、畅所欲言。职能部门要把不该管和管不好的工作交给上述智库，这有助于实现民办高职院校管理的专业化，提高工作效率，实现精简、效能。

第三，处理好人员分流。大部制改革要精简机构、重组部门，这势必带来人员的分流。民办高职院校教职工大部分是通过自主招聘进来的，一部分是其他公办院校退休返聘的人员，还有少部分是经人推荐并通过考核上岗的，实行的是聘任制，较之公办院校教职工的事业编制而言，人员分流虽然相对容易，但也要合情合理。对于在管理岗位兼教学职责的，其在通过专任教师教学能力测评后，可以转任教师岗；对于不在某岗位却能承担某岗位职责的，可以允许其转岗；对于合同到期的可以不续聘，但是要讲清原因，按照有关规定给予补偿。改革没有现成模式可以照搬。民办高职院校大部制改革没有统一的模式，适合自己的才是最好的，因此，不能一概而论地说哪些部门应该撤销，哪些部门应该合并。各院校应科学地分析机构设置的现状，对现有的各个机构的工作和职能进行分类与分析，务实地设立行政机构，满足高校工作需要，提高管理效率，形成权责一致、分工合理、决策科学、执行顺畅和监督有力的行政管理体制，这样才能在建立现代大学制度的道路上越走越好。

四、目标管理，推进治理考核科学化

在推进大部制改革进程中，运用目标管理思维实行按绩效分配制度，这对于提高管理效率、节约人力成本具有非常明显的作用。制定科学的工作目标，建立合理的考核机制，可以有效激励教职工认真履行工作职责，努力完成工作目标，提高办学活力，同时使其治理能力得到有效发挥。在目标管理上，学院依据董事会提出的发展目标与要求，编制各二级学院学年目标任务，共性目标包括在校生规模、创收业绩、师资队伍建设、学生考证覆盖率、学生巩固率等12项指标，考核分数占80%；个性目标根据各二级学院培养要求各具特色，考核分数占20%，如表14-7为汽车学院目标管理考核表。学年结束时候，各职能部门依据各项目评分标准，通过定量与定性相结合的方法予以评分。得分高的二级学院年终分配多，教职工二次收益也多；相反，收益就少。

表14-7 汽车学院目标管理考核表

分类	项目	分值
共性目标 （80分）	招生人数	14
	开发中职生源基地	6
	创收	15
	专业带头人或骨干教师引进人数	3
	毕业生考证证书覆盖率	5
	学生巩固率	3
	学生缴费率	6
	初次（6月底）就业/签约率	3
	做好中高职教育衔接工作，落实分级分类教学方案	5
	教育教学一体化工作落实	5
	学生职业素养培养	4
	学生管理专项工作方案实施	6
	领导班子团结协作、分工明确、责任到位	5

续表

分类	项目	分值
个性目标 （20分）	工学交替开发新的企业，增加工学交替学生比例	5
	构建汽车制造与装配技术专业教学、实训体系	5
	在现代学徒制、订单班培养模式方面进行探索	5
	在省市级立项及竞赛方面取得较大进展或有3项以上获得成绩	5

实行全员聘任制，在对全体教职工实行定编、定岗、定责的基础上，按需设岗、平等竞争、择优聘任、科学考核并按合同管理。对于个人，学年初，每个行政人员根据岗位职责，制定目标清单；学年末，对照目标清单完成情况先自评，再部门评议，最后参考网上民主测评确定最后分数。考核结果一方面作为年终绩效分配依据，另一方面作为提拔、竞岗、评优的重要参考。通过目标管理与绩效考核实现了责、权、利的高度统一，把学院与二级学院、部门与个人的责任、利益、荣辱紧密联系在了一起，使民办高职院校的办学质量、目标得到了提高和落实，促进了管理效能的进一步提升。

第十五章

质量控制见真章，
评建结合促发展

无锡南洋职业技术学院高度重视教育教学质量，不断完善内部质量管理与控制体系，在25年的办学历程中，学院抓住机遇，以评估工作为契机，通过迎评创建，融评建工作与日常工作于一体，把评建工作与提升人才培养质量有机结合，深化教学改革，强化内涵建设，夯实办学基础，提升办学特色。

第一节 对办学质量的检验与提升——外部评估

2006年和2014年，教育主管部门对学院进行了评估，主要就学院办学质量进行系统化检验。以两次外部评估为时间节点，学院的评建工作和内部质量控制体系建设经历了阶段化的发展。

一、以评促建（1998—2006年）

建校初期，学院的质量管理重点在规范化办学，落实在硬件建设与合规办学方面，重点保障基础建设和教学投入，以达到教育主管部门的各项办学指标和要求。

2006年，学院顺利通过高等职业院校人才培养工作水平评估。正如无锡南洋学院特色项目报告所述：回顾8年多的办学过程，"董事会领导下的院长负责制"起到了主导作用。和谐的校董关系——企业家与教育家的紧密结合，对支撑办学目标、优化人才培养、提高教学质量起到重要作用，在校内外得到公认，产生了一定影响。

办学体制是民办高校的办学优势和核心竞争力，这一办学特色不仅是"思想""理念"方面的体现，还是"运作""管理""体制"等方面的表现，由此使我们觉醒了主人意识、需求意识、竞争意识、危机意识、利益意识和民主意识，给学校带来了生机和活力，吹来了一股新鲜空气，经过时间的磨炼，凝结为人与人的关系，并用领导体制固定下来，成为无锡南洋学院的个性与风格，历久弥新。在办学经验的基础上，学院初步形成了办学特色理念和富有民办高职院校特色的人才培养模式，提高了人才培养工作的水平，从思想认识到具体工作都得到了一次升华。

这一时期，学院的建设与改革工作取得了丰硕成果：连续三年被评为"无锡市教育系统的安全文明单位"；被评为"江苏省文明单位""江苏省民办非企业单位先进集体"；获"中国民办教育创新与发展贡献奖""中国民办高校就业竞争力 50 强"等奖项；被评为"江苏省民办非企业单位自律与诚信建设先进单位"。在教学科研成果方面，艺术设计系的《高等职业技术教育中艺术设计教学的改革和实践成果》获江苏省高等教育教学成果二等奖；信息技术系的《计算机应用基础》获江苏省优秀课程二等奖；艺术设计系的《建筑室内设计》获江苏省优秀课程二等奖；在江苏省多媒体课件竞赛中学院共获二等奖一项、三等奖一项、好课件奖四项；艺术设计系毕业生的《商业广告——飞利浦剃须刀海报设计》获江苏省优秀毕业设计二等奖；工商管理系杨鑫的论文《为现代服务业发展输送合格的应用型人才——办好无锡南洋职业技术学院工商管理系的思考》获江苏省首届民办高等教育科学优秀成果奖；《高等职业技术教育中艺术设计教学的改革与实践》等论文获"民办高等教育科学优秀成果奖"。这些代表性成果展示了学院在办学初期专业建设、课程建设的理念，以及人才培养的质量，学院因此获得了教育主管部门和社会各界的认同。

二、以评促改（2007—2014年）

在首轮评估中，学院办学质量得到了教育主管部门和社会各界的肯定，但与高等职业教育改革和发展的要求相比还存在差距，办学条件还需进一步改善，师资队伍建设还需进一步加强，教育教学改革还需进一步深化，各项管理工作还需进一步规范。这就要求学院在提高人才培养质量、师资队伍水平、办学总体水平，以及推动建设规范、高效的管理体系上狠下功夫，努力做好"特色办学"的文章，使学院做优做强，再上一个新的台阶。

针对第一轮评估中提出的问题与不足，学院将质量管理工作重点落实到教学质量建设上，树立现代职教理念，深化教学改革，完善教学质量监控体系，通过反复打磨课堂教学，提升课堂教学质量，以全体教师说课和专业带头人开展专业剖析，推进课程建设与专业建设，打造学院的专业内涵和办学特色。

2014年，学院顺利通过了高等职业院校人才培养工作评估。学院按照教育部高等职业院校人才培养工作评估方案和江苏省教育厅有关文件精神，开展自评工作；江苏省评估院组织专家组对学校状态数据采集平台及有关自评材料进行预审，并现场进行考察评估。专家组还组织了学生满意度调查，调查结果显示，学生对学院人才培养工作，包括"教师教学""教学管理""学生工作""学校环境""教学条件与利用""学校社会声誉"6个方面，满意率均超过了90%，整体持认可态度。用人单位满意度调查问卷内容包括"用人单位录用人数""招聘渠道""岗位培养""素质评价""素质技能满意度""人才培养建议""校企合作"等方面，其中68.8%的用人单位认为学院毕业生在综合素质、实际工作能力方面相对于其他院校毕业生有优势。

专家组现场考察评估反馈意见指出：截至2014年，无锡南洋职业技术学院经过16年的艰苦奋斗，已成为一所校园环境优美、基础设施日趋完备、教学秩序运行良好、教育教学质量较高的民办高职院校。学校人才培养工作取得的主要成绩和特色主要表现为：校董关系互动和谐，学院发展态势良好；注重师资队伍建设，总体水平不断提升；探索人才培养模式，专业建设效果明显；重视实践教学建设，教学条件明显改善；加强管理制度建设，教学运行规范有序；招生就业进出两旺，社会声誉日益提高。

三、以评促管（2015年至今）

在第二轮评估工作中，专家组认为，无锡南洋学院在人才培养工作上取得了可喜的成绩，形成了鲜明的办学特色，但仍面临一些困难和挑战，对此应有清醒的认识并引起足够重视。作为民办高等职业院校，学院在引进高层次人才方面面临一定困难，加之学院近年来发展速度较快，使得"双高"教师、高水平的专业带头人培养和引进等不能及时跟上事业的发展，影响了师资队伍的科研能力和社会服务能力的提高。随着区域产业结构的转型升级，专业设置与区域内新兴产业快速对接机制尚未健全，专业的设置、调整、淘汰的机制不够完善，专业群建设的研究、组合尚不到位，专业带头人、教学团队引领作用不明显，加上建设经费投入不平衡，造成专业综合实力上的差距较大，部分专业办学活力不足。学院举办高职教育的历史不长，建设任务繁重，在处理市场规律与教育规律两者之间的关系上手段和方法还不尽科学。相对于公办院校财政拨款的增加，多年来学院办学经费变化不大，而办学成本逐年增加，导致经费总量相对减少；校园资源也因缺少顶层设计和充裕的经费，整合工作滞后。学院虽然在校企合作和社会服务方面取得了一定的阶段性成果，但缺乏对校企合作与社会服务的统筹考虑，没有建立校企合作、社会服务的专门管理机构，也未配备专职人员，加之教师的科研能力相对较弱，影响了社会服务能力的提高。

针对评估中存在的问题和其产生的原因，参照专家组对学院提出的建议，学院进行了认真的总结，并积极探索高质量办学机制，从内部质量管理工作发力，全面加强内涵建设。继续加强高职教育理论学习研讨，学习并领会国家、教育部关于高职教育的最新文件及其精神，扩大交流范围，提高研讨的针对性和有效性，解放思想，更新观念，用先进的高职教育理念引领学校科学发展。继续加强师资队伍建设，建立有利于教师成长、发展的保障机制，加大高层次人才的培养和引进力度，加强教师"双师素质"和教学能力培养，在深入开展校企合作的基础上，进一步加大校外兼职教师队伍建设的力度，优化师资结构。进一步优化专业结构的顶层设计，完善专业群的规划与建设工作，根据社会发展及产业结构调整的需要，充分利用学院地处无锡良好区位的优势，促进校企融合，构筑专业群人才培养平台，形成专业群发展合力，增强对人才多样化需求的适应性，提升专业发展能力。积极筹措办学经费，进一步加大教学基础设施投入，整合优化校园现有资源，切实改善办学条件。完善内部机构设置，加强校企合作管理力量，创新校企合作体制机制，整体提升校企合作的层次和水平，进一步加强对教师科研的政策扶持和科研能力的训练，充分调动教师从事社会服务的积极性。通过教学管理、质量监控、绩效考核联动式闭环管理，创新办学质量控制的特色管理机制，学院取得了令人瞩目的建设成效，形成了良好的社会声誉和影响。

第二节 质控体系的建设与完善——内部评估

通过外部评估，提升质量意识，学院逐步整合和健全教育质量控制体系，构建了网格化内部质量控制工作模式和常态化运行保障机制。

一、学院内部质量控制体系建设

(一) 内部质量控制体系

学院建立了院长直管的教育质量管理控制办公室，负责学院的内部质量管理工作，通过系统化的顶层设计，将教职工的职业发展及福利待遇与学院事业发展和教育质量提升作为办学质量管理的共同目标，不断完善网格化的"专项评估与评价—诊断与考核—评优与晋升—绩效与薪酬"工作关联机制，健全学院内部质量控制体系（图15-1）。

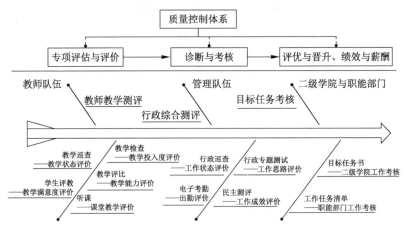

图 15-1 学院内部质量控制体系

（二）内部质量保障运行机制

学院的内部质量管理根植于各项日常工作，通过职能部门的学年目标任务和教职工的工作任务清单，建立工作考核指标；通过学院各类工作规范规章制度，建立工作质量标准，作为管理考核和工作评价依据；通过各类专项评审小组及督导组、学生信息员，开展专项评估、校园巡查、督导听课、学生评教等活动，形成质量监控反馈意见，不断督促各方面改进工作，进而形成考核意见，并与绩效考核挂钩，以激励和奖惩制度作为内驱力推动良性循环，建立学院内部质量保障运行机制（图 15-2）。

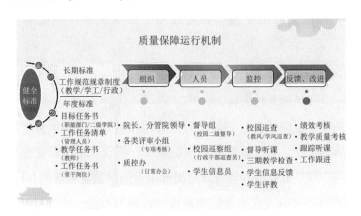

图 15-2 学院内部质量保障运行机制

二、内部评估专项

（一）教师教学测评

2019年开展的系统化教师教学测评，对全体专任教师的教学能力构成进行了量化分析，对各教学单位教师的课堂教学质量和能力梯队进行了结构分析，对师资队伍建设状态作出了相对科学客观的判断，为各教学单位和校领导进行更有针对性的建设规划和决策提供了有力的依据，并为学校常态化的教学质量考核建立了操作型模型。（表15-1、图15-3、图15-4）

通过对专任教师课堂教学质量的专项评估，以及课前、课中与课外的教学全流程评估，围绕现代高职教育理念，学院对人才培养目标的实现程度进行定性和定量判断。通过开展教学测评和教师个人执教能力及教学团队状态分析，学院建立长效的课堂教学质量评价与反馈机制，并与教师发展工作联动，持续推进教师教学能力成长和教学质量提升，为搭建结构合理的专业化教学团队筑牢基础。

表15-1 教师教学测评权重分配表

测评模块权重	测评内容权重	分项权重
教学设计能力（20%）	课堂教学方案设计（100%）	20%
教学投入程度（30%）	教学资料（50%）	15%
	一体化育人（30%）	9%
	教学改革（20%）	6%
课堂教学效果（50%）	听课评价（60%）	30%
	课堂教学状态巡查（20%）	10%
	学生评教（20%）	10%

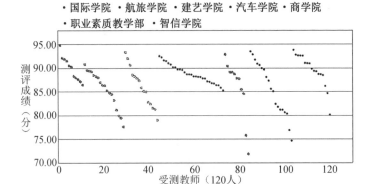

图 15-3　教师教学测评结果分布图

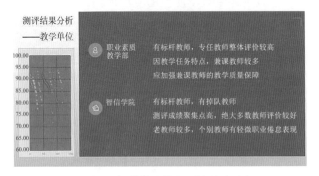

图 15-4　教学单位教师团队状态分析

(二) 行政综合测评

2019 年开展的系统化行政综合测评，对全体行政人员的管理能力构成进行了量化分析，对各二级单位行政人员的管理质量和能力梯队进行了结构分析，对大部制改革后行政职员和管理队伍建设状态作出了相对科学客观的判断，为管理队伍定编、定岗、定责提供了思路。

行政综合测评指对管理人员日常工作中"德、能、勤、绩"几方面的表现开展全面评估，通过对工作思路（20%）、业绩考核（50%）、民主评议（30%）进行指标数据分析，开展管理工作质量及管理团队状态评估。工作思路通过笔试进行考查，由专家组按类别（行政管理系列、教学管理系列、学生工作系列）、级别（领导岗、职员岗）拟定考题，采取开放式命题和答题方式；业绩考核，由各部门领导根据行政职员日常工作状态和执行力对其进行履职评价，并根据日常工作检查情况，对考勤和行政巡查数据进行参考评价；民主评议，在个人述职的基础上，按中层管理干部及普通职员划分，由同行、服务对象及分管领导进行综合评议。（表15-2）

表15-2 行政综合测评权重分配表

测评模块权重	测评内容权重		负责部门
工作思路（笔试）（20%）	公共基础（40%）		专家组
	岗位业务能力（60%）		专家组
业绩考核（50%）	履行职责（30%）	日常工作检查（40%）	组织人事部
		部门考评（60%）	各二级单位
	工作业绩（70%）		组织人事部/各二级单位
民主评议（30%）	领导评议（40%）		组织人事部/各二级单位
	同行评议（30%）		组织人事部/各二级单位
	服务对象评议（30%）		组织人事部/各二级单位

3. 教育教学一体化育人工作诊改评估

2018年开展的教育教学一体化育人工作诊改评估，以教学单位为评估对象开展人才培养过程"诊改式评估"，学院对全院教育教学工作进行整体、系统、持续改进，推进教育教学一体化育人工作更好地开展，并由此建立教学巡查制度，通过日常教学巡查积累的大量基础数据，从教风、学风、教学秩序、教学面貌、教学活动安排、教学管理等各项指标，进行教育教学工作过程保障的常态化评价。

在开展教育教学一体化育人工作诊改评估的过程中，我们制定了"教育教学一体化育人工作诊改评估标准"（表15-3），组织职业教育专家、教育主管部门领导、高等职业技术院校同行，对学院教育教学一体化育人工作进行评估与鉴定，提出改进意见与建议，再由学院进行持续的改进、提升工作，凝练为办学特色，形成办学成果。诊断核心是对各二级学院将德育、美育教育融入教学全过程及人才培养目标实现程度的评价，重点考察所制定方案及工作方向与社会所需现代职业人才的适应度，管理者、教师和辅导员对方案实施的保障度，教育教学一体化育人工作体系运行的有效度，学生全面发展的成效和社会用人单位的满意度（简称"四度"）。诊断内容主要包括各二级学院人才培养方案是否真正体现了教育教学一体化育人工作的总体思路、项目设计及保障措施，领导班子、教师及辅导员队伍的管理、教育教学水平和投入，实施过程中各个节点的落实情况，学生发展效果及教风学风建设情况，方案与工作的整体成果显示度，根据学院总体指导思想形成的自身特色。

表15-3 教育教学一体化育人工作诊改评估标准

项目	要素	要点	分值
方案	总体思路	立德树人，专业知识、专业能力、职业素养协调发展； 落实现代职教理念，全员全过程全方位育人； 德技并修，充分体现"四个融合"与"四度"	5
方案	项目设计	总体框架科学性强，体现专业、职业本质要求； 各项目内涵明确、目标清晰、内容充实、安排得当、方式灵活、可操作性强； 课程设置、项目设计充分体现人才培养需求，有本院特色	10
方案	保障措施	建章立制，措施系统； 全员参与，奖罚分明； 三堂融合，切实可行	5
实施者	班子	职责明确，分工合理； 实施过程中按时到岗、勤于督查、管理有力； 出现问题及时整改，成效显著	2
实施者	教师	教师参与比例高，积极性强； 教师负责的项目、任务实施有成效； 教师课堂教学贯彻职业素养教育	4
实施者	辅导员	责任心强，工作到位； 所负责班级遵守学院三大纪律、五项要求状况好	4

续表

项目	要素	要点	分值
实施过程	早课情况	出勤率高、纪律好； 实施效果好	5
	正课情况	班级遵守学院三大纪律、五项要求状况好； 班级课堂秩序好	5
	晚课情况	出勤率高、纪律好； 完成项目任务程度高，实施效果好	5
学生发展	知识与能力	通识知识与能力拓展、训练； 专业知识与能力拓展、训练	5
	素质	专业素质提升； 职业素养提升	5
成果显示	论文课题	论文数量与质量； 课题数量与层次； 调研报告与典型案例数量与质量	2
	媒体	公共媒体展示数量与质量； 自媒体展示数量与质量	2
	对外影响力	社会反映、反响； 家长反映、反响	1
特色	突出的项目	最成熟、有特色的项目； 项目影响力	5
	凸显的工作	最完善、有成效的工作； 工作影响力	5
问题与改进	存在问题	方案设计方面存在的问题挖掘深； 实施工作中存在的问题挖掘深	5
	改进措施	对方案的改进科学合理； 对工作的改进措施周全	5
自评结论与分值	定性结论	优秀、良好、合格	
	定量分值	自评总分	
学生满意度	问卷调查	量化得分	5
学院巡查	日常检查	量化得分	15
学院评估结论	定性结论	优秀、良好、合格	
	定量分值	评估总分	

三、办学质量闭环管理

学院对内部质量控制体系进行了严密的顶层规划,通过内部诊改体系和内部考核激励体系的关联性设计,实现办学质量的闭环管理。

建立常态化监控评价机制,进行质量诊断,落实三期教学检查、听课制度、学生信息员制度、教学督导制度、校园巡查制度等;通过常态化监控评价工作环节收集的信息和数据,进行统计分析,并将诊断结果以多种形式反馈,针对教师工作的不足推进对教师的专题培训、培养,开展多种形式的业务交流培训,例如青年教师导师制、教师培训制度、教师沙龙(教学研讨),促进工作改进;通过评价数据的分析和应用,开展教师工作考核及教学单位绩效考核,建立教师激励和奖惩制度,将质量控制与教师的职业发展和待遇挂钩,以闭环管理保障质量管理有效性。(图 15-5)

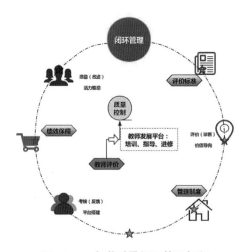

图 15-5 办学质量闭环管理框架

第三节 办学质量的提升与成效——社会影响

一、学生发展

学院为江苏经济建设和社会发展培养了 3 万多名技术技能人才,毕业生就业率历年保持在 98% 以上,近四届毕业生母校满意度、雇主满意度均稳定在95%以上。

学院教育教学一体化育人自实施以来，在充分推动学生自我教育，促使学生职业素养全面发展、学生品质全面提升方面有了很大的进展和收获，学院陆续涌现出了一批具有较强专业技能和较高职业素养的优秀学生，办学质量得到了学生和社会双方的认可。

学院着力于学生的专业能力培养，使学生具备从事职业活动所需要的专门技能及专业知识；着力于学生的学习能力培养，使学生学会学习、学会合作，以养成科学思考的习惯和判断、分析和解决问题的能力；着力于学生的社会能力培养，使学生学会共处、学会做人，以确立积极的人生态度，并养成较为成熟的职业素养；着力于学生的发展能力培养，树立"以生为本"的理念，关注每一名学生的"成长、成才、成人"，培养学生的职业道德、职业技能和就业创业能力，促使学生个体的潜能得到激发。

学院开展职业素养教育十余年来，职业迁移能力和发展能力培养初见成效，学生的职业适应能力、实践创新能力、职场通用能力提升，表现为：学生就业率有保障。近四届毕业生在全国高职毕业生平均就业率持续下降的背景下，就业率稳定在全省平均值95%以上。毕业生就业质量高，月收入水平有保障。毕业生就业质量提高，月收入逐年提升，表明毕业生质量的社会认同度在不断提高。学生职场通用能力和职业适应能力提升，就业岗位适应性提高，毕业三年职位晋升比例明显提高。

二、教育教学

学院坚持社会主义办学方向，紧扣"立德树人"根本任务，立足实际，面向真实的学情和学业水平，遵循教育规律，坚持学生德技并修，实现价值引领、知识传授、能力培养、人格塑造的有机统一。构建符合行业企业用人标准的教学体系与毕业生知识、能力、素质要求的实训教学体系，实现课程体系和实训体系全程育人、全方位育人的内在价值。坚持以学习者为中心，深入分析学情，积极实施行动导向教学。以课程秩序重构为抓手,以学生职业资格认定为核心,加强能力本位课程建设,构建"平台+方向+拓展"的课程体系,实现底层共享、中层分立、高层互选,提升课程资源整合度,提升办学效益。

学院积极做好新冠疫情防控下的学生思想教育工作,营造了良好育人氛围,"职业素养教育体系构建与实践"入选无锡市职业院校学生职业素养提升创新项目、江苏省职业教育创新典型案例。《江苏教育报》、《江南晚报》、中国民办教育网等媒体多次报道学院先进管理和教育实例,提升了学院美誉度。

三、管理保障

多年来,学院师资队伍建设秉持"精干高效、专兼结合"的建设理念,以学院发展为大局,研究师资队伍建设新机制,努力建设高标准、高素质的专业化师资队伍,逐渐形成了以专业带头人为核心、以骨干教师为中坚力量的优质教师队伍,实行青年教师导师制度,引领年轻教师迅速成长。近年来,通过质控工作的具体实施,学院整体工作纪律逐渐规范,全体教职工的工作效率得到了提升。自一体化育人工作开展以来,通过规范教学秩序、监控教学质量、强化教师责任意识等措施,课堂教学异动次数明显下降;通过积极推动早课、晚课辅导,加强学生管理等一系列措施,教育教学质量全面提升。

为了进一步改善整体办学条件,学院加大工程、条装投入,用于学生宿舍改造、教学楼电缆更换、实训室配套建设、校园监控改造、公共基础设施设备报废换新等。结合办学需求,积极筹措经费,全面改善学院教师和学生的办公和教学、学习和生活环境。

四、服务贡献

学院通过校企合作、专本校合作,针对长三角地区、中西部地区区域经济发展需求,以就业为导向,开设多元化专业,形成与社会需求同步的专业群结构,不断提高专业建设水平,精准聚焦长三角职业人才市场需求,进行对口专业人才培养,为企业提供高素质的人力资源储备，为区域发展提供适用型职业人才支持。

重视教科研建设，提升办学软实力。学院重视参与各级各类赛事、项目，并取得了一定的成绩；学院教师积极参与教科研工作，在教科研课题立项、公开发表论文、申报专利、编写教材等方面取得了一系列研究和实践成果，为区域科教发展贡献智慧。

加大社会服务力度，逐步提高社会荣誉和办学效益；从教学、培训、技术服务、教材研发等方面助力打造学院育人新高地；长期开展"学历+技能"培养模式的继续教育项目，持续开展自考本（专）科培训、管理干部培训、专业师资培训、企业扩展培训等项目，服务中小微企业，助力企业转型升级，面向社会开展继续教育和社会培训。

学院办学质量的提升与举办者的教育情怀及学院领导强烈的社会责任感是分不开的。办一所教育主管部门认可、学生和家长满意、社会认同、企业欢迎的高职强校，是学院最基本的办学质量要求，学院始终致力于筑牢质量基础。建校以来，学院在高质量办学、高标准育人方面获得了社会各界的广泛肯定。

后　　记

2023 年，无锡南洋职业技术学院迎来建校 25 周年。25 年对高等学校来说，是比较短暂的时光，但对于无锡南洋职业技术学院来说，却见证了她的高光时刻。学院的教职工，有建校时就在这里工作的，有自己的第一份工作是在这里开启的，有自己三分之一以上的工作时间是属于这里的；学院的每一项建设、每一项改革，人才培养的每一个成就，都有他们的心血与付出。于是，大家的共同想法，就是为廿五校庆留下点什么。

在高等学校这样一个知识的殿堂，献给校庆的最佳选择，非一本正规出版的书莫属。学院领导召集几个职能部门负责人坐下来讨论，回顾办学历史、梳理办学进程、总结办学经验成为大家的共识。经过数次会议讨论，形成了这本书的基本框架：绪论，双元发展、打造榜样，简要回顾学院的办学历程，对各方面的工作进行概述；党建篇，党徽引领、斗柄指航，展现社会主义办学方向；教学篇，因材施教、激发光芒，展现专业建设与技能培养；学工篇，协同育人、铸造素养，展现立德树人的方方面面；师资篇，以师立校、培育成长，展现师德师风与队伍建设；治理篇，改革创新、质量至上，展现民办院校的机制优势。

文章千古事，得失寸心知。在写作过程中，各位撰稿人搜集史料、拟定提纲、梳理举措、提升高度，数易其稿，付出了大量心血。

北宋词人张先的《定风波令·次子瞻韵送元素内翰》中写道："春草未青秋叶暮……一家行色万家情。"用此来概括无锡南洋学院的办学实践，总觉得十分契合，于是，我们把这本书命名为《未青集——无锡南洋职业技术学院的办学实践》。"春草未青"，我们的教育事业方兴未艾；"一家行色万家情"，我们的"立德树人"工程培育了3万余人并惠及了数万个家庭。

本书的编写分工如下：黄肖撰写绪论，赵启涛撰写第一至第二章，戴宇撰写第三至第六章，张义俊撰写第七至第九章，华晔撰写第十至第十三章，张德文撰写第十四章，郭春燕撰写第十五章。

无锡市委、市政府印发的《无锡市推进苏锡常都市圈职业教育改革创新打造高质量发展样板实施方案》（锡委发〔2021〕51号），提出"支持无锡南洋职业技术学院发挥教育集团办学优势，打造高质量有特色的民办高职样板学校"。本书也是我们进行样板校建设的成果总结。

感谢苏州大学出版社为本书的出版所给予的大力支持。编辑汝硕硕为本书的付梓做了大量工作，谢谢她的辛勤劳作。

编　者

2023年6月1日